河南省“十四五”普通高等教育规划教材
河南省高等教育教学改革研究与实践重点项目（就业和创新创业教育）
《地方高校创新创业教育“金课”体系构建研究与实践》（项目编号：2019SJGLX577）
阶段性研究成果

大学生创新创业教育“金课”教程

宋京双　主　编

冯　峰　宁　敏　副主编

清華大學出版社
北　京

内 容 简 介

开展创新创业教育，对大学生进行创新创业素质培养是我国教育改革和发展的必然趋势。本书力求使学生通过学习，掌握创新创业的基础知识和基本理论，熟悉创业的基本流程和基本方法，激发学生的创新创业意识，促进学生创业和就业全面发展。全书共十一章，包括创新概述、创新思维和创新能力、创新创业大赛、创业概述、创业团队建设与管理、创业机会与风险、创业资源整合与融资、商业模式、创业计划书与路演、企业的创办与管理、大学生创业项目展示等内容。

本书由具有多年教学经验的高校教师联合编写，既有来自实践的经验、感悟，又有来自高校的教学提炼；既关注当下创新创业领域的热点问题，又结合了高校优秀创新创业项目展示；既可作为普通高等院校大学生创新创业课程的指导教材，又可供社会各类创业者学习阅读。

图书在版编目(CIP)数据

大学生创新创业教育“金课”教程 / 宋京双主编. —北京：清华大学出版社，2021.4(2024.7 重印)
ISBN 978-7-302-56155-2

Ⅰ.①大… Ⅱ.①宋… Ⅲ.①大学生－创业－高等学校－教材 Ⅳ.①G647.38

中国版本图书馆 CIP 数据核字(2020)第 143494 号

责任编辑：王　定
封面设计：周晓亮
版式设计：思创景点
责任校对：成凤进
责任印制：沈　露

出版发行：清华大学出版社
网　　址：https://www.tup.com.cn，https://www.wqxuetang.com
地　　址：北京清华大学学研大厦 A 座　　**邮　　编**：100084
社 总 机：010-83470000　　**邮　　购**：010-62786544
投稿与读者服务：010-62776969，c-service@tup.tsinghua.edu.cn
质 量 反 馈：010-62772015，zhiliang@tup.tsinghua.edu.cn
印 装 者：大厂回族自治县彩虹印刷有限公司
经　　销：全国新华书店
开　　本：185mm×260mm　　**印　　张**：15.5　　**字　　数**：348 千字
版　　次：2021 年 4 月第 1 版　　**印　　次**：2024 年 7 月第 6 次印刷
定　　价：59.80 元

产品编号：088335-02

前　言

2022 年 10 月，习近平总书记在党的二十大报告中指出：“教育、科技、人才是全面建设社会主义现代化国家的基础性、战略性支撑。”“我们要坚持教育优先发展、科技自立自强、人才引领驱动，加快建设教育强国、科技强国、人才强国，坚持为党育人、为国育才，全面提高人才自主培养质量，着力造就拔尖创新人才，聚天下英才而用之。”“培养什么人、怎样培养人、为谁培养人是教育的根本问题。”。

就业是最基本的民生。党的十八大以来，各级党委和政府关心和爱护广大劳动群众，切实把党和国家相关政策措施落实到位，不断推进相关领域改革创新，坚决扫除制约广大劳动群众就业创业的体制机制和政策障碍，不断完善就业创业扶持政策、降低就业创业成本，支持广大劳动群众积极就业、大胆创业。

目前，大学生处于一个“大众创业、万众创新”的新时代，面临着前所未有的机遇和挑战。推动产业转型，发展创新型经济是国家进行全面深化改革的重要环节。创新是时代的主旋律和最强音，是社会发展的主要动力。创业的核心是创业者，高校是培养创新创业人才的重要基地，高校的创新创业教育工作也进入了全面发展的新阶段。

随着科学技术的迅猛发展，新一轮的产业革命和结构转型蓄势待发，创新创业已经成为我国经济持续发展的动力和国家竞争力的源泉。大学生是创新创业的中坚力量，随着我国创业环境的改善、创业氛围的活跃、创业文化的形成，大学生的创业意愿日趋强烈。创新创业教育的加强促进了创业者素质和能力的提升，大学生创业者不断涌现，大学生初创企业数量呈现上升趋势，大学生创业涉及的领域和行业更加广泛。同时，大学生创业的教育意义远远大于创办企业所创造的商业价值，通过鼓励创新创业，学校和社会把创业知识、创业能力和创新创业精神融入大学的学习领域，从而推动高等教育的改革，提高大学的教育质量，促进大学生成长成才，推动大学生职业生涯的发展。

虽然社会上涌现出很多成功的创业者，但同样需要意识到创业是一项高风险的商业活动，大学生创业存在诸多不确定性，面临高风险和高失败率。要解决大学生创业的问题，不仅需要营造更加有利的创业氛围和更加优化的创业环境，更需要解决大学生自身素质和能力的提升问题。因此，高校应培养大学生的创新意识，开发大学生的创新思维，对大学生进行系统的创新创业教育和训练，唤醒创业意识，培育创业精神，锻炼创业能力，为大学生未来的创新创业行为和职业发展做好准备。

同时，大学生还需要认识到，创业不仅仅指开创属于自己的事业，能在工作岗位上独当一面、开拓进取也是一种创业。从微软到苹果，从阿里巴巴到小米，这些科技企业不仅改变了人们的生活方式，而且改变了世界。这些企业的共通点在于它们的创业精神和创新意识，在它们的不断探索下，新的商业模式、新的生产方式、新的消费理念、新的经营渠道带动了周边行业的转变和区域经济的发展，创新创业精神在这些企业的发展中发挥了重要的作用。

社会的发展、时代的进步、国家的繁荣都离不开创业精神的驱动，创业精神的要点是使命感、责任心和自我激励，这些都是个人素质提升的一部分。创业是一个学习的过程，创业教育也应当是一个人终身学习的过程，本书结合大学生群体的特点，致力于培养大学生的企业家精神、良好的创业品质和正确的人生态度，帮助大学生了解和掌握创新创业的相关知识与规律，提高大学生的创新意识和创业能力。本书注重大学生素质的培养和能力的提升，在编写过程中，内容以实用为原则，对各知识点和技能进行着重叙述，案例贯穿全书，颇具可读性，能极大地调动学习者的学习热情。

本书被评为河南省“十四五”普通高等教育规划教材，也是河南省高等教育教学改革研究与实践重点项目(就业和创新创业教育)《地方高校创新创业教育“金课”体系构建研究与实践》(项目编号：2019SJGLX577)阶段性研究成果。本书由河南师范大学宋京双策划并担任主编，冯峰、宁敏担任副主编。全书共十一章，各章编写分工如下：冯峰编写第一章，王科编写第二章、第三章，刘予辉编写第四章，宁敏编写第五章，王灵修编写第六章，海龙编写第七章，杨明国编写第八章、第十章，刘行兵编写第九章，宋京双编写第十一章。全书由宋京双统稿审定。

本书在编写过程中，借鉴并参考了国内外大量创新创业教育研究方面的文献资料和专家学者的理论与观点，书中引用的案例和材料部分来自网络、期刊，特此说明并致谢，引用与理解不当之处，敬请谅解！

由于受资料、编者水平及其他条件的限制，书中难免存在不足之处，恳请同行、专家与读者指正。

本书免费提供以下教学资源，读者可扫描二维码获取。

教学课件　　教学大纲　　电子教案

编　者

2023 年 7 月

目　　录

第一章

创 新 概 述

创新的方法很多，有的人引进新的产品，有的人采用新的生产方式从而开辟出新的市场，有的人利用新的原材料满足人们新的需求，这些都是大学生所要掌握的创新方法。也可以说，创新是创业的基础，一个企业要想长期发展，必须不断创新。企业每年都要招募新的人才，就是希望这些人才能为企业带来新观念和新思维。观念和思维的创新是一切创新的前提。

本章学习目标

- 了解创新的过程、原则和类型
- 能够有意识地培养创新意识
- 掌握创新思维训练的方法

第一节　创新基础知识

“创新是一个民族进步的灵魂，是一个国家兴旺发达的不竭动力。”在从个人层面、群体层面到社会层面都大力提倡创新的时代，大学生创业者应该时刻牢记“创新”的理念。创业如果没有创新，就好比鱼儿离开了水、鸟儿失去了翅膀。没有创新引领，大学生创业者将很难在“大众创业、万众创新”的时代闯出广阔的天空，创新创业的持续发展也将无从谈起。

一、创新的含义

奥地利经济学家约瑟夫·熊彼特在《经济发展理论》一书中首次对“创新”这一概念进行解释并开创了针对创新的理论研究。他认为，创新就是“生产函数的建立”，是“生产手段的新组合”。同时，熊彼特也将社会经济活动中的创新划分为 5 种类型：一是采用一种新的产品，也就是消费者都还不熟悉的产品，或者一种产品的新的特性；二是采用一种新的生产方法，即尚未通过有关制造部门的经验检定的方法，这种新的方法不需要建立在一种科学新发现的基础之上，而是存在于商业上处理一种产品的新的方式之中；三是开辟一个新的市场，也就是有关国家的某一制造部门以前不曾进入的市场，不管这个市场以前是否存在过；四是掠取或控制原材料或半成品的一种新的供应来源，不管这种来源是已存在的还是第一次创造出来的；五是实现任何一种工业的新的组织，形成一种垄断地位，或者是打破一种垄断地位。

创新概念的范畴涵盖了推动社会经济发展的所有技术的、组织的、方法的、系统的变革及其最终价值实现过程，而创业则是由一大批拥有企业家精神的创业者为了推动创新的实现所进行的动态过程。与创新相比，创业更加强调愿景形成与价值实现的有机统一，它要求人们必须具有将创新精神、创新意识和创造力转化为成功的社会实践的过程，这不仅要求个人具有创新能力，也要求人们必须具备发现变革趋势并把握机遇的能力、组建有效的创业团队并整合各类资源的能力、打造可持续的创业计划的能力，以及抵御风险、解决应激性问题的能力。可以说，与“创新”这个更为宏观的、注重系统分析的词汇相比，创业是一种更加注重实践性、个体性、多样性的过程。

创新是指基于现有的思维模式提出有别于常规或常人思路的见解或导向，利用现有的知识和物质，在特定的环境中，本着理想化需要或为满足社会需求而改进或创造新的事物、方法、元素、路径、环境，并能取得一定有益效果的行为。

创新是以新思维、新发现和新描述为特征的一种概念化过程。创新起源于拉丁语，有三层含义：第一是更新，第二是创造新的东西，第三是改变。并不是说只有重大的发明创造才是创新，实际上，对各种产品、工作方法、商业模式、服务模式的改进等都属于创新。

具体来讲，创新主要包括如下几种含义。

(1) 创新的目的是解决实践问题，是一项活动。

(2) 创新的本质是突破传统、打破常规。

(3) 创新是一个相对的概念，其价值与时间、空间有关。同样的事物在今天看来是创新，明天可能是追随，后天大多数人都接受了，可能就是传统了。创新必须在一定范围内具有领先性，有的是世界领先，有的是地区领先。

(4) 创新可以解决技术问题、经济问题和社会问题，在广泛范围内发挥作用，它是每个人都可以参与的事业或活动。

(5) 创新以取得的成效为评价尺度。有成效才能认为是创新，根据成效，创新可以分成若干等级。有的是划时代的创新，如北大方正的汉字激光照排系统，淘汰了铅字，使全国印刷业告别了依赖铅与火的时代；有的是时尚创新，如电子宠物曾为厂商带来丰厚利润，但不久就“失宠”了。

总之，创新是人类特有的认识能力和实践能力，是人类主观能动性的高级表现，是推动民族进步和社会发展的不竭动力。一个民族要想走在时代前列，就不能没有创新思维，也不能停止各种创新。

拓展阅读 1-1

灵感来之不易

二、创新的原则

创新的原则是开展创新活动所依据的法则和判断创新构思所凭借的标准，主要包括以下几项。

(一) 科学原理原则

创新必须遵循科学原理，不得有违科学发展规律。因为任何违背科学原理的创新都是不能获得成功的。

为了使创新活动取得成功，人们在进行创新构思时，必须做到以下几点：

(1) 对创新设想进行科学原理相容性检查。创新设想在转化为成果之前，应该先进行科学原理相容性检查。如果某一创新问题的初步设想与人们已经发现并获实践证明的科学原理不相容，则不会获得最后的创新成果。因此，与科学原理是否相容是检查创新设想有无生命力的根本条件。

(2) 对创新设想进行技术方法可行性检查。任何事物的产生都不能离开现有条件的制约。将设想变为成果时，还必须进行技术方法可行性检查。如果设想所需要的条件超过现有技术方法的可行性范围，则目前该设想只能是一种空想。

(3) 对创新设想进行功能方案合理性检查。一项新设想，一般会在功能上有所创新或有所增强。一项设想的功能体系是否合理，关系到该设想是否具有推广、应用的价值。因此，必须对创新设想的合理性进行检查。

(二) 市场评价原则

创新设想要想获得应用，必须经受市场的严峻考验。爱迪生曾说：“我不打算发明任何卖不出去的东西，因为不能卖出去的东西无法达到成功的顶点。能销售出去就证明了它的实用性，而实用性就是成功。”

创新设想是否能经受市场考验，是否能实现商品化和市场化要按市场评价的原则来分析。对创新设想的市场评价通常是从市场寿命观、市场定位观、市场特色观、市场容量观、市场价格观和市场风险观等几个方面入手，考察创新对象的商品化和市场化的发展前景，最基本的要点是考察该创新产品的使用价值是否大于它的销售价格，了解它的性能是否优良，判断价格是否合适。

在现实中，要估计一种新产品的生产成本和销售价格不难，而要估计一种新发明的使用价值和潜在意义则很难。这需要在市场评价时把握事物使用性能最基本的几个方面，然后在此基础上做出结论，这几个方面包括：解决问题的迫切程度、功能结构的优化程度、使用操作的可行程度、维修保养的方便程度、美化生活的美学程度。

拓展阅读 1-2

创新型企业——海尔

(三) 相对较优原则

创新产品不可能十全十美。在创新过程中，利用创造原理和方法获得的许多创新设想比较起来可能各有千秋，这时，就需要人们按相对较优的原则，对创新设想在以下几个方面进行判断和选择。

(1) 从创新技术先进性上进行比较和选择。可从创新设想或成果的技术先进性上进行分析、比较，尤其是将创新设想与解决同样问题的已有技术手段进行比较，判断哪一种技术更领先和超前。

(2) 从创新经济合理性上进行比较和选择。经济的合理性也是评价一项创新成果的重要因素。应对各种设想的经济情况进行比较，判断哪一种经济情况更合理、更节省。

(3) 从创新整体效果上进行比较和选择。创新设想的技术性和经济性应该相互支持、相互促进，它们的协调统一构成事物的整体效果。任何创新的设想和成果，其使用价值和创新水平都主要通过它的整体效果来体现。因此，应对各种设想的整体效果进行比较，判断哪一种设想的整体效果更全面和优秀。

(四) 机理简单原则

在现有科学水平和技术条件下，如不限制创新方式和方法的复杂性，所付出的代价可能远远超出合理程度，使得创新的设想或成果毫无使用价值。在科技竞争日趋激烈的今天，结构复杂、功能冗余、使用烦琐已成为技术不成熟的标志。因此，在创新过程中要始终贯彻机理简单原则。

为使创新的设想或成果更符合机理简单原则，可进行如下检查：

(1) 新事物所依据的原理是否重叠，是否超出应有范围。

(2) 新事物所拥有的结构是否复杂，是否超出应有程度。

(3) 新事物所具备的功能是否冗余，是否超出应有数量。

(五) 构思独特原则

我国古代军事家孙子在《孙子兵法·势篇》中指出：“凡战者，以正合，以奇胜。故善出奇者，无穷如天地，不竭如江海。”所谓“出奇”，就是“思维超常”和“构思独特”。创新需要独特，也贵在独特。

在创新活动中，创新对象的构思是否独特可以从以下几方面来考察：创新构思的新颖性、创新构思的开创性、创新构思的特色性。

(六) 不轻易否定，不简单比较原则

不轻易否定，不简单比较是指在分析、评判各种产品创新方案时，应注意避免轻易否定的倾向。在发明飞机之前，科学界曾从“理论”上对其进行了否定的论证。过去也曾有权威人士断言，无线电波不可能沿着地球曲面传播，无法成为通信手段。显然，这些结论都是错误的，这些不恰当的否定之所以出现，是由于人们运用了错误的“理论”。而更多的不应该出现的错误否定，则是由于人们的主观武断，给某项发明规定了若干用常规思维分析证明无法达到的技术细节的结果。

在避免轻易否定倾向的同时，还要注意不要随意在两个事物之间进行简单比较。不同的创新，包括非常相近的创新，原则上不能以简单的方式比较其优劣。

不同创新不能简单比较的原则，带来了相关技术在市场上的优势互补，形成了共存共荣的局面。例如，市场上常见的钢笔、铅笔就互不排斥，即使都是铅笔，也有普通木质的铅笔和金属或塑料的自动铅笔之分，它们之间也不存在排斥的问题。

总之，人们应在尽量避免盲目、过高估计自己设想的同时，珍惜别人的创意和构思。简单地否定与批评是容易的，难得的是接受闪烁着希望的创新构思。

拓展阅读 1-3

乔景亮借力“互联网+”探索电商服务模式

三、创新的类型

创新主要有产品创新、技术创新、制度创新、职能创新、结构创新和环境创新几种类型。

(一) 产品创新

产品创新是指研究、开发和生产出更能满足顾客需要的产品，使其性能更好，外观更美，使用更便捷、安全，总费用更低，更符合环境保护的要求。产品是满足社会需要、参与市场竞争、直接体现企业价值的东西，因而提升产品质量及其竞争力是企业创新的主要任务。

产品创新可在三个层面上实现。

(1) 开发出具有新功能的产品。例如，3D System 发布的 Cube 3D 打印机平台自动找平功能，其打印支撑结构更容易去除。该产品可同时使用 PLA(聚乳酸)和 ABS(树脂)两种材料打印，并最多支持两种颜色。采用了全新彩色触摸屏，具有直观的用户界面，打印时可通过 LED 高亮显示，堪称 3D System 的“杀手级”产品。

(2) 产品结构方面的改进。例如，使产品轻、巧、小、薄、携带和使用方便，节省材料、降低能耗。电子记事本、摄像机、手提电脑、超薄洗衣机等就是典型的例子。

(3) 外观方面的改进。例如，服装款式及色彩的改变都可以使顾客的需求得到新的满足，从而增加销售收入。苹果电脑也一度依靠推出的彩壳流线型 PC(个人计算机)显著提高了市场占有率。

(二) 技术创新

技术创新是指采用新的生产方法或新的原料生产产品，以达到保证质量、降低成本、保护环境或使生产过程更加安全和省力的目标。

技术创新可以在四个层面上实现。

(1) 工艺路线的革新。例如，用精密铸造、精密锻造、粉末冶金代替金属切削生产复杂的机械零件，可大大缩短生产周期，降低成本。

(2) 材料替代和组合。例如，美国堪萨斯、卡罗莱纳等农业州的农民与大学合作，以农产品做原料生产工业产品，如用玉米生产一次性水杯、餐具和包装盒，从玉米中提取燃烧用的乙醇，从大豆中提取润滑油替代石油产品等，这些产品受到市场欢迎，政府对其给予减税和强制推行等支持。

(3) 工艺装备的革新。例如，用电脑绣花机代替手工绣花，用数控机床代替手动操作机床等。

(4) 操作方法的革新。用更省力、更高效的操作方法，代替过去的一些传统的、不适用现代技术的操作方法。

(三) 制度创新

制度创新是从社会经济角度来分析企业系统中各成员间正式关系的调整和变革。制度是组织执行方式的原则规定。企业制度主要包括产权制度、经营制度和管理制度三个方面的内容。

产权制度、经营制度和管理制度这三者之间的关系是错综复杂的(实践中，任意两种制度之间的界限都不明晰)。一般来说，一定的产权制度决定了相应的经营制度。但是，在产权制度不变的情况下，企业具体的经营制度可以不断地进行调整。同样，在经营制度不变的情况下，具体的管理规则和方法也可以不断改进。而当管理制度的改进发展到一定程度时，则会要求经营制度做出相应的调整。经营制度的不断调整，必然会引起产权制度的革命。因此，管理制度的变化会反作用于经营制度，经营制度的变化会反作用于产权制度。

制度创新的方向是不断调整和优化企业所有者、经营者和劳动者三者之间的关系 ，使各个方面的权利和利益得到充分体现，使组织中各成员的作用得到充分发挥。

(四) 职能创新

职能创新就是在计划、组织、控制和协调等管理职能方面采用新的更有效的方法和手段。职能创新体现在以下几个方面。

(1) 计划的创新。许多企业在计划工作中运用运筹学取得了显著成效。例如，某企业从2018年开始在购电、电网运行和用电方面采用目标规划，使企业电费节约额达2000万元以上。

(2) 控制方式的创新。例如，日本丰田公司首创的准时生产制(JIT)，显著降低了成本。

(3) 用人方面的创新。例如，应用测评法招聘、选拔和考核干部、员工，采用拓展训练等方法提高团队凝聚力等。

(4) 激励方式的创新。例如，美国企业实行“自助餐式”奖励制度，使同样的支出获得了更好的激励效果。

(5) 协调方式的创新。例如，福建省南平市政府试行科技特派员制度，政府通过调查了解了村镇和农业大户需要哪些技术支持，同时，将全市3500名农业科学技术人员按专长分类公布，然后将两者对接起来，实行双向选择，使农户收入和农业科技部门、农业技术人员的收入都得到了大幅度提高。

实际上，由于管理职能互相渗透，有些创新很难归入具体的类别，如PERT(program evaluation review technique，计划评审技术)源于1958年美国军队的北极星火箭系统计划，主要目的是针对不确定性较高的工作项目，通过网络图规划整个专案，以排定期望的专案时程，简化大而复杂项目的计划并且分配各任务时间。PERT既计划新方法，又控制新方法(重点环节控制)；目标管理既计划新方法，又激励和协调新方法；TQC(total quality control，全面质量管理，以组织全员参与为基础的质量管理形式)小组既控制新方法，又组织和激励新方法。

(五) 结构创新

结构创新是指设计和应用新的、更有效率的组织结构。结构创新按其影响的范围可分为技术结构的创新和经济与社会结构的创新两类。

(1) 技术结构的创新。例如，福特在20世纪20年代首创流水线生产方式，让工人依次完成简单工序，这大大提高了生产率，从而开创了大规模生产标准产品的工业经济时代。

(2) 经济与社会结构的创新。通过调整人们的责、权、利关系以提高组织效能。例如，美国通用汽车公司于20世纪20年代采用事业部制，解决了统一领导与分散经营的矛盾，使规模经营与适应市场的要求得到了统一，从而极大地增强了竞争力。

(六) 环境创新

环境是企业经营的土壤，同时也制约着企业的经营。环境创新不是指企业为适应外界变化而调整内部结构或活动，而是指通过企业的创新活动去改造环境，引导环境朝着有利于企业经营的方向变化。例如，通过企业的公关活动，影响地区政府政策的制定；通过企业的技术创新，影响社会技术进步的方向等。

就企业来说，环境创新的主要内容是市场创新。市场创新主要是指通过企业的活动去引导消费、创造需求。新产品的开发往往被认为是企业创造市场需求的主要途径。其实，市场创新的更多内容是通过企业的营销活动来进行的，即在产品的材料、结构、性能不变的前提下，或通过市场的地理转移，或改进交易和支付方式，以及通过揭示产品新的物理使用价值来寻找新用户；也可以通过广告宣传等促销工作来赋予产品一定的心理使用价值，影响人们对某种消费行为的社会评价，从而诱发和强化消费者的购买动机，进而提高产品的销售量。

第二节　创新意识

创新是创业的基础，创业是一种创新性的实践活动。创业者只有具有创新意识和创新思维，才能产生富有创意的想法和方案，才能找准新目标、新方法，才能找到新市场、新模式，最终获得创业的成功。

一、创新意识的概念

创新意识是指人们根据社会和个体发展的需要，引起创造前所未有的事物或观念的动机，并在创造活动中表现出的意向、愿望和设想。创新意识是人类意识活动中的一种积极的、富有成效的表现形式，是人们进行创造活动的出发点和内在动力，是创造性思维和创造力的前提。

创新意识包括创造动机、创造兴趣、创造情感和创造意志。创造动机是创造活动的动力因素，能推动和激励人们发动与维持创造性活动。创造兴趣能促进创造活动的成功，是促使人们积极探求新奇事物的心理倾向。创造情感是引起、推进乃至完成创造的心理因素，只有具有正确的创造情感才能使创造成功。创造意志是在创造中克服困难、冲破阻碍的心理因素，具有目的性、顽强性和自制性。

拓展阅读 1-4

不创新才是华为最大的风险

二、创新意识的培养

创新是一个民族进步的灵魂，是一个国家兴旺发达的不竭动力。创新思维是人类最高层次的思维，是创新教育的核心。培养学生的创新精神必须着力于培养学生的创新思维。21 世纪是知识经济的时代，知识经济的本质就是创新，创新思维是时代对大学生提出的基本要求，也是大学生必备的素质。大学生创新思维的培养应着重从以下三个方面做起。

(一) 破除创新思维的枷锁

大学生创新思维的枷锁大致有以下五种。

(1) 从众型思维枷锁。大多数人都有从众心理，即人云亦云。例如一个人骑着自行车来到一个十字路口，看见红灯亮着，尽管这个人清楚地知道闯红灯违反交通规则，但是发现周围的骑车人都不停车而是直接往前闯，于是这个人也跟着大家闯红灯。这种跟在别人后面的消极的思维永远是滞后的、没有新意的。

(2) 权威型思维枷锁。权威型思维枷锁是指思维中的权威定式。人是教育的产物，来自教育的权威定式使人们逐渐习惯以权威的是非作为标准，对权威的言论不加思考地盲信盲从，缺少“自我思索、冲破权威、勇于创新”的意识。一味盲从权威，大学生的思维就失去了积极主动性。

(3) 经验型思维枷锁。经验是相对稳定的，然而正因为经验具有稳定性而导致人们对经验的过分依赖乃至崇拜，从而形成固定的思维模式，结果就会削弱想象力，造成创新思维能力的下降。从思维的角度来说，经验具有很大的狭隘性，它束缚了人的思维广度。而创新思维要求大学生必须拓展思路，敢于发散思维。

(4) 书本型思维枷锁。书本承载了系统化、理论化的知识，是千百年来人类经验和体悟的结晶，它可以带给人们无穷多的好处，但如果人们一味地读死书、死读书，也不会有好的效果。大学生不应该成为书本的奴隶，而应该活学活用，读书不为书所累，“睹一事于句中，反三隅于字外”，做书本的主人，善于驾驭知识，理论联系实际。否则，死抠书本将严重影响一个人创新思维的发挥。

(5) 自我贬低型思维枷锁。做事没有信心，总认为“我不行，我做不到”，而从来不敢去尝试一下。只有及时打破这种思维枷锁，从内心深处树立起信心，大学生才能发掘出自己的潜力。

因此，对于大学生来说，思维枷锁就像一座监狱，只有将守旧观念丢掉，勇于冲破思维樊篱，才能走进创新的世界。

(二) 激发创新思维潜能

激发创新思维潜能的方法有以下几种。

(1) 精通所学，兴趣广泛。创新绝不是无本之木、无源之水，唯有打牢知识基础，才有可能创新。因此，大学生应精通所学课程，并培养广泛的阅读兴趣。试想一下，牛顿、伽利略、爱迪生这些科学家哪一个不是学识渊博、专业素质过硬。

(2) 处处留心皆学问。学习绝不仅限于课堂和读书，事实上，学习无处不在，与他人交流是学习，上网是学习，看电视也是学习，关键在于我们是不是用心。例如，看古装电视剧，我们可以了解一些历史知识，如古人的习俗、衣着、饮食习惯、家具陈设以及计谋等，看现代电视剧可以了解当代年轻人的所思、所想、所为等。

(3) 理论与实践相结合。古人云：“读万卷书，行万里路。”唯有理论与实践相结合，理论才有意义。大学生应该活读书、读活书，而不应该死读书、读死书。只有精通理论，才可能付诸实践；只有拥有实践经验，才可能产生新的理论。

(4) 勤学好问。大学生要培养自己的创新意识，应富有怀疑精神，探究各种事物的本源及实质，具有打破砂锅问到底的执着精神。例如，牛顿看到苹果落地，进而发现了万有引力定律。

(5) 意志坚定。创新之路总是充满艰辛和坎坷，因此，大学生为了强化自己的创新意识，应注意培养自己坚韧不拔的精神和顽强的毅力。

(6) 开拓创新。大学生要强化自己的创新意识，应精神焕发，斗志昂扬，敢于打破传统、权威、书本的迷思，敢走前人没有走过的路，敢创前人没有开创的新事业。

(7) 日有所思，夜有所梦。学者们认为梦是一种形象思维，梦会给人们带来许许多多的启示和创新意念。因为当人们做梦时，将超越白天清醒状态缠绕于头脑中的"可能与不可能""合理与不合理""逻辑与非逻辑"的界限，而进入一个超越理性、横跨时空的自由自在的思维状态。柴可夫斯基梦中谱曲、凯库勒发现苯分子结构等实例都是梦境创新的结果。

(8) 无限风光在险峰。人在绝境或遇险的时候会展示出非凡的能力。没有退路就会产生爆发力，这种爆发力就是潜能。所以，适当地给自己制造绝境，有助于潜能的开发。在任何困难面前，对自己有信心，面对困境就能想出有效对策，激发头脑中潜在的能量，从而产生有效行动。

拓展阅读 1-5

第一件胶布雨衣

(三) 投身社会实践

马克思主义认为："实践是检验真理的唯一标准。"毛泽东同志说："读书是学习，使用也是学习，而且是更重要的学习。从战争中学习战争，这是我们的主要方法。"所以，要开发大学生的创新思维，培养大学生的创新能力，必须使其投身社会实践。每一项发明，无论是成功或失败，都是无数次创新思维实践过程的组合。

现代高校应针对大学生创新思维的培养，多组织和开展行之有效的社会实践活动，让大学生在课堂学习之余，充分走向社会，融入实践劳动，锻炼创新思维。只有在实践中才能找出想与做的差距，只有在实践中才能使创新理念变为现实，也只有在实践中才能让大学生的创新意识、创新能力得到真正的发展。

拓展阅读 1-6

"蜘蛛侠"的创业梦

第三节　创新思维

创新思维指对事物间的联系进行前所未有的思考，从而创造出新事物的思维方法。一切需要创新的活动都离不开思考，离不开创新思维，可以说，创新思维是一切创新活动的开始。只要学会运用创新思维，就可以提高创造力，具备成为一名成功企业家的潜质。

一、创新思维的理念

思维是指在表象、概念的基础上进行分析、综合、判断等认识活动的过程，或者说思维是指向理性的各种认识活动。

创新思维是一种有创见的思维，即人脑对客观事物未知成分进行探索的活动，是人脑发现和提出新问题、设计新方法、开创新途径、解决新问题的活动。

二、创新思维的过程

不少杰出的创新活动都看似巧合：瓦特看到壶盖被蒸汽顶起而发明了蒸汽机，牛顿被落下的苹果砸中头而发现了万有引力，门捷列夫玩纸牌时想出了元素周期表。表面上看，创新好像非常简单，其实这只是表象，其背后是瓦特、牛顿、门捷列夫长期不懈的思考和努力。

创新思维是以发现问题为中心，以解决问题为目标的高级心理活动。关于这种心理活动的研究理论有很多，其中影响力较大、传播较广的是英国心理学家华莱士提出的四阶段论，即把创新思维的过程分为准备阶段、酝酿阶段、顿悟阶段和验证阶段。这一理论较为科学地描绘了创新思维的过程，且具有较强的实用性。

(一) 准备阶段

准备阶段是发现问题和提出问题的阶段。创新思维是从发现问题、提出问题开始的，提出问题后必须为解决问题做充分的准备，这种准备包括必要的事实和资料的收集、必需的知识和经验储备、技术和设备的筹集，以及其他条件的提供等。爱因斯坦曾经说过："提出问题通常比解决问题还要重要，因为解决问题不过是运用数学上的或实验上的技能而已，然后明确提出问题并非易事，它需要创新性的想象力。"他认为，对问题的感受是人类进行创新的重要资质。准备可分为三个步骤：第一步是对知识和经验进行积累与整理；第二步是收集重要的事实和资料；第三步是了解自己所提问题的社会价值，即它能满足社会的何种需要以及它的价值前景如何。由此可见，准备阶段往往要经历相当长的时间。

(二) 酝酿阶段

酝酿阶段也称为沉思和多方思维发散阶段。酝酿阶段要对准备阶段所获得的各种资料和事实消化、吸收，从而明确问题的关键，并提出解决问题的各种假设和方案。这个阶段可能是短暂的，也可能是漫长的，需要花费巨大精力。

在这一阶段，要从各个方面进行思维发散，让各种解决问题的设想在头脑中反复组合与交汇，然后按照新的方式进行加工。加工时，应主动地运用创新方法，不断选择，力求形成新的创意。此时，有些问题经过反复思考和酝酿，仍不能获得完美的解决方案，并且思维常常出现“中断”的现象。当问题不时在头脑中出现并转化为潜意识时，就为顿悟阶段打下了坚实的基础。

将思考范围从熟悉的领域扩展到其他有关联的陌生领域，可以使思维发散活动更加深刻和广泛。这既有利于冲破传统思维方式和打破成见，又有利于获取更全面的信息，在更高层次上把握创新活动的全局，从而寻找创新的突破口。

(三) 顿悟阶段

顿悟阶段就是找到解决问题的方法，即明朗期或突破期。人们通常所说的“豁然开朗”“众里寻他千百度，蓦然回首，那人却在灯火阑珊处”以及“山重水复疑无路，柳暗花明又一村”等描述的都是这一阶段的状态。顿悟阶段来得突然，也很短暂，在酝酿阶段经过对问题的长期思考，久盼的创造性突然在瞬间显现，思考者大有豁然开朗的感觉，这一心理现象就是灵感思维。如果说“踏破铁鞋无觅处”描绘的是酝酿阶段的话，那么“得来全不费功夫”则是顿悟阶段的形象刻画。

在顿悟阶段，灵感思维往往起决定作用，如德国数学家高斯为证明某个定理，花费了两年时间仍一无所得，可是有一天，正如他自己后来所说:“像闪电一样，谜一下就解开了。”由此，我们也就可以理解阿基米德获得灵感时狂呼“我发现了，我发现了！”那种欣喜若狂的心情了。

(四) 验证阶段

验证阶段是对灵感或点子进行完善和充分论证的阶段。突然获得的突破，结果难免稚嫩、粗糙甚至存在缺陷或漏洞。因此，要在验证阶段把顿悟阶段获得的结果加以整理、完善和论证，并进一步充实。创新思维所取得的突破以及所得到的解决问题的构想与方案，还需要在理论上和实践中验证其可行性。因为不经过验证，就不能取得有效的创新成果。

另外，创新成果经验证后，可能得到确认，也可能需要改进，还可能被完全否定，进而再回到酝酿阶段。总之，顿悟阶段产生的灵感必须经过理论和实践的验证。验证阶段的心理状态较平静，但需耐心、慎重，不急于求成和不急功近利是很关键的。

三、创新思维的形式

21 世纪是一个高速发展的时代，科学技术日新月异，如果一味追随别人的脚步，只能落后于人。因此，大学生应培养良好的创新思维，以推动社会和生活发展。创新思维有很多种，以下是几种常见的、主要的创新思维形式或种类。

(一) 换位思考

很多创新思维都源于思维角度的改变。对任何事情，都应该尝试从不同的角度，站在不同的位置，以不同群体的视角去看一看、想一想，这样往往会有一些意想不到的发现。例如，开发产品时最好把自己当成终端客户，想想客户的具体要求，对每一个环节都考察一遍，思考是不是可以做得与别人不一样；也可以把自己当成竞争对手，思考他们为什么这样，反过来思考他们为什么不这样，这样就可能发现问题并能够对产品加以革新和完善。

拓展阅读 1-7

巧买大宅

(二) 逆向思维

逆向思维也称求异思维，是对司空见惯的事物或观点进行逆向思考的一种思维方式。例如，有人落水，常规的思维模式是“救人离水”，而司马光在紧急险情下，运用了逆向思维，果断地用石头把缸砸破，做到了“让水离人”，从而救了小伙伴的性命。

运用逆向思维，可以从以下三点进行把握。

(1) 面对新的问题时，可以将通常思考问题的思路反过来，采用通常看来是对立的、似乎根本不可能的办法去思考问题。“油水不合”，即使在今天仍被人们当作常识。油水真的不相合吗？在印刷业，人们用逆向思维进行思考。经过试验发现，采用常规搅拌的办法，油水确实不合，而采用超声波技术进行搅拌，再添加适量活性剂，油水不合的问题就解决了。

(2) 面对长期解决不了的问题或长久困扰人们的难题，不要沿着前辈或自己长久形成的固有思路去思考，而应该“迷途知返”，从现有的思路上返回来，从相反的方向寻找解决问题的办法。日本有一个叫中田的人，他想发明一种圆珠笔，并试图解决圆珠笔令人头痛的漏油问题。他冥思苦想了好久，就是找不到解决的办法。后来，他反过来想，圆珠笔漏油这种情况，一般发生在写了两万字左右，那么，制造一种写了两万字就用完了的圆珠笔，问题不就解决了吗？新式圆珠笔问世之后，果然很受人们的欢迎。

(3) 面对久久解决不了的特殊问题，可以采取“以毒攻毒”的办法，即不是从彼问题来寻找此问题的办法，而是从此问题本身来寻找解决它的办法，免疫理论的创立和付诸实践，就是这种思考方法的结果。当时，面对给千百万人的生命造成严重威胁的瘟疫，许多科学家都在寻找防治瘟疫的药物，而巴斯德却沿着和大家相反的方向去思考。他给人或动物注射少量的菌苗，增强其免疫力从而达到防疫的效果，获得了成功。

(三) 发散思维

发散思维又称辐射思维、放射思维、扩散思维或求异思维，是指在对事物或问题的研究中，保持思想活跃和开放状态的思维。

发散思维作为一种创新思维方法，不仅被广泛运用于科学研究和科技发明中，也被广泛运用于企业经营中。

如果说创新是一个民族的灵魂，那么发散思维便是创新的基石。发散思维是典型的、艺术的思维，它能使人们对工作、生活和学习产生激情，它是智慧的发源地，是兴趣的乐园。

在解决具体问题的过程中，如何运用发散思维并没有固定不变的模式。不同的外界条件，运用发散思维的方式也是不同的。一般来说，发散思维的具体应用有以下几种。

(1) 多项求解法。多向求解法是指思维主体在解答问题的过程中尽可能从多个不同方面来考虑，强调跳出点、线、面的限制，而从多个角度去思考问题。多项求解法的目的在于产生和提出新颖、独特的设想，这样可以通过多种途径对问题不断地进行摸索和试探。

爱迪生在研究灯泡的灯丝材料时，先后试用了1600多种热材料和6000多种植物纤维，甚至连头发丝和胡子都试验了。1879年，他使用碳化的棉线作为灯丝获得成功，这是当时发现的最佳的灯丝材料。

(2) 多级发散法。多级发散法是指思维主体在问题求解时，通过对多个相关因素的离散解析，逐层或逐级探索事物本质的思维方法。日常分析问题和解决问题时，人们在头脑里将事物分成不同的部分、阶段、层次，通过层层分解、发散的思维探索过程，使思路有所突破。

多级分散法的实质就是在两级或两级以上的层次或阶段上发散求异，有时每级均有多个导出点，使认识不断深入，后一层次在前一层次的基础上不断扩展。

人类对物质结构层次的认识就体现了多级发散法。20世纪60年代以前，人们一般认为物质是由分子构成的，分子是由原子构成的，原子是由电子、质子、中子等基本粒子组成的，而这些基本粒子是组成物质的最小粒子。后来，在做这些基本粒子以极高的速度发生碰撞的实验时，发现原来这些“基本”粒子是由更小的粒子所组成的。

(3) 交叉发散法。交叉发散法是一种立体的、动态的、多维系统的构思，通过借助多维坐标系，将一个轴上的各点信息与其他轴上的各点信息相结合而求解的思维方法。这种交叉的点就是创新点，并借此产生一系列的创新。信息结合的反应就像一个“魔球”，信息的引入与层次的变换会引出一系列的新信息组合，从而使思维更富有发散性，新构思就会源源不断地出现。

交叉学科的发展是运用交叉发散法的一个典型例子。现代科学的发展特点是学科越来越多，分支越来越细化。同时，学科之间的关系也越来越密切，它们相互交叉、相互渗透，已经形成一个有机的整体、一个大的系统。各个学科知识的交叉应用将会为复杂问题的研究提供新的视角，学科交叉点往往就是科学的新发展点、新前沿。1953年，DNA(脱氧核糖核酸)双螺旋结构的重大发现就是化学家鲍林，生物学家沃森，物理学家克里克、富兰克林和威尔金斯等科学家合作的结果，更是这些科学家思维交叉发散的结果。

(4) 侧向发散法。侧向发散法是指思维主体在采用正向思维直接解决问题遇到困难时，改从其他侧面发散求解，从而产生新设想的思维方法。

科学研究中常常出现这种情形：研究者对研究目标孜孜以求，但一直无法解决问题，一旦这种思维受到偶然事件的启发，就容易从其他领域或偶然事件中产生好主意或新设想。例如，19 世纪 30 年代，美国的莫尔斯发明了有线电报(电磁式电报机)，但在实用中遇到了困难：信号在传递中衰减而无法远距离传送信息。正在一筹莫展时，有一天，他乘坐马车从纽约到巴尔的摩，无意中发现每到一个驿站都要换马。这件事启发了他，是不是有线电报也可以采用这种方式。他认为，如果沿线设立若干个信号放大站，使信号每传递一段距离所衰减的信号都经过放大而得到恢复，这样信号的远距离传输问题就解决了。果然，由于这一创造性设想的实现，有线电报不久就成了远距离传输信息的通信工具。

拓展阅读 1-8

发散思维创造的奇迹

(四) 联想思维

联想思维是在原本并不相关的事物之间搭起一座认识的桥梁，将表面上互不相关的事物联系起来的创新思维方式。联想思维可以使人们扩展思路、升华认识、把握规律，可细分为如下几种。

(1) 接近联想。接近联想是指由一个事物联想到在时间上或空间上相接近的另一个事物。例如，由阳春三月联想到桃花，由天安门联想到人民大会堂，由三角形的外角和是 360°联想到四边形、多边形的外角和是不是也都是 360°等。

(2) 对比联想。对比联想是指由一个事物联想到和它具有相反特点的另一个事物。例如，由朋友联想到敌人，由水联想到火，由战争联想到和平等。

(3) 相似联想。相似联想是指由一个事物联想到另一个与它在性质上接近或相似的事物。例如，由大海联想到海浪、海鲜、轮船、海底电缆，以及资源的开发和利用等。

(4) 关系联想。关系联想是指事物所具有的各种由关系而形成的联想思维。

(五) 纵向思维

纵向思维又称纵深思维或纵深思考，通俗地讲，就是按照既定目标、方向，在现有基础上，向纵深领域挖掘的创新思维方式。

老子曰：“挖井七仞而不及泉也。”(仞是计量单位，七仞等于 12 米多)挖井七仞没有出水，是废井；如果挖七仞多出水了，甘泉涌流，就称为好井。可见，成功有时只缺少纵深思考的创新思维方法。纵向思维不仅对人们搞好重大发明有帮助，而且对人们加强品德修养、重塑好人格形象的影响和作用也是不可低估的。

(六) 灵感思维

灵感思维是指在与事物的接触及思考中，因受到某种启发而产生的创新思维方式。是在科学研究和文学艺术创作中经常出现和运用的创新思维方式。

由于这种创新思维方式具有转瞬即逝的偶发性，所以，要善于抓住这种稍纵即逝的灵感思维，对其进行深入思考和研究，以促成新生事物的应运而生或疑难问题的解决。

(七) 求异思维

所谓求异思维，是指思维主体对某一研究问题求解时，不受已有信息或以往思路的限制，从不同方向、不同角度去寻求解决问题的不同答案的思维方式。

求异思维的内核是：积极求异，灵活生异，多点创异，最后形成异彩纷呈的新思路、新见解。可以说，求异思维是孕育一切创新的源头，科学技术史上许多发现或发明就是运用求异思维的结果。

求异思维通常包括发散求异和转换求异等思维方式。其中，发散求异思维就是发散思维。转换求异思维是指思维主体在问题求解时，通过变换或改变原有思维的视角、方向、方法或依据而获取不同答案的思维方式。转换求异思维的具体方法主要包括如下几种。

(1) 思维视角转换法。思维视角转换法是指思维主体在解决问题的过程中，通过思维切入点和关注点的改变，把眼界放在一个不同的参照系中进行求异的方法。这里的参照系范围很广，可以是不同的世界观、方法或理论框架，也可以是不同的人物角色或不同的历史阶段等，如以功能分析法替换结构分析法，由质的考察改为量的考察，将纵向分析改为横向分析，以动态分析替换静态分析，由现实角度改为历史角度或未来角度等。

例如，对同一个对象或同一种运动，通过思维视角的转换，可达到多种不同甚至更理性、更精细的认识。杜甫的“会当凌绝顶，一览众山小”，苏轼的“横看成岭侧成峰，远近高低各不同。不识庐山真面目，只缘身在此山中”，都是随着思维视角的改变，从而有不同认识的典型事例。

(2) 思维方向转换法。思维方向转换法是指思维主体在解决问题的过程中，通过正反、上下、左右、前后、增减等方式转换思维方向，来求解问题的求异思维方法。

正反思维互换是最典型的思维方向转换法。正向思维是指按照常规方式思考问题的思维方式。反向思维又称逆向思维，是指人们在思考问题时，跳出常规，改变思路，从相反方向寻找解决问题的办法和思路，这种反向思维的方法在科学技术史上运用得较为普遍。例如，爱迪生将“声音引起振动”反向思考为“振动还原为声音”，于是产生了发明留声机的设想；赫柏布斯把吹尘器的原理反过来，设计出新的除尘装置，结果发明了吸尘器。

(3) 思维依据转换法。思维依据转换法是指在科学研究过程中，当原有的理念依据已不适应新实验或新事实时，科学工作者被迫放弃旧理论，采用新理论来求解的一种思维方式。这里的依据包括理论、方法、标准和条件等。

(4) 思维方式转换法。思维方式转换法是指思维主体根据求解的需要，通过变换不同的思维方式而获得不同答案的思维方法。思维方式根据不同的划分标准可分为横向思维和纵向思维、理性思维和感性思维、逻辑思维和形象思维、男性思维和女性思维等。思维方式转换没有机械的程序，但有一些启发性的方法。

四、创新思维的训练

思维能力的训练是一种有目的、有计划、有系统的教育活动，它的作用不可低估。人的天性对思维能力具有影响力，但后天的教育和训练对思维能力影响更大、更深。许多研究成果表明，后天环境能在很大程度上造就一个人。

思维并非神秘之物，尽管看不见、摸不着，来无影、去无踪，但它却是实实在在、有特点、有品质的普遍心理现象。创新思维能力训练的主要目的是改善思维品质，提高思维能力，只有在实际训练中把握住思维的本质，进行有的放矢的努力，才能坚持下去并取得一定的效果。

(一) 推陈出新法

推陈出新法是指当看到、听到或者接触到一件事情、一种事物时，尽可能赋予它们新的性质，摆脱旧有方法束缚，运用新观点、新方法、新结论，反映出独特性。按照这个思路进行思维训练，往往能收到推陈出新的效果。

(二) 聚合抽象法

聚合抽象法是指把感知到的对象依据一定的标准“聚合”起来，显示出它们的共性和本质，增强人们的创造性思维能力。采用这个训练方法，首先要使人对感知材料形成总体轮廓认识，从感觉上发现十分突出的特点；然后要利用感觉对共性问题进行分析，形成若干分析群，进而抽象出本质特征；最后要对抽象出来的事物本质进行概括性描述，形成具有指导意义的理性结果。

(三) 循序渐进法

采用循序渐进法进行创新思维训练，是指受训者事先对某个设想进行严密的思考，借助逻辑推理的形式把结果推导出来，能增强受训者的分析思维能力和预见能力。

(四) 生疑提问法

生疑提问法是指对过去一直被人认为是正确的事物或某种固定的思考模式，敢于并且善于提出新观点和新建议，并能运用各种证据，证明新结论的正确性。

训练方法是：首先，每当观察到一件事物或一个现象时，无论是初次接触还是多次接触，都要问“为什么”，并且养成习惯；其次，每当遇到工作中的问题时，尽可能地寻求自身运动的规律性，或者从不同角度、不同方向观察同一问题，以免被知觉产生的假象所迷惑。

(五) 心智图法

心智图法是一种刺激思维及帮助整合思想与信息的思考方法，也可以说是一种将观念图像化的思考策略。此法主要采用图志式的概念，以线条、图形、符号、颜色、文字、数字等各种方式，将意念和信息快速地以上述各种方式摘要下来，形成一幅心智图。在结构上，心智图具备开放性及系统性的特点，使用者既能自由地激发扩散性思维，发挥想象力，又能有层次地将各类想法组织起来，以刺激大脑做出各方面的反应，从而得以发挥全脑思考的多元化结果。

(六) 集思广益法

集思广益法是一个组织团体中，大家彼此交流，集中众多人的集体智慧，广泛吸收有益意见，从而提高思维能力。此法有利于研究成果的形成，还具有培养研究能力的作用。因为，当一些富有个性的人聚集在一起，由于各人的起点、观察问题的角度不同，研究方式、分析问题的水平不同，就会产生不同的观点和解决问题的方法。通过比较、切磋，每个人都会有意无意地学习到其他人思考问题的方法，从而使自己的思维能力得到潜移默化的提高。

思考与练习

1. 简述创新的含义、过程、原则和类型。
2. 以小组为单位，讨论如何理解以下内容：
(1) 结合自身体会，谈谈你对创新思维枷锁的认识。
(2) 结合自身实践，谈谈你对培养创新思维能力的理解。
3. 简述创新思维的概念。
4. 谈谈你对各种创新思维形式的认识。

第二章

创新思维和创新能力

创新思维是创新能力的核心和灵魂，创新能力的培养从根本上讲就是创新思维能力的培养。本章主要阐述了创新思维的含义和特征、训练创新思维、思维重构、创新能力的提升与训练等内容。

本章学习目标

- 学会从突破界限和开拓视角两方面训练创新思维
- 掌握常见的 8 种思维重构的方法
- 学会从发现问题、构思创意、解决问题三方面提升创新能力

第一节　训练创新思维

创新思维是指以新颖、独创的方法解决问题的思维过程，通过这种思维能突破常规思维的界限，以超常规甚至反常规的方法、视角去思考问题，提出与众不同的解决方案，从而产生新颖的、独到的、有社会意义的思维成果。一个人如果具有创新思维就能够打破常规、突破传统，具有敏锐的洞察力、直觉力，丰富的想象力、预测力和较强的捕捉机会的能力等，从而使思维具有超前性、变通性。创新思维的本质在于从新的角度、采用新的思考方法来解决现有的问题，将创新意识的感性愿望提升到理性的探索上，实现创新活动由感性认识到理性思考的飞跃。创新精神属于科学精神的范畴，是进行创新活动必须具备的一种心理特征，包括创新意识、创新胆量、创新决心以及相关的思维活动。

一、突破界限

(一) 摒弃思维定式，寻求创新突破

思维定式，就是人们根据已有的实践经验，在头脑中形成的一种固定的思维模式，遇到问题时，会自然而然地沿着固有的思维模式进行思考。

思维定式是人类心理活动的普遍现象。思维定式在一定情况下是具有积极意义的，如人们从事一些工作所积累的经验形成的思维方法等，在处理同类或相似问题的时候，就会使人们大大缩短思考时间，提高工作效率。然而，当需要开拓创新时，思维定式却常常使人打不开思路，跳不出所谓“经验”的限制，成为创新思维的障碍。大学生必须从书本定式、经验定式中走出来，打破常规，才能实现思维的新突破。突破思维定式，更新思维模式，可以从以下几个方面入手。

(1) 突破书本定式。创新思维是以广博的科学文化知识为基础的，因此，掌握书本上的科学理论知识，对于大学生进行创新思维是十分重要的。然而，如果在现实生活中盲目地一切从书本出发，以书本为纲，而脱离实际，则会形成阻碍创新思维的书本定式。例如，我国古代的赵括，不顾实际情况，在带兵打仗时不假思索地照搬书本上的理论，最终打了败仗，自己也丢了性命。因此，大学生要突破书本定式，不被书本上的理论所束缚，将书本上的理论知识与具体实际情况结合起来，寻求新的突破。

(2) 突破经验定式。人们都知道 “初生牛犊不怕虎”这句话，那么为什么初生的牛犊不怕虎呢？就是因为初生的牛犊的头脑里并没有老虎会吃自己的经验定式，因此在碰到老虎的时候它就会本能地用自己的牛角去顶，而老虎的头脑里存在着牛怕自己的经验定式，遇到这种情况反而不知道该怎么办了，往往会被吓跑。一些新的理论和发明无不是突破经验定式的结果。

(3) 突破视角定式。在遇到问题时，不从常规的角度出发，而是从不同的视角来解决问题，往往会取得意想不到的效果。

(4) 突破方向定式。毛泽东同志在当时“占领大中城市，直到全国胜利”的思想占主导地位时，结合实际，采用逆向思维，提出了“农村包围城市”的新的思想，并以此指导作战，最终取得了胜利。因此，突破方向定式，采用逆向思维，往往也会收到很好的效果。

(二) 打破思维惯性

例如，有一个聋哑人，既说不出话来，又听不见声音。他到五金商店去买钉子，怎么办呢？对，可以比划。又来了一个盲人，他要买剪刀，怎么用最简洁的方式表达呢。有人可能会说，也可以比划呀。答案是，他可以直接说：“买剪刀。”这就是思维的惯性。实践中，应努力打破思维惯性，才能有所创新。

二、拓展视角

(一) 克服权威性思维障碍

人们常常对学识、能力比自己强的人产生崇拜感，因为这些权威在自己的专业领域中往往很有建树，他们的意见和建议能使人们事半功倍，但过分相信权威将极大地阻碍人们的创新思维，使人们缺少自我思索、冲破权威、勇于创新的意识和勇气。

创造性思维是一种补旧立新、富有创新意识的思维活动，它与因循守旧的传统观念是格格不入的。不迷信权威，不被旧的观念所束缚，加强创造意识的培养，最大限度地发挥思维的能动性。

(二) 克服习惯性思维障碍

习惯性思维即对上一次的抉择不加分析、不假思索地盲目重复，其特征是对问题的思考总按照第一次的方向和次序进行。人的某种行为方式一旦形成习惯，就难以改变。例如，我们常常在一个固定的时间起床、穿衣、刷牙、洗脸；我们常沿着熟悉的路径行走；我们常在几家相对固定的餐厅用餐，习惯使我们不必过多思索就能舒适地生活。然而，习惯未必是一种最佳选择。也许我们可以把时间更合理地安排，也许还有一条更便捷的道路，也许有更适合我们的味美价廉的餐厅，但习惯性思维让人们不由自主地重复上一次的抉择。这种习惯性思维人人都有，只是程度不同而已。习惯性思维使人解决问题时基于原来的工作经验，使人习惯走前人的老路，从而变得思想僵化、思维方法单一，逐渐失去创新意识。

要突破思维定式，要求创新者经常与自己的思维习惯作斗争，不要被习惯所束缚，尤其不要沉迷在已有的成功经验之中，抱着经验不撒手。要多应用新的思维方法，经常变换新的角度思考问题。只有这样，才能在创新思维活动中有所突破、有所创新。

(三) 克服从众型思维障碍

从众型思维是指放弃独立思考，盲目相信大众，一切跟在别人后面，不出头、不冒尖的心理。每个人或多或少都有从众型思维，但过分相信群众、缺乏独立的思考则会导致错误。智慧的安徒生用诗一般优美的语言讲了《皇帝的新装》的故事，故事中就体现了从众型思维。

大学生应该对一些约定俗成的说法或做法保持应有的判断力，既要相信“群众的眼睛是雪亮的”，又要相信“真理往往掌握在少数人手里”。无论是面对“群众”还是面对“少数人”，都应该独立思考，不盲从、不轻信。任何时候，放弃独立思考，一味跟随大众，就会走弯路。只有端正态度、提高能力、开拓进取、锐意创新的人才能保持头脑清醒，从芸芸众生中脱颖而出并取得骄人的成绩。

(四) 克服书本型思维障碍

书对于人类文明的传承、知识的传播起着巨大的作用。很多时候，书籍是知识的代名词。不过，书本知识反映的是一般性的东西，表现的是理想化状态，与客观现实之间往往存在较大的差异。在处理问题时，如果忽视这种差异，不视实际情况，不假思索地盲目运用书本知识，一切从书本出发，以书本为纲，那么书本知识在为我们带来无穷多好处的同时，也会招来不少的麻烦。例如，三国时“熟读兵书，谙熟兵法”的马谡在保卫街亭的战斗中，依据兵书上“凭高视下，势如破竹”“背水一战，以一当十”的谋略，在山上屯兵，结果痛失街亭被诸葛亮挥泪斩首；赵国的赵括根据兵书上“一鼓作气，除恶务尽”的教诲，出兵追击，结果被乱箭射死。

书本知识不能机械式的生搬硬套，否则可能闹出笑话或造成不可挽回的后果。在学习知识的同时，应保持思想的灵活性，注重学习基本原理而不是死记一些规则，在实践中，用原理指导行动，活学活用，才能充分发挥知识的作用。

(五) 克服单线型思维障碍

单线型思维主要表现在人们的思维活动往往只选择一个视角、一个角度去认识对象，遇到问题，习惯于去寻找一个唯一正确的答案，一旦找到一个合适的答案，便不管其完善与恰当程度如何，死死抱住不放，不愿再去寻找其他可能的答案，很少能从各种不同的角度去把握和认识对象。

单线型思维会造成思维狭窄，达不到预定的创造目的，特别是遇到困难时，会显得束手无策或迷惑不解，有时还会把思路引进一条死胡同。实际上，任何一个创造对象本身就是一个综合体，与外界事物是有联系的，并且在不同的条件和因素影响下，也会有不同的情况。在创造性思维活动中，应该提倡多方面、多角度、多领域、多学科的立体思维，并采用发散、收敛、侧向、反向等多种思维方式，开拓思路、综合思考，这样才有利于问题的圆满解决或新构想的提出。

第二节 思维重构

创新思维的类型是多种多样的，思维重构方向一般分为以下几种。

一、发散思维

发散思维又称辐射思维、放射思维、扩散思维或求异思维，是指大脑在思维时呈现的一种扩散状态的思维模式，表现为思维视野广阔，思维呈现出多维发散状。发散思维是从一点出发，向不同方向辐射，产生大量不同设想的思维方式。可采用“一题多解”“一事多写”“一物多用”等方式培养发散思维能力。不少心理学家认为，发散思维是创造性思维的主要特点之一，是测定创造力的主要标志之一。运用发散思维可以产生大量设想，提供更多选择机会，摆脱习惯性思维束缚，破除思维定式。

(一) 发散性思维的特点

(1) 流畅性：流畅性反映的是发散思维的速度和数量特征。

(2) 变通性：变通性需要借助横向类比、跨域转化、触类旁通，使发散思维沿着不同的方向扩散，表现出极其丰富的多样性和多面性。

(3) 独特性：独特性是发散思维的最高目标。

(4) 多感官性：发散思维与情感有密切关系。如果能够激发大学生的兴趣，使大学生产生激情，把信息感性化，赋予信息以感情色彩，会提高发散思维的速度与效果。

(二) 发散性思维的方法

(1) 材料发散法：以某个物品的组成材料为发散点，设想它的多种用途。

(2) 功能发散法：从某事物的功能出发，构想获得该功能的各种可能性。

(3) 结构发散法：以某事物的结构为发散点，设想利用该结构的各种可能性。

(4) 形态发散法：以某事物的形态为发散点，设想利用该形态的各种可能性。

(5) 组合发散法：以某事物为发散点，尽可能多地把它与其他事物组合，形成新事物。

(6) 方法发散法：以某种方法为发散点，设想利用该方法的各种可能性。

(7) 因果发散法：以某个事物发展的结果为发散点，推测造成该结果的各种原因，或者由原因推测可能产生的各种结果。

(三) 集体发散思维

发散思维不仅需要利用自己的大脑，有时候还需要利用身边的无限资源，集思广益。集体发散思维可以采取不同的形式，例如通常采用的“头脑风暴”，即每个人不论可能性地说出自己的想法，只要自己能表达出来，就有可能被采纳，最后总结出结论。

二、逆向思维

逆向思维也称求异思维，是对司空见惯的似乎已成定论的事物或观点反向思考的思维方式。敢于“反其道而思之”，让思维向对立面的方向发散，从问题的相反面深入地进行探索，树立新思想，创立新形象。人们习惯于沿着事物发展的正方向去思考问题并寻求解决办法。其实，对于某些问题，尤其是一些特殊问题，从结论往回推，倒过来思考，从求解回到已知条件，或许会使问题简单化。

逆向思维的特点如下。

(1) 普遍性：由于对立统一规律是普遍适用的，而对立统一的形式又是多种多样的，有一种对立统一的形式，相应地就有一种逆向思维形式。因此，逆向思维也有无限多种形式，如性质上对立的两种事物的转换。不论哪种方式，只要从一个方面想到与之对立的另一方面，都是逆向思维。

(2) 新颖性：任何事物都具有多方面属性，由于受过去经验的影响，人们往往只看到熟悉的一面，而对另一面却视而不见。逆向思维能克服这一障碍，其结果往往是出人意料的，并能给人耳目一新的感觉。

三、联想思维

联想思维是指人脑记忆表象系统中，由于某种诱因导致不同表象之间发生联系的一种没有固定思维方向的自由思维活动，主要包括幻想、空想、玄想等形式。其中，幻想，尤其是科学幻想，在人们的创造活动中具有重要的作用。时间上或空间上的接近都可能引起不同事物之间的联想。例如，当一个人遇到大学老师时，就可能联想到他过去讲课的情景。外形、性质、意义上的相似都可能引起联想，如由照片联想到本人等。事物间完全对立或存在某种差异也会引起联想，其突出特征就是背逆性、挑战性、批判性。两个事物存在因果关系也会引起联想，这种联想往往是双向的，既可以由起因想到结果，也可以由结果想到起因。

(一) 联想思维的特征

联想思维的主要特征是由此及彼，连绵不断地进行，可以是直接的，也可以是迂回曲折地形成闪电般的联想链，而链的首尾两端往往是风马牛不相及的。

联想思维是形象思维的具体化，其基本的思维操作单元是表象，是一幅幅画面。所以，联想思维和想象思维一样，都十分生动，具有鲜明的形象。

思维可以很快把联想到的思维结果呈现在联想者的眼前，而不顾及其细节如何。因此，联想是一种整体把握的思维操作活动，可以说有很强的概括性。

(二) 联想思维的作用

(1) 在两个以上的思维对象之间建立联系。通过联想，可以较快地在问题对象和某些思维对象间建立联系，这种联系会帮助人们找到解决问题的答案。正如《科学研究的艺术》一书的作者贝弗里奇在书中所说，独创性常常在于发现两个或两个以上对象或设想之间的联系或相似点，而原本以为这些对象或设想彼此没有联系。

(2) 为其他思维方法提供一定的基础。联想思维一般不能直接产生有创新价值的新形象，但是，它往往能为产生新形象的想象思维提供一定的基础。

(3) 活化创新思维的活动空间。联想，就像风一样，扰动了人脑的活动空间。由于联想思维有由此及彼、触类旁通的特性，常常把思维引向深处或更加广阔的天地，导致想象思维的形成，甚至灵感、直觉、顿悟的产生。

(4) 有利于信息的储存和检索。思维的重要功能之一就是把知识信息按一定的规则存储在大脑中，并在需要的时候把其中有用的信息检索出来。

(三) 联想思维的类型

(1) 相似联想，是指由于一个事物的外部构造、形状或某种状态与另一个事物类同、近似而引发的想象延伸和连接。

(2) 相关联想，是指联想物和触发物之间存在一种或多种极为明显的属性的联想。例如，看到鸟想到飞机。

(3) 对比联想，指联想物和触发物之间具有相反性质的联想。例如，看到白色想到黑色。

(4) 因果联想，源于人们对事物发展变化结果的经验性判断和想象，触发物和联想物之间存在一定的因果关系。例如，看到蚕蛹就想到飞蛾，看到鸡蛋就想到小鸡。

(5) 接近联想，指联想物和触发物之间存在很大关联或关系极为密切的联想。例如，看到学生想到教室、实验室及课本等相关事物。

(四) 联想思维的方法

1. 类比法

类比法是把陌生的对象与熟悉的对象、把未知的东西与已知的东西进行比较，从中获得启发而解决问题的方法。例如，浙江省某食品机械厂的技术人员去贵阳某糕点厂安装蛋卷机，在本厂总装试车很满意的蛋卷机，在贵阳却不听使唤了，蛋卷坯子出来后，都在卷制过程中碎掉了。技术人员在原料、配方、卷制尺度等很多方面花了许多精力也解决不了问题。后来，技术人员看到贵阳即便是阴天，晾在外面的湿衣服半天也能干，就想起丝绸厂空气湿度不当会造成断丝，蛋卷在卷制过程中碎掉的原因也可能与空气湿度有关，于是，他们采取了在本车间及机器内保湿加湿的措施，漂亮的蛋卷终于做出来了。

类比法分为直接类比、仿生类比、因果类比、对称类比。

(1) 直接类比，根据原型的启发，直接将一类事物的现象或规律用到另一类事物上。

(2) 仿生类比，根据气步甲虫(当它遇敌时会喷出一种液体炮弹)的特性，德国科学家研制了世界上最先进的二元化学武器；根据狗鼻子的特性，人们发明了“电子警狗”，灵敏度达到狗鼻子的1000倍。

(3) 因果类比，根据某一个事物的因果关系推出另一个事物的因果关系，而产生新成果。例如，美国一位教授根据浴池里水流旋向的研究，推断出台风旋向的结论。

(4) 对称类比，利用对称关系进行类比而产生新成果。例如，化妆品最初是女人的专用产品，根据对称类比，男士化妆品应运而生了。

2. 移植法

移植法是指把某一事物的原理、结构、方法、材料等转到当前研究对象中，从而产生新成果的方法。

移植法分为原理移植、结构移植、方法移植、材料移植。

(1) 原理移植就是将某种科学技术原理转用到新的研究领域。例如根据贺卡发音的原理，台湾一位业余发明家将其移植到汽车倒车提示器上。

(2) 结构移植就是将某个事物的结构形式和结构特征转用到另一个事物上，以产生新的事物。例如，某公司为有口蹄疫地区的动物做了拉链靴。美国将拉链应用到外科手术的缝合中。

(3) 方法移植就是将新的方法转用到新的情景中，以产生新的成果。例如香港某集团的老总参观荷兰的“小人国”——荷兰风光的缩影，建成了“锦绣中华园”，年收入1000万元。

(4) 材料移植。例如，亚硫酸锌具有白天吸收光线、夜间发光的特性，有人将它用于制造电器开关、夜光工艺品、夜光航标灯、夜光门牌等。

四、组合思维

组合思维又称连连思维或合向思维，是指把多项貌似不相关的事物通过想象加以连接，从而使之变成彼此不可分割的新整体的思考方式。例如，在一次国际酒类展销会上，各国代表都拿出自己国家的名酒：中国——茅台、俄国——伏特加、德国——威士忌、意大利——葡萄酒、法国——香槟、美国——鸡尾酒。

(一) 组合思维的特征

(1) 创新性。许多科学家认为知识体系的不断重新组合是人类知识不断丰富、发展的主要途径之一，从这个角度来看，近现代科学的三次大创造是由三次大组合所带来的。

第一次大组合是牛顿组合了开普勒天体运行三定律和伽利略的物体垂直运动与水平运动规律，从而创造了经典力学，引起了以蒸汽机为标志的技术革命。第二次大组合是麦克斯韦组合了法拉第的电磁感应理论和拉格朗日、哈密顿的数学方法，创造了更加完备的电磁理论，因此引发了以发电机、电动机为标志的技术革命。第三次大组合是狄拉克组合了爱因斯坦的相对论和薛定鄂方程，创造了相对量子力学，引起了以原子能技术和电子计算机技术为标志的新技术革命。

(2) 时代性和继承性，例如，电视+电话=可视电话；数据+文字+图像+声音=多媒体；电阻+电容台秤+电子计算机=电子秤；飞机+飞机库+军舰=航空母舰；手枪+消音器=无声手枪；自行车+电机+蓄电池=电动自行车。

(二) 组合思维的形式

(1) 同类组合。同类组合是若干相同事物的组合。参与组合的对象在组合前后基本原理和结构一般没有根本的变化，往往具有组合的对称性或一致性的趋向。例如，鸡尾酒、双排订书机、多缸发动机、双头液化气灶、双层文具盒、三面电风扇、双头绣花针、3000 个易拉罐组合在一起的汽车，1000 只空玻璃瓶组合在一起的埃菲尔铁塔，等等。

(2) 异类组合。异类组合是两种或两种以上不同领域的技术思想的组合，以及两种或两种以上不同功能物质产品的组合。组合对象(技术思想或产品)来自不同的方面，一般无主次关系。参与组合的对象在意义、原子、构造、成分、功能等多方面互相渗透，整体变化显著。异类组合是异类求同的创新，创新性很强。例如，我国云南彝族人民将火药、铅块、铁矿石碴、铁锅碎片等物放入一个掏尽籽的干葫芦里，在葫芦颈部塞入火草作为引火物，把葫芦装进网兜，形成一个异类组合创造——葫芦飞雷，被称为世界上最早的手榴弹。被组合的东西(火药、铅块、铁矿石碴、铁锅碎片等物)是旧的，组合的结果(葫芦飞雷)是新的。把旧变新、由旧出新，这就是创造。

(3) 重组组合。重组组合就是将事物在不同层次分解，然后再按照新的目标重新安排。重组作为手段，可以更有效地挖掘和发挥现有技术的潜力。例如，飞机的螺旋桨装在尾部就是喷气式飞机，装在顶部为直升机。企业的资产重组等说明重组可以引发质变。例如，积木、变形金刚、七巧板等玩具，都有利于儿童建立重组意识，培养重组能力。

(4) 共享组合与补代组合。共享组合是指把某一个事物中具有相同功能的要素组合到一起，达到共享的目的。例如，吹风机、卷发器、梳子共用同一个带插销的手柄。补代组合是通过对某一个事物的要素进行摒弃、补充和替代，形成一种在性能上更为先进、新颖、实用的新事物。例如，拨号式电话改为键盘式，银行卡代替存折。

(5) 概念组合。概念组合就是对词语或命题进行的组合。例如，绿色食品、阳光拆迁、阳光录取、音乐餐厅、裴多菲俱乐部等。

(6) 综合。综合是指为了完成重大课题，在已有的学科、原理、知识、方法、技术不能解决时，创造出新的学科、新的原理、新的方法和新的技术，并对其进行重新组织和安排的思维过程。

五、延伸思维

所谓延伸思维，就是借助已有的知识，沿袭他人、前人的思维逻辑去探求未知的知识，将认识向前推移，从而丰富和完善原有知识体系的思维方式。

(一) 延伸思维的特征

延伸思维是对某一事物的认识在纵向伸展、延长的一种思维方式。其特征有二：一是前瞻性，能够预见某一事物未来发展变化的趋势；二是深入性，能够洞察某一事物在更深层次上的内涵。以新闻发现为例，延伸思维的前瞻性，即对那些已经发生或还只是处于苗头状态的新闻事件，能够有一个比较准确的预测，知道下一步将会怎样变化，以便有意识地捕捉更多有价值的新闻素材，并在第一时间写出读者需要的稿件。

思维通过对事物的联系方式和相互作用的认知，表现为一种见微知著、见局部知整体，见个别知全貌，见过去知未来，见已知洞悉未知的能力。

(二) 延伸思维的案例

用优质的产品、良好的服务、低廉的价格、大力度的宣传等去赢得市场，已经是经营者们普遍采用的营销策略。倘若想在市场竞争中独占鳌头，必须有自己独特的思维方法。例如，在美国当年的淘金热中，做着淘金致富美梦的淘金者何止千万。然而哈默尔看到成千上万的淘金者需要喝水时，他当机立断，放弃淘金，改为卖凉水。延伸思维让哈默尔变成了富翁，哈默尔的成功史就是用延伸思维捕捉市场的典型案例。

六、综合思维

(一) 综合思维的含义

作为一种思维方式，综合思维是把某一事物的某些要素分离出来，综合到另一事物或事物的某些要素上的创造性、创新性思维过程。

综合思维基于系统、整体及其结构层次，有着更高层次的认识基点。在综合基础上的分析，即从综合到综合分析，才是认识的至高点。因此，综合思维把相关事物的整体作为认识的前提和起点，对事物的整体进行分析，以达到对事物整体的把握。综合思维中的分析是综合的分析，以综合为认识的起点，并以综合作为认识的归属，是“综合分析新的综合”的思维逻辑。

任何事物都是作为系统而存在的，都是由相互联系、相互依存、相互制约的多层次、多方面的因素，按照一定结构组成的有机整体。这就要求创新者在进行创新时，将事物放在系统中进行思考，进行全方位、多层次、多方面的分析与综合，找出与事物相关的、相互作用、相互制约、相互影响的内在联系，而不是孤立地观察事物，也不是只利用某一种思维方式，应是多种思维方式的综合运用。不能只凭借一知半解、道听途说，而应详尽地占有大量的事实、材料及相关知识，运用智慧整合优势，发挥思维统摄作用，深入分析、把握特点、找出规律。

这种“由综合而创造”的思维方式，体现了对已有智慧、知识的整合和升华，不是简单的相加、拼凑。综合后的整体大于原来部分之和，综合可以变不利因素为有利因素，变平凡为神奇。综合思维是从个别到一般，由局部到全面，由静态到动态的矛盾转化过程，是辩证思维运动过程，综合思维是认识、观念得以突破，从而形成更具普遍意义的新成果的过程。

“瞎子背瘸子”就是综合思维的形象事例。瞎子看不见，瘸子跑不动，房子着了火谁也跑不掉。但是瞎子背瘸子，两人都发挥了自己的优势，不仅可以跑还可以看，还比常人“站得高，看得远”。

(二) 综合思维的特征

(1) 综合思维的对象是外在客观事物。综合思维把外在客观事物看作多种要素相互联系、相互作用的有机整体。

(2) 综合思维是多角度、多途径的想象组合。

(3) 综合思维是超越时空、大范围、大跨度的想象组合，是思维想象的飞跃。

(4) 综合思维渗透着非逻辑因素，可以是基本逻辑框架内超常规的甚至非逻辑的要素组合。综合思维是把不同领域的几种原理或技术置于正在思考的创造对象中去，组合形成了一种新的综合型产品。这里所说的综合，可以从以下两个方面进行思考：①多角度、多途径的综合。这是从不同角度、不同途径构成的想象组合，可以是同类的组合，也可以是异类的组合。美国《读者文摘》创刊是“组合”成果的一个例子。第一次世界大战后，沃利斯将各种杂志中最优秀文章的精华汇集在一本期刊中，创刊后至今一直深受读者欢迎。有上百年历史的可口可乐饮料是可可树叶和可可树脂的提取物，并加入99.7%的水和砂糖的“综合”。②超时空的组合，这是一种大范围、大跨度的组合，是组合思路的深化，虽然组合的技法难度加大，但组合结果更为新颖。如儿童“少帅服装”以及仿唐服饰等，都是与历史结合的结果。

创造性思维是高级综合性的思维活动。这里提到的“创造活动”是广义的，是指给出新的概念，做出新的判断，提出新的假设、新的方法、新的理论，有新的发现，产生新的技术、新的产品等。创造过程应从整体进行系统综述。

七、纵向思维

(一) 纵向思维的定义

所谓纵向思维，是指思维从对象的不同层面切入，具有纵向跳跃、突破性、递进性、渐变的特点，与横向思维相对应。具有这种思维特点的人，对事物的见解往往入木三分，一针见血，对事物的动态把握能力较强，具有预见性。纵向思维是指在一种结构范围内，按照有顺序的、可预测的、程序化的方向进行的思维形式，这是一种符合事物发展方向和人类认识习惯的思维方式，遵循由低到高、由浅到深、由始到终等原则，因而清晰明了、合乎逻辑。人们平常的生活、学习中大都采用这种思维方式。所谓横向思维，是指突破问题的结构范围，从其他领域的事物、事实中得到启示而产生新设想的思维方式，它不一定是有顺序的，同时也不能预测。

(二) 纵向思维的特点

(1) 由轴线贯串的思维进程。当人们对事物进行纵向思维时，会抓住事物的不同发展阶段所具有的特征进行考量、比照、分析。事物体现出发生、发展等连续的动态演变特性，而所有片段都由其本质轴线贯串始终。例如人类历史由人类的不同发展历史串联而成，这里，时间轴是最常见的一种轴线。在各种各样的专项研究中，轴的概念和类型就非富多了，如物理研究中，水在不同温度中表现的物理特性是由温度轴来贯串的。

(2) 清晰的等级、层次、阶段性。纵向思维考察事物背景参数量变到质变的特征，能够准确把握临界值，清晰界定事物的各个发展阶段。

(3) 良好的稳定性。运用纵向思维，人们会在设定条件下进行一种沉浸式的思考，思路清晰、连续、单纯，不易受干扰。情感上呈现阶段性的平淡，但因为中心不变，随着时间的推移、日久弥坚，达到阈值就会得到质的飞越。

(4) 目标性、方向性明确。纵向思维有着明确的目标，执行时就如同导弹根据设定的参数锁定目标一样，直到运行条件溢出才会终止。电影《大话西游》中，紫霞和悟空之间穿越时空的千年之恋就是一种以纵向思维设计脚本的荧幕展现。

(5) 强烈的风格化特点。纵向思维本身的种种专精特质，决定其具有极高的严密性、独立性，个性突出，难以被复制且容易得到广泛流传。

事物发展的过程性是纵向思维得以形成的客观基础，任何一个事物都不会无中生有，它本身有一个萌芽、成长、壮大、发展和衰亡的过程，并且在这个发展过程中可捕捉到事物的规律性，纵向思维就是对事物发展过程的反映。所以，纵向思维是人们在日常生活、形势分析、科学研究中经常用到的方法。

八、横向思维

(一) 横向思维的定义

横向思维是指有向横向、宽处发展特点的思维。具有这种横向思维特点的人，思维面都不会太窄，且善于举一反三。有一个形象的比喻：这种思维就像河流一样，遇到开阔处，就会很自然地蔓延开来，但是深度不够。

一个具有横向思维的人，可能会很有逻辑性，也可能较散漫无序。横向思维的缺点是深度不够，但这只是一般性，一个具有横向思维特征的人，也可能是一个既思路宽广又很有深度的人。

(二) 横向思维的主要方法

爱德华·德·波诺(Edward de Bono)提出了一些促进横向思维的方法。

(1) 对同一问题设计多种解决方案(类似于发散思维)。

(2) 打破定式，提出富有挑战性的假设。

(3) 对头脑中冒出的新主意不要急着做是非判断。

(4) 反向思考，用与已建立的模式完全相反的方式思维，以产生新的思想。

(5) 对他人的建议持开放态度，让一个人头脑中的想法刺激另一个人头脑中的想法，形成交叉刺激。

(6) 扩大接触面，寻求随机信息刺激，以获得有益的联想和启发(如到图书馆随便找本书翻翻，从事一些非专业工作等)。

(7) 逻辑思维发现有不符合逻辑的就停止思考，而横向思维则继续延伸。

(8) 逻辑思维的特征是分析，横向思维的特征是寻找更多答案。

拓展阅读 2-1

何为“创客”

第三节 提升创新能力

创新能力是民族进步的灵魂、经济竞争的核心。当今社会的竞争，与其说是人才的竞争，不如说是人的创造力的竞争。如果人类没有创新能力，便不会有今日的人类文明。创新能力是各种实践活动领域中不断提供具有经济价值、社会价值、生态价值的新思想、新理论、新方法和新发明的能力。创新能力的提升，是实现创业成功的一个重要因素。

一、发现问题

(一) 创新能力的含义

创新能力是动物本能，也是人类具有的各种能力中，其中一种能力的诠释或代称，如果将人类具有的各种能力分级的话，那么创新能力是各种能力中的最高级别的能力。创新能力，由创新和能力两个名词组成。创新能力，按更习惯的说法，也称为创新力。创新能力按主体分，最常提及的有国家创新能力、区域创新能力、企业创新能力等，并且存在多个衡量创新能力的创新指数的排名。

在 20 世纪二三十年代，福特汽车公司以大规模生产黑色轿车独领风骚十余载，但随着时代变迁，消费者的消费需求也发生着变化，人们希望有更多的品种、更新的款式、更加节能的轿车。而福特汽车公司的产品，不仅颜色单调，而且耗油量大、废气排放量大，完全不符合日益紧张的石油供应和日趋紧迫的环境治理的客观要求。此时，通用汽车公司和其他几家汽车公司则紧扣市场脉搏，制定正确的战略规划，生产节能、小型、轻便的汽车，在 20 世纪 70 年代的石油危机中，后来居上，而福特汽车公司一度濒临破产。所以，福特汽车公司前总裁亨利•福特深有体会地说："不创新，就灭亡。"

美国经济学家熊彼特认为，创新就是"建立一种新的生产函数"，即把一种从来没有过的关于生产要素和生产条件的新组合引入生产体系。中国学者认为，创新是指以现有的思维模式提出有别于常规或常人思路的见解为导向，利用现有的知识和物质，在特定的环境中，本着理想化需要或为满足社会需求，而改进或创造新的事物，并能获得一定有益效果的行为。管理大师彼得•德鲁克则指出："创新的行动就是赋予资源以创造财富的新能力。事实上，创新创造出新资源……凡是能改变已有资源的财富创新潜力的行为，就是创新。"因此，企业创新能力就是企业在市场中将企业要素资源进行有效的内在变革，从而提高其内在素质，驱动企业获得更多的与其他竞争企业的差异性的能力，这种差异性最终表现为企业在市场上所能获得的竞争优势。企业创新能力的提升是企业竞争力提高的标志。创新能力的高低，直接关系一个企业竞争力的强弱。创新能力强的企业，其竞争力也强；反之，亦然。

(二) 培养问题意识

什么是企业管理中最大的问题？一位管理大师说："发现不了问题是最大的问题"，而发现了又没有解决它或没有解决好也是一大问题。作为一个企业管理者，应该能够不断发现各种问题，否则就不是一个称职的管理者。发现问题需要管理者有细致的工作态度、追求完美的心态、不断进取的精神，更需要有敢于承担责任的勇气。因为在解决问题和创新的过程中有可能要推翻原有的准则，不可避免地会触及一些人的利益，不可避免地会遇到阻碍和挫折。

有问题并不可怕，可怕的是发现不了问题。只有不断去发现问题、不断去改进存在的问题，才能提高管理水平，管理者在这个过程中不断锻炼和成长，才能实现自我的价值。现代企业生存和发展的关键是"创新"。一个连问题都发现不了的管理者，创新从何谈起呢？企业可能面临很多问题，如服务质量问题、安全卫生问题、硬件更新问题、产品创新问题、员工思想问题、劳动纪律问题等。企业就像一台机器，随时随地都生产出大到宏观决策、小到服务细节的各类产品，而其中大量的"问题"产品要靠每一个管理者去分析、解决，使企业这台大机器正常运转。

(1) 培养问题意识、打破思维定式。所谓思维定式就是思维习惯，过去的思维对当前思维的影响。思维定式通常有三种表现形式：

① 书本定式。有些人书读得多了就成了书呆子，平时遇到一些事情，他们就会想到某某书本里是怎么做的，于是就照本宣科，丝毫不差地按照书本讲的去做。通常讲的本本主义者、教条主义者，就是指这类人。

② 经验定式。有些人在办事情、处理问题的过程中，把以往得到的经验绝对化，完完全全按过去的老经验办事，这就是所谓的经验主义者。

③ 权威定式。一些人在生活和工作中，迷信和崇拜一些权威人士说过的话、做过的事，完全遵照权威人士的方式、方法去做。

要提高创新思维能力，就必须突破这三种思维定式的束缚，在办事情和解决问题的过程中，做到具体问题具体分析，因地制宜，灵活多变，确保采取正确的思维方式。

(2) 转换事物视角，培养创新思维。

① 发散思维。发散思维是指从一个目标出发，沿着各种不同的途径去思考，探求多种答案的思维。例如树上有五只鸟，一枪打中一只鸟后，树上还有几只鸟？这里可以有几种答案，可能树上没有一只鸟，枪打下一只鸟，另外四只鸟听到枪响后就惊飞了；也可能有五只鸟，如果枪是无声的，或是另外四只鸟是聋子，打中的那只挂在了树上，另外四只鸟也没飞走；也可能有四只鸟，打下一只，另外四只鸟是聋子，没飞走；也可能剩下三只鸟，有一只是正常的鸟，能听到，跑了；也可能剩两只鸟，有两只能听到；也可能有一只鸟，有三只能听到枪响。

发散思维包含组合扩散法、侧向扩散法、立体扩散法和列举扩散法。

- 组合扩散法就是以某一个事物为发散点，尽可能多地与另一(或一些)个事物联结成具有新价值(或附加价值)的新事物的思维方式。
- 侧向扩散法就是从与问题相距很远的事物中受到启示，从而解决问题的思维方式。
- 立体扩散法就是思考问题时跳出点、线、面的限制，进行立体式思维。例如在山区栽树，有四棵树苗，要使每两棵树距相等，这就需要进行立体栽种了。
- 列举扩散法就是将相关问题尽可能多地列举出来，从而解决问题的思维方式。

② 逆向思维。逆向思维就是背逆通常的思考方法，从相反方向思考问题的方法。例如，战国时期孙膑智胜魏惠王的故事就是很好的逆向思维的体现。孙膑是战国时著名兵家，至魏国求职。魏惠王心胸狭窄，忌其才华，故意刁难，对孙膑说：“听说你挺有才能，如果你能使我从座位上走下来，就任用你为将军。”魏惠王心想：我就是不起来，你又奈我何！孙膑想：魏惠王赖在座位上，我不能强行把他拉下来，怎么办呢？只有用逆向思维法，让他自动走下来。于是，孙膑对魏惠王说：“我确实没有办法使大王从宝座上走下来，但是我却有办法使您坐到宝座上。”魏惠王心想，这还不是一回事，我就是不坐下，你又奈我何!便乐呵呵地从座位上走下来，孙膑马上说：“我现在虽然没有办法使您坐回去，但我已经使您从座位上走下来了。”魏惠王方知上当，最后任用孙膑为将军。

③ 形象思维。形象思维就是用直观的形象和表象解决问题的思维，其特点是形象性强。形象思维是反映和认识世界的重要思维形式，在科学研究中，科学家除了使用抽象思维以外，也经常使用形象思维。在企业经营中，高度发达的形象思维是企业家在激烈而又复杂的市场

竞争中取胜不可缺少的重要条件。高层管理者离开了形象思维，他所得到的信息就可能是间接的、过时的甚至是不确切的，因此也就难以做出正确的决策。人们充分地展开自己的想象，无论是神话还是科幻，都给人们提供了如梦般的画面，使人们的精神文化生活丰富多彩。有时神话、科幻中的画面也为某些发明和技术进步打下了基础，如神话中的孙悟空腾云驾雾，天宫的千里眼、顺风耳，为科学研究提供了丰富的形象思维，促进了飞机、雷达的问世。毛泽东的“星星之火可以燎原”，为促进中国早期革命发展展现了一个形象的画面，大大推进了中国革命的进程。

(3) 敢于发现，敢于怀疑，敢于创新。

很多人习惯模仿，不敢创新，或者说不愿意创新，是因为他们头脑中关于得失、是非、安全、冒险等价值判断的标准已经固定，这使他们常常不能换一个角度想问题。许多最有创意的解决方法都是来自换一个角度想问题，在对待同一件事时，从相反的方面来解决问题，甚至某些最尖端的科学发明也是如此。所以，爱因斯坦说：“把一个旧的问题从新的角度来看需要创意的想象力，这成就了科学上真正的进步。”

克服因循守旧的坏习惯并不像人们认为的那么困难，此时所必须做的便是立刻行动，而不是等到明天或者下个星期。

因循守旧是思想的沼泽地，一个人必须从中走出来，才可能达到成功。因循守旧者的典型特征是抱着自己的老观念不放，不去主动接受新鲜的思维，进行脑力革命。这本身就是思维上的惰性使然。成功者必须时刻学会“洗脑”，摒弃因循守旧，努力创新求变，才会获得真正的成功。有很多人常抱怨自己脑子太笨，这是因为不开动脑筋，在过去的思维模式中打转转的缘故。

做事就需付出代价和担当风险，努力也可能会遭到失败；如果不做任何事情，也可免遭风险和失败，但是，结果会怎样呢？避免了可能的失败，同时也就避免了可能的成功。

(三) 努力发现问题

人们在日常的工作、生活和学习中，要善于观察事物，善于发现问题。一个人如果能经常发现很多问题，那么他的创新思维能力一定很活跃，在工作、生活和学习中就一定能取得大的成就。例如，牛顿正是在极普通的苹果落地这一现象中发现了万有引力定律；瓦特正是根据极平常的蒸汽冲动壶盖这一现象发明了蒸汽机；有人在住院治疗中观察了医院墙壁上的一张世界地图才提出了大陆漂移假说；还有人观察了杯子落地碎片的多少、硬币反复抛出落地后正反面各出现的次数等现象提出了概率论。

这些现象都是极普遍、极普通的事情，大多数人都熟视无睹，而那些问题意识强的人却对这些现象产生了疑问，在这些疑问的驱使下，他们发现了一些客观存在的规律，成了伟大的科学家、创造家、文学家、艺术家和政治家，为人类改造自然、改造社会做出了巨大的贡献。

(1) 发现问题的一般做法包括以下方面。

① 用眼睛看：管理人员要善于观察事物，善于发现问题并及时跟进。要眼中有物、眼

中有事、眼中有人、眼中有活。要做到能用眼睛表达、用眼睛说话，随时发现顾客的各种需求问题，提前看到顾客的下一步要求、打算，把问题解决在顾客要求之前。眼里看到问题是经验积累和对业务、专业熟悉的表现。同时在管理的实践中还要能看到自己的不足，重视每一次疏漏或失误，从困难、失败中去总结，任何问题都将迎刃而解。

② 用脑子思考：用心思考、用脑做事，是每一个管理人员解决问题的法宝。管理者要善于思考问题，善于谋划未来，善于分析判断。要勤动脑，多出主意，多当参谋，对外善于协调，对内善于沟通；要善于学习，收集、捕捉先进的文化信息和变化的市场信息，提高认知度，提高个人素质，提高对市场的敏感性，并对市场变化立即做出反应。

③ 用耳朵听：员工处在服务第一线，他们能最早发现问题，最多看到问题，最快地反映问题，他们最有发言权。企业管理者应经常倾听他们的意见、建议和批评，建立一个对话的平台。

④ 用双腿走：如果管理人员整天坐在办公室，只是听取汇报，那真正的问题就很难发现。经常到企业各个部门的现场去走走，可以发现很多企业存在的具体问题，便于及时整改和调整。

(2) 用 5W 分析法去发现问题。

5W 分析法又称 5 问法，最初由丰田公司提出并在丰田公司广泛采用，因此也被称为丰田 5 问法。5W 分析法在日系企业广泛应用，其首创是丰田公司的大野耐一，来源于一次新闻发布会。有人问，丰田公司的汽车质量怎么会这么好？他回答说：我碰到问题至少要问 5 个为什么。

5W 分析法的关键：鼓励解决问题的人努力避开主观或自负的假设和逻辑陷阱，从结果着手，沿着因果关系链条，顺藤摸瓜，穿越不同的抽象层面，直至找出原有问题的根本原因。

拓展阅读 2-2

大野耐一 5W 的运用

拓展阅读 2-3

不断创新的佳能

二、构思创意

创意是创造意识或创新意识的简称，是指基于对现实存在的事物的理解以及认知，所衍生出的一种新的抽象思维和行为潜能，是一种通过创新思维意识，从而进一步挖掘和激活资源组合方式，进而提升资源价值的方法。创意是传统的叛逆，是打破常规的哲学，是破旧立新的创造与毁灭的循环，是思维碰撞、智慧对接，是具有新颖性和创造性的想法，也是不同于寻常的解决方法。每一次成功的背后，都有“另辟蹊径”的创意，它是解决问题的“加速器”。构思创意有以下六个方法。

(一) 头脑风暴法

头脑风暴法是最为人所熟悉的创意思维策略，该方法最早由美国人奥斯本于 1937 年所倡导，强调集体思考，着重互相激发思考，鼓励参加者于指定时间内，构想出大量的观点，并从中引发新颖的构思。头脑风暴法是激发人的大脑思维产生创造性设想的一种集体讨论方法，以后各国创造学家又进一步对其丰富和发展，先后提出了默写式智力激励法、卡片式智力激励法、三菱智力激励法等。奥斯本把这种方法的有效性归因于以下 4 个方面。

(1) 思想的产生有赖于联想，联想能力在一定程度上依赖于不同思想的相互启发和诱导。

(2) 一般人在小组讨论中比单独思考更能发挥其想象力。

(3) 在竞争情况下，智力活动产生思想的能力增强 50%，其中尤其以产生灵感的能力增强最为突出。

(4) 在小组中，个人设想往往会立刻得到他人的鼓励、引申和发展，从而激发自己提出更好的设想。

头脑风暴法的具体做法是：围绕某个目标明确的主题，召开一次有 10 人左右参加的小组讨论会。会议主持人的言辞必须妙趣横生，使场面轻松、和谐，会议主持人应善于引导、激励会议成员积极思考。为了使会议气氛热烈，富有成效，对到会的人员约定 4 条原则：第一，不允许批评别人提出的设想；第二，提倡无约束地自由思考；第三，尽量提出新奇设想；第四，可以结合他人的见解提出新设想。

头脑风暴法的实施主要包括准备、热身、明确问题、畅谈、加工设想 5 个步骤。通过这 5 个步骤，先把设想归为明显可行的、荒谬的和介于两者之间的三类，经评价筛选出最佳方案。

拓展阅读 2-4

盖莫里公司的创造小组

(二) 和田创造十二技法

“和田创造十二技法”包括 12 个“一”，具体内容如下。

(1)“加一加”：加高、加厚、加多、组合等。

(2)“减一减”：减轻、减少、省略等。

(3)“扩一扩”：放大、扩大、提高功效等。

(4)“变一变”：改变形状、颜色、气味、音响、次序等。

(5)“改一改”：改掉缺点、缺憾，改变不便或不足之处。

(6)“缩一缩”：压缩、缩小、微型化。

(7)“联一联”：原因和结果有何联系，把某些似乎不相干的东西联系起来。

(8)“学一学”：模仿形状、结构、方法，学习先进。

(9)“代一代”：用别的材料代替，用别的方法代替。

(10)“搬一搬”：换个地区、换个行业、换个领域，移作他用。

(11)“反一反”：能否把次序、步骤、层次颠倒一下。

(12)“定一定”：定个界限、标准，能提高工作效率。

(三) “三境界”法

清代国学大师王国维(字静安，1877—1927)在代表作《人间词话》中提出，“古今之成大事业大学问者，必经过三种境界”，用三段绝美的宋词极其形象地描述了寻求“解决方案”的过程：

(1) 第一境界，“昨夜西风凋碧树，独上高楼，望尽天涯路”，对目标、对象和环境的高视点、多角度、全方位的观察(搜集)、整理和分析。

(2) 第二境界，“衣带渐宽终不悔，为伊消得人憔悴”，根据经验、标准、规律等参照系统对前阶段经过分解列举的各个关联要点进行筛选、判断，是不断地去伪存真、去粗存精的艰辛过程。

(3) 第三境界，“蓦然回首，那人却在，灯火阑珊处”，经过不断的探索、比较、验证的思维过程，终于顿悟开朗的创新时刻。

(四) 5W2H 法

所谓 5W2H 法，就是分别从 7 个方面去对策划创新的对象、目标进行设问。5W2H 既是角度，也是构思创意的程序。

这 7 个方面的英文单词的第一个字母正好是 5 个 W 和 2 个 H，所以称为 5W2H 法。

(1) Why：为什么需要创新？

(2) What：什么是创新的对象，即创新的内容和达成的目标是什么？

(3) Where：从什么地方着手？

(4) Who：什么人来承担任务？

(5) When：什么时候完成？

(6) How：怎样实施，即用什么样的方法进行？

(7) How much：达到怎样的水平或需要多少成本？

5W2H 法有助于人们的思维路径实现条理化，围绕目标厘清步骤，有助于在管理中乃至生活中杜绝思维的盲目性、随意性和资源浪费。

(五) 行停法

行停法是美国创造学家阿里克斯·奥斯本(A. F. Osbern)总结、整理出的一种设问类型的创新技法。通过“行”(go)——发散思维(提出创造性设想)与“停”(stop)——聚敛思维(对创造性设想进行冷静分析)的反复交叉进行，逐步接近所需解决的问题。行停法的操作步骤如下。

(1)“行”(go)，思考列举与所需要解决的问题相关联的要点因素。

(2)“停”(stop)，对此进行详细的分析和比较。

(3)“行”(go)，有哪些可能对解决问题有帮助的信息。

(4)“停”(stop)，如何方便地得到这些信息。

(5)“行”(go)，提出解决问题的所有关键点。

(6)“停”(stop)，判断确认最好的解决切入口。

(7)“行”(go)，尽量找出验证试验的方法。

(8)“停”(stop)，选择最佳的试验验证方法……循环往复，直至思维创新达到预期目标，获得成功答案，形成完整的策划方案。

(六) 六顶思维帽法

英国剑桥大学的心理学医学博士爱德华·德·波诺，在20世纪80年代发明了平行思维法。针对一件具体事情，在同一个时刻，人们在思考时，情感、信息、逻辑、希望、创造力等都要参与到思考之中，人们要同时控制它们。

该方法主张把情感和逻辑分开，将创造力与信息分开，以此类推。波诺先生形象地把各个概念比作不同颜色的思考帽，戴上一顶帽子代表使用一种思维方式。

(1) 白帽：纯白，纯粹的事实、数字和信息。

(2) 红帽：刺目的红，情绪和感觉，包括预感和直觉。

(3) 黑帽：漆黑，做错误倡导者，否定判断，代表负面因素。

(4) 黄帽：阳光的、明亮和乐观主义的、肯定的的、建设性的机会。

(5) 绿帽：象征丰收、创造性的，植物从种子里茁壮成长，意动，激发。

(6) 蓝帽：冷静和控制。

戴上上述不同颜色的帽子，分别从不同的角度去面对问题，得出的结论会有所不同，综合这些思维结果所得出的总结论往往是最好的决策。

拓展阅读 2-5

六顶思维帽法的应用

三、解决问题

人们生活在前所未有的"新"时代：每天在指尖划动屏幕间接收新鲜资讯，上下班穿梭于城市里拔地而起的建筑群，无时无刻不在享受着科技为生活带来的便利。与此同时，人们也见证着创新推动社会的进步和发展：国家从"中国制造到中国创造"的转变；人工智能在各个领域的渗透；青蒿素的发现及应用；改变无数人工作、生活、娱乐方式的各类商业模式的层出不穷……无不是一代又一代人创新能力的体现。

创新的过程是了解人的需求、看清事物本质、打破思维定式、提出解决方案的过程。被称为"新四大发明"的高铁、移动支付、共享单车和网购，究其本质是基于人的需求为城际出行、支付方式、城市居民出行的"最后一公里"、购物提供更为便捷的解决方案。可见，创新的本质是解决问题。

创新的过程也是发现问题、分析问题、解决问题的过程。众多科学技术的创新是解决产品、技术更新迭代的需求，很多商业模式的创新是基于寻找并解决用户的痛点，可以这么说，培养创新能力的核心是培养解决问题的能力。

（一）解决问题的能力

解决问题的能力是指人们运用观念、规则、一定的程序方法等对客观问题进行分析并提出解决方案的能力。分析能力是人在思维中把客观对象的整体分解为若干部分进行研究、认识的技能和本领。客观事物是由不同要素、不同层次、不同规定性组成的统一整体。为了深刻认识客观事物，可以把它的每个要素、层次、规定性在思维中暂时分割开来进行考察和研究，搞清楚每个局部的性质、局部之间的相互关系，以及局部与整体的联系。借助分析能力，可以对决策对象的认识由表到里、由浅入深、由难到易、由繁到简，从而把握决策对象的本质，为科学决策、解决问题打下基础。

具有初级解决问题能力的人，能够发现一般的显性问题，能够初步判断，可以简单处理。

解决问题能力较强者，能较容易地在自己熟悉的领域或范围内发现隐藏的问题，有一定的发现问题的技巧，具备一定的分析能力，能够根据现象探求解决问题的途径，并找到答案，可以较好地解决问题。

具有更高层次的解决问题能力的人，能够更早期地发现问题，感知外界对自己的不良影响，可以准确预测事情发展过程中的各种问题，并将其消灭在萌芽状态，同时能总结问题发生的规律，可以指导并提高他人发现问题的能力。

（二）解决问题能力的种类

1. 运用他人成功的经验解决问题的能力

老子曰："善人者，不善人之师；不善人者。善人之资。"仔细观察行善者的行为，不耻下问，向能者求教，学会用他们的思维和角度来分析问题，并对比自己作为局外人的想法，找出其中的差异，了解自己的不足，从而学会自己不懂的东西，从而达到解决问题的目的。

对于“不善人”的行为，要观察和分析其“不善”的原因以及整个过程中的不足，以此作为自己的镜子，避免自己遇到类似情况犯类似的错误。

这样，尽管没有“善人”和“不善人”的经历，也能在短时间内获得同样的甚至更深刻的经验。一旦遇到这样的问题，成功解决问题的概率就会大大提高。大学生应通过向多数人的经验学习，接受多数人的影响，获得多方面的培养。也就是说，通过与人交往，从多数人的经验中学习。被称为日本“银座犹太人”的藤田冈，为了让下级学会观察和思考别人行为的成败处，规定每月由公司出钱，选一部最新的能够训练经商头脑的电影，要求全体员工必须去看，如果无特别的原因而缺席者，便从薪水中扣除一张电影票的钱，他本人也不例外。这种方法使人学到了东西。

2. 分析和综合的思维方式解决问题的能力

分析是思维把事物分解为各个部分加以考察的方法，综合是思维把事物的各个部分联结成一个整体加以考察的方法。辩证逻辑把分析与综合看作认识过程中相互联系着的两个方面，并把它们作为一种统一的思维方法。人们借助这一方法揭示事物的本质和内在联系，获得关于事物多样性统一的具体知识，从而达到解决问题的能力。

对分析与综合的辩证统一的认识是人类思维长期发展的结果。古代西方一般把分析与综合当作两个平列的思维方法。到近代，这两种方法被形而上学地对立起来。黑格尔第一次对分析与综合做了辩证的解释。他不仅批判了经验论者和唯理论者使分析与综合相对立的做法，而且认为哲学的方法应该“既是分析的，又是综合的”，不仅仅把分析和综合“平列并用”或“交替使用”，而且以扬弃的形式包含上述两个方面。黑格尔立足于客观唯心主义，把外界事物看作理念外化的结果，把对事物的分析与综合仅仅看作理念在各个环节上的运动和展开的过程。马克思主义经典作家批判地吸取了黑格尔关于分析与综合相统一的合理思想，科学地阐明了分析与综合的辩证关系，使之成为辩证逻辑的科学方法。

3. 辩证逻辑的思维方式解决问题的能力

所谓辩证逻辑思维，就是从看似对立无法“调和”的两个事物之间，深刻认识它们的相互关系，从中寻找解决问题的有效途径。辩证逻辑思维能力是高水平理论思维能力的核心。怎样才能具有辩证逻辑思维能力呢？最有效的方法是：掌握辩证逻辑思维方法，开发辩证逻辑思维能力。一个民族要想站在世界科学技术的高峰，这个民族就必须掌握辩证逻辑思维方法，开发辩证逻辑思维能力。同样地，问题要想快速、恰当地解决就必须掌握辩证逻辑思维方法，开发辩证逻辑思维能力。

(三) 应用经验型思维方式解决问题的模式

前人成功的经验变成一种解决问题的逻辑程序或一种模式，只要照搬套用就能解决问题的方法，称为应用经验型思维方式解决问题的模式。

1. 5W1H 解决问题的模式

5W1H 分析法也叫六何分析法，是一种思考方法，也可以说是一种解决问题的模式，1932

年，美国政治学家拉斯维尔提出5W分析法，后经过人们的不断运用和总结，逐步形成了一套成熟的“5W+1H”模式。5W1H就是对选定的项目、工序、操作或者问题，都要从原因(何因，Why)、对象(何事，What)、地点(何地，Where)、时间(何时，When)、人员(何人，Who)、方法(何法，How)六个方面提出问题进行思考。

5W1H主要说明时间、地点、人物、事情、情节、背景，针对这6点逐步展开，逐步分析，循环往复，使复杂的问题简单化，问题剖析得越来越有深度，有利于找出根本的原因，科学解决问题就有了基础。

① 原因。为什么会出现这样的问题，找出理由，可以获取广大支持。例如，为什么采用这个技术参数？为什么不能有变动？为什么要做成这个形状？为什么采用机器代替人力？为什么非做不可？

② 对象。解决什么样的问题，即目标问题。例如，公司生产什么产品？车间生产什么零配件？为什么要生产这个产品？能不能生产别的？我到底应该生产什么？如果这个产品不挣钱，换个利润高点的产品好不好？

③ 地点。解决在哪里出现的问题，即环境问题。例如，生产是在哪里完成的？为什么偏偏要在这个地方？换个地方行不行？到底应该在什么地方生产？这是选择工作场所应该考虑的。

④ 时间。解决什么时间出现的问题，即起点问题。例如，这个工序或者零部件是在什么时候完成的？为什么要在这个时候完成？能不能在其他时候完成？把后工序提到前面行不行？到底应该在什么时间完成？

⑤ 人员。解决谁负责的问题，即事件的主体问题。例如，这个事情是谁在负责？为什么要让他负责？如果他既不负责任，脾气又很大，是不是可以换个人？有时候换一个人，整个生产就有起色了。

⑥ 方法。解决怎么做的问题，即方法问题。例如，我们是怎样做的？为什么用这种方法来做？有没有别的方法可以使用？到底应该怎么做？有时候方法一改，全局就会改变。

2. ECRS思考原则

在进行5W1H分析的基础上，可以寻找问题的改善方向，构思新的解决问题的办法，以取代现行的解决方法。运用ECRS思考原则，即取消(eliminate)、合并(combine)、重组(rearrange)和简化(simplify)的原则，可以帮助人们找到更好的解决问题的办法和工序。

(1) 取消。首先考虑该问题是否有存在的可能性。如果所研究问题可以取消而又不对其他方面产生影响，这便是最有效果的改善。例如，不必要的工序、搬运、检验等，都应予以取消，特别要注意那些工作量大的装配作业；如果不能全部取消，可考虑部分地取消。

(2) 合并。合并就是将两个或两个以上的需要解决的问题合并成一个，如工序或工作的合并、工具的合并等。合并后可以有效地消除重复现象，能取得较大的效果。有些问题会出现在不同的地方，完全可以考虑合并在一起进行问题的解决。

(3) 重组。重组也称为替换，就是通过改变思考方式，按问题出现的先后顺序重新组合，观察问题重新组合之后是否有利于问题的解决。例如，前后工序的对换、手的动作改为脚的动作、生产现场机器设备位置的调整等。

(4) 简化。经过取消、合并、重组之后，再对出现的问题做更深入的分析研究，使现行方法尽量地简化，最大限度地提高解决问题的能力。

3. PDCA 循环

PDCA 是英语单词 plan(计划)、do(实施)、check(检查)和 act(调整)的第一个字母，PDCA 循环就是按照这样的顺序解决问题，并且循环不止地进行。

(1) 计划：计划出现的问题解决之后需要出现的效果。

(2) 实施：解决问题的过程。

(3) 检查：根据计划和实施过程，对问题是否解决进行检查，并报告结果。

(4) 调整：采取措施，以持续改进和促进问题的解决。对于没有解决的问题，应提交给下一个 PDCA 循环去解决。

以上 4 个步骤不是运行一次就结束，而是周而复始地进行，一个循环完了，解决一些问题，未解决的问题进入下一个循环。循环的过程如下：

(1) 分析问题出现的情况。

(2) 分析问题的各种影响因素。

(3) 找出影响问题的主要原因。

(4) 针对主要原因，提出解决的措施并执行。

(5) 检查执行结果是否达到了预定的目标。

(6) 把成功的经验总结出来，制定相应的标准。

(7) 把没有解决或新出现的问题转入下一个 PDCA 循环去解决。

(四) 应用分解的思维方法解决问题的模式

分解是把整体分解为多个部分来认识的方法。分解不是将问题的整体分解为部分，而是要求人们深入到问题的内部。分解思维法是指将问题进行科学的分离或分解，使要解决的问题的本质属性和发展规律从复杂现象中暴露出来，从而使研究者能够厘清研究思路，抓住主要矛盾，以获得新思路和新的解决方法。

利用分解的思维方法解决问题的一般程序如下。

(1) 确定解决什么问题。

(2) 找出影响这个问题的因素。

(3) 给予每一个因素权重。

(4) 找出可以选择的方案。

(5) 就每一个要素给方案排序。

(6) 根据极重和排序计算结果。

(7) 择优。

(8) 实施后评价方法是否可行。

拓展阅读 2-6

如何为员工买车

拓展阅读 2-7

灭锥虫药 606 的研制

(五) 应用综合的思维方法解决问题的模式

综合的思维方法是指把对于事物的各个部分的认识结合成整体来解决问题的方法，解决问题的程序如下。

(1) 确定解决的问题。

(2) 列出影响该问题的现象(全面、不遗漏)。

(3) 合并同类项。

(4) 进行数量分析。

(5) 找出影响问题解决的 80%的要素。

(6) 从以上要素中找出能解决问题的要素。

(7) 从能解决的问题的要素中找出花费时间少而且效果显著的要素。

(8) 从效果显著的要素中找出见效快的方法。

(9) 分析原因，找到原因，验证原因，基于原因找措施。

(10) 制订一个解决问题的方案。

拓展阅读 2-8

公司人才流动原因及解决对策

(六) 运用辩证逻辑思维方法解决问题的模式

辩证逻辑思维的方法是，把概念的辩证运动以及如何通过概念反映现实矛盾的问题作为自己解决问题的思路。通过概念、判断、推理的三段思维程序对未知问题做出概括，认识对问题本质，从而解决问题。

运用辩证逻辑思维方法解决问题的程序如下。

(1) 概念：确定目标和问题的方向，确认要解决的问题是什么的。

(2) 判断：确定问题目标之后，判断要先做什么后做什么。

(3) 推理：这个问题应该怎么解决。

拓展阅读 2-9

“积极罢工”

每个人遇到问题时的反应大有不同，有的人被问题带来的负面情绪所困扰，选择逃避或困在原地；有的人很清醒地意识到问题并不会自动消失，反而会因为逃避而变得更为棘手，直面问题，鼓起勇气，向前一步，才有可能更好地解决问题。

现实中即便有很多人有勇气迈出第一步，也并不一定能够真正解决问题。发牢骚、抱怨、拖延的消极态度很容易让人退回到原点。保持积极、乐观态度的人，思维方式更接近成长型思维。挑战和失败可以暴露出自己的不足，而弥补这些不足就是下一个努力的目标。态度往往决定人们是把焦点放在“如果解决不了别人怎么看待我”上，还是“我怎样想办法解决问题”上。

即便是同样一个问题，时空不同或事情背景不同，或者发生在不同的人身上，解决它的方法可能都会千差万别。因人因时因势运用的不同方法即策略，策略的运用往往取决于人们已有知识和经验结构，以及看待问题的角度。

在教育领域中，创新能力也常常被表述为创造性。创造性通常体现在两个方面：一是艺术上的创造性，二是解决问题的能力。两者并不矛盾，两者兼备的人可能是一位充满创意的设计师，可能是一位极具才华的科研人员，也可能是一位审美能力颇佳而又富有创新精神的企业家，创新型社会往往更需要这类创造者。

思考与练习

1. 训练创新思维的方法有哪些？
2. 思维重构的方法有哪些？
3. 如何提升创新能力？

第三章

创新创业大赛

2015 年 3 月，李克强总理在《政府工作报告》中提出把“大众创业、万众创新”作为启动新一轮经济增长的“双引擎”；2015 年 6 月，国务院印发《关于大力推进大众创业万众创新的若干政策措施意见》，明确提出支持各类创业创新大赛，定期办好中国创新创业大赛、中国农业科技创新创业大赛和创新挑战大赛等赛事；2015 年 9 月，国家“十三五”规划纲要强调把“大众创业、万众创新”融入经济发展各领域、各环节，打造发展新引擎；2019 年《政府工作报告》提及“创新创业”50 余次；2018 年，国务院印发《关于推动创新创业高质量发展打造“双创”升级版的意见》，明确提出“打造创新创业重点展示品牌，继续扎实开展各类创新创业赛事活动，办好全国大众创业万众创新活动周，拓展‘创响中国’系列活动范围，充分发挥‘互联网+’大学生创新创业大赛、中国创新创业大赛、‘创客中国’创新创业大赛、‘中国创翼’创业创新大赛、全国农村创业创新项目创意大赛、中央企业熠星创新创意大赛、‘创青春’中国青年创新创业大赛、中国妇女创新创业大赛等品牌赛事活动作用。对各类赛事活动中涌现的优秀创新创业项目加强后续跟踪支持”。

近年来，各级政府、高校和行业组织等举办了多种类型的创新创业大赛，对引导和激励广大民众弘扬时代精神，把握时代脉搏，培养和提高创新、创意、创造、创业的意识与能力，促进创新创业教育、创业实践活动的蓬勃开展等作用显著；对发现和培养一批具有创新思维和创业潜力的优秀人才，帮助更多有创新创业意愿的人采取创业创新的实际行动，推动大众创业、万众创新，为决胜全面建成小康社会、建成社会主义现代化强国、实现中华民族伟大复兴的中国梦贡献青春力量起到了重要支撑作用。

本章学习目标

- 了解创新创业大赛的分类
- 掌握创新创业大赛的参赛技巧

第一节　创新创业大赛概述

创新创业大赛是创新创业教育生态系统和深化高校创新创业改革的重要载体，充分发挥创新创业大赛的载体作用，可以推动高校树立科学的创新创业理念，促进高校完善创新创业教育体系，加速高校科技成果转化。

一、创新创业大赛的历史

创新创业大赛起源于美国，最早是得克萨斯大学奥斯汀分校在 1983 年举办的首届创业计划竞赛。目前，美国已有包括麻省理工学院、斯坦福大学等在内的十多所大学每年举办这一竞赛。1997 年，清华大学的学生将创业计划竞赛引入中国，并于 1998 年开展活动。2015 年，“大众创业、万众创新”系列活动如火如荼，国务院出台文件指出要建设创业创新平台，增强支撑作用，支持各类创业创新大赛。各高校响应中央号召，推进高校创新创业教育，高校创新创业竞赛也随之迅速发展。

拓展阅读 3-1

知名人士对创新创业大赛的评价

二、创新创业大赛的概念

1998 年，清华大学联合几所高校与上海的一家杂志社成功地举办了首届“清华创业计划”大赛，清华大学成为我国首个举办大学生创业大赛的高校。1999 年，清华大学又承办了第一届“挑战杯”中国大学生创业计划大赛。同年，教育部颁布的《面向 21 世纪教育振兴行动计划》中指出，要加强对教师以及学生的创业教育，要鼓励其自主创办高新技术企业。从此以后，我国的高校内掀起了创新创业的热潮，大学生创业教育开始以创业大赛的形式走进我国各个高校，并产生了广泛而深远的影响。

大学生创新创业大赛的关键在于创新创业，创新创业的概念从广义上来说，与创业的概念相同；而从狭义上来说，创新创业的特点是创新，创新创业的结果是创业，创业的基础与前提是创新，创新的体现与延伸是创业。创新创业与一般意义上的创业的区别在于该创业活动是否有创新，值得注意的是，这里所指的创新不仅指技术创新，也包括更广泛意义上的科学创新、组织创新、金融创新及商业创新等一系列活动。

大学生创新创业大赛是一种使大学生群体通过对原有知识、技术或制度进行创新而产生创业项目，进而对所产生的创业项目进行比较、竞争并决出胜负的教育活动。

拓展阅读 3-2

大学生创新创业大赛的相关研究成果

三、创新创业大赛的开展情况

创新创业大赛一般由第三方机构如非营利性组织、基金会或者企业机构等，发起主办，然后向社会人员发布参加邀请。为进一步激发高校学生创新创业热情，展示高校创新创业教育成果，教育部牵头举办首届中国“互联网+”大学生创新创业大赛。从“挑战杯”中国大学生创业计划竞赛到各省市创业竞赛，从地级市创业竞赛到行业协会类的创业竞赛，已经初步形成了创业竞赛的网络。参加创新创业大赛的项目大致分为两种：一种是停留在创意层面的项目，另一种是已经付诸实践的项目。大赛要求参赛者以团队为单位报名参赛，接受跨院校组建团队。首先以高校为单位开展校级初赛，遴选参加省级复赛的项目，然后以各省为单位组织开展省级复赛，遴选优秀项目参加全国总决赛。大赛邀请行业企业、风投机构、大学科技园、高校和科研院所等专家对参赛项目创业计划书进行评审。对于处于创意阶段的项目，以创业计划书评审、现场答辩等作为参赛项目的主要评价内容，已创业的项目还需以盈利状况、发展前景等作为参赛项目的主要评价内容。

四、创新创业大赛的意义

近年来，各级政府、高校和行业组织等举办了多种类型的创新创业大赛，对引导和激励广大民众弘扬时代精神，把握时代脉搏，培养和提高创新、创意、创造、创业的意识与能力，促进创新创业教育、创业实践活动的蓬勃开展等作用显著；对发现和培养一批具有创新思维和创业潜力的优秀人才，帮助更多有创新创业意愿的人采取创业创新的实际行动，推动大众创业、万众创新，为决胜全面建成小康社会、建成社会主义现代化强国、实现中华民族伟大复兴的中国梦贡献青春力量起到了重要支撑作用。可以说，我国已进入“大众创业、万众创新”的新时代。例如，已经连续举办 5 届的“互联网+”大学生创新创业大赛，有力促进了创新创业教育改革，加快了“双创”环境和创新型国家建设。

五、创新创业大赛的目的与任务

(1) 以赛促学，培养创新创业生力军。创新创业大赛旨在激发学生的创造力，培养造就“大众创业、万众创新”生力军；鼓励广大青年扎根中国大地，了解国情民情，在创新创业中增长智慧才干，在艰苦奋斗中锤炼意志品质，把激昂的青春梦融入伟大的中国梦，努力成长为德才兼备的有为人才。

(2) 以赛促教，探索素质教育新途径。把创新创业大赛作为深化创新创业教育改革的重要抓手，引导各地政府和各高校主动服务国家战略和区域发展，开展课程体系、教学方法、教师能力、管理制度等方面的综合改革。以大赛为牵引，带动职业教育、基础教育深化教学改革，全面推进素质教育，切实提高学生的创新精神、创业意识和创新创业能力。

(3) 以赛促创，搭建成果转化新平台。推动赛事成果转化和产学研用紧密结合，促进“互联网+”新业态形成，服务经济高质量发展。以创新引领创业、以创业带动就业，努力形成高校毕业生更高质量创业就业的新局面。

六、创新创业大赛的组织

学校要结合大赛要求和自身学科门类众多的特点，在大赛组织之初就要充分发动全校各学院力量，并成立校级竞赛组委会。组委会中包括分管学校创新创业教育改革工作的校领导、各机关处室主要负责人和各学院教学工作负责人，确保大赛组织工作形成合力，充分发动在校生及毕业 5 年内的毕业生参赛。组委会下设大赛办公室，负责大赛竞赛的日常管理工作，包括大赛工作通知发布、大赛参赛材料汇总、组织专家评审、大赛结果公示、大赛奖品颁发等工作。为使大赛取得良好开局，大赛办公室应及时组织赛事推动会，对各参赛学院做动员，要求进一步提高认识；对大赛传递的教育教学领域改革方向进行把握，以赛促学，以赛促改，以赛促教，进一步提高学校专业建设、人才培养、教育教学水平。同时，要求各学院在组织学生申报大赛的过程中，结合本学院的学科特点、专业特点进行深入发掘，鼓励在校生及毕业 5 年内的毕业生跨专业、跨年级、跨学院组队，扬长避短，充分发挥不同专业背景学生的优势。

为进一步提升大学生创新创业大赛的比赛质量，学校组织方可以从以下几个方面开展工作。

(1) 加强校园创新创业氛围营造，利用校园网、官方微信平台等及时发布各类创新创业活动信息，吸引学生参加。充分挖掘校园创新创业故事，以身边的榜样激励人、鼓舞人，充分发挥校园创客传帮带的作用。

(2) 最大限度地整合学校各类实验中心、实验室、“众创空间”等资源，构建校园创新创业实践平台。定期举行创新创业讲坛、创新创业经验交流、创新创业实训等活动，吸引全校各专业学生及毕业生在校园创新创业实践平台进行跨学科、跨专业的思维碰撞，拓展视野。实践平台配备创新创业导师，为学生提供各类咨询和服务，为创新创业团队的组建和发展打下坚实基础。

(3) 完善学校创新创业大赛管理规定和奖励办法，加强基层学院创新创业组织机构建设，常态化开展创新创业教育，增加创新创业类通识课程和专业课程的数量，渐进式改革人才培养方式。

(4) 组建大学生创新创业导师团队，对学生的创新创业项目进行孵化培训。

第二节　创新创业大赛的分类

创新创业大赛有多种分类方法，可以按照大赛主办单位的类型、大赛的属性等分别进行分类。

一、按照大赛主办单位的类型分类

创新创业大赛按照主办单位类型可以分为以下 4 类。

(1) A 类大赛。A 类大赛是由政府部门主办的创新创业大赛，如中国“互联网+”大学生创新创业大赛(由教育部等多部门主办)、“挑战杯”全国大学生课外学术科技作品竞赛(由共青团中央委员会等多部门主办)、中国创新创业大赛(由科技部等多部门主办)、“中国创翼”创业创新大赛(由人力资源和社会保障部等多部门主办)、“创客中国”创新创业大赛(由工业和信息化部等多部门主办)、“创青春”中国青年创新创业大赛(由共青团中央委员会等多部门主办)、中国青少年科技创新大赛(由中国科学技术协会等多部门主办)、全国大学生服务外包创新创业大赛(由教育部等多部门主办)等。

(2) B 类大赛。B 类大赛是由教育部高等学校教学指导委员会等主办的创新创业大赛，如全国大学生机械创新设计大赛(由教育部高等学校机械学科教学指导委员会主办)、全国大学生结构设计竞赛(由教育部高等学校土木工程学科专业指导委员会、中国土木工程学会主办)、全国大学生广告艺术大赛(由教育部高等学校新闻传播学类专业教学指导委员会、中国高等教育学会广告教育专业委员会主办)、全国大学生智能汽车竞赛(由教育部高等学校自动化专业教学指导分委员会主办)、全国大学生交通科技大赛(由教育部高等学校交通运输与工程学科教学指导委员会主办)、全国大学生电子商务“创新、创意及创业”挑战赛(由教育部高等学校电子商务专业教学指导委员会主办)、“西门子杯”中国智能制造挑战赛(由教育部高等学校自动化类专业教学指导委员会、中国仿真学会主办)、全国大学生化工设计竞赛(由教育部高等学校化工类专业教学指导委员会等主办)、全国大学生先进成图技术与产品信息建模创新大赛(由教育部高等学校工程图学课程教学指导委员会、中国图学学会制图技术专业委员会、中国图学学会产品信息建模专业委员会主办)、中国大学生计算机设计大赛(由教育部高等学校计算机科学与技术教学指导委员会、教育部高等学校计算机基础课程教学指导委员会、教育部高等学校文科计算机基础教学指导委员会主办)、全国大学生市场调查与分析大赛(由教育部高等学校统计学类专业教学指导委员会等主办)等。

(3) C 类大赛。C 类大赛是由学会主办的创新创业大赛，如中国机器人大赛暨 RoboCup 机器人世界杯中国赛(由中国自动化学会主办)、全国大学生光电设计竞赛(由中国光学学会主办)、全国大学生数学建模竞赛(由中国工业与应用数学学会主办)、全国移动互联创新大赛(由中国通信学会主办)等。

(4) D 类大赛。D 类大赛是由企业、协会及其他单位主办的创新创业大赛。

二、按照大赛的属性分类

创新创业大赛按照属性可以分为综合类创新创业大赛和学科类创新创业大赛。

(1) 综合类创新创业大赛：综合类创新创业大赛一般指的是针对所有学生举办的综合性创新创业大赛，参赛者可以根据自己的特长参加相应组别的比赛。中国“互联网+”大学生创新创业大赛、“挑战杯”全国大学生课外学术科技作品竞赛、中国创新创业大赛、“中国创翼”创业创新大赛、“创客中国”创新创业大赛、“创青春”中国青年创新创业大赛、中国青少年科技创新大赛等都属于综合类创新创业大赛。

(2) 学科类创新创业大赛：学科类创新创业大赛主要是针对某些专业学生举办的专业性较强的创新创业大赛。全国大学生节能减排社会实践与科技竞赛、全国大学生交通科技大赛、全国大学生智能汽车竞赛、全国大学生电子商务“创新、创意及创业”挑战赛、全国大学生工程训练综合能力竞赛、全国大学生服务外包创新创业大赛、全国大学生集成电路创新创业大赛等都属于学科类创新创业大赛。

拓展阅读 3-3

中国“互联网+”大学生创新创业大赛介绍
(以 2019 年第五届为例)

拓展阅读 3-4

“挑战杯”全国大学生课外学术科技作品竞赛介绍

第三节　创新创业大赛参赛技巧

掌握创新创业大赛的参赛技巧对于提高获奖概率和获奖名次具有重要作用。首先要研究大赛规则，其次要选好题、组好队，再次要训练好三项基本功，最后要准备好大赛资料。

一、研究大赛规则

每一个创新创业大赛都有各自的特点和评审重点，参加创新创业大赛之前一定要仔细研读相关的比赛文件，研究大赛的项目征集重点和评审要点，做到有的放矢，这样才能提高获奖概率和获奖名次。

二、选好题

一个好的选题可以极大提升项目的参赛获奖概率和获奖名次。参赛者一定要结合自己的专业和特长选择合适的项目参加比赛。项目选题要遵循以下原则：需要性原则、创造性原则、科学性原则和可行性原则。创新创业大赛项目的主要来源有以下几个方面：①学生自发的创新创业项目；②师兄师姐的创新创业项目；③科技成果转化的创新创业项目；④产教融合的创新创业项目；⑤学校优势学科的创新创业项目；⑥互联网新技术的创新创业项目；⑦“一带一路”相关的创新创业项目；⑧满足社会公益需求的创新创业项目；⑨校友大手拉小手的创新创业项目；⑩其他社会热点的创新创业项目。

拓展阅读 3-5

创新创业大赛获奖率较高的选题方向

三、组好队

一流的团队有可能把一个三流的项目打造成一个一流的项目，但是一个三流的团队一定不可能把一个一流的项目运作好，这就是团队的重要性。因此，在正式做项目之前，先要组建好团队。项目组队应把握以下原则：不同专业、不同年级、不同角色、不同资源、同一目的。

拓展阅读 3-6

如何高质量组建参赛项目团队

四、训练好三项基本功

创新创业者的三项基本功是想明白、做明白、讲明白。做好创新创业项目，必须具备这三项基本功。

（一）想明白

想明白分为 5 个层次。

第一层次：创新创业的本质是价值创造，价值创造就是用自己独有的方案解决社会存在的痛点问题。在做一个创新创业项目之前，首先要明白这个项目有什么价值；这个项目可以提供什么产品或者服务，可以解决什么社会需求点或社会痛点。

第二层次：从企业四要素入手，深入考虑创新创业项目卖什么产品或者服务，向谁卖这些产品或者服务，如何卖这些产品或者服务，顾客为什么买这些产品或者服务。

第三层次：填写九宫格结构。创新创业项目的九宫格结构包括现有问题和现有解决方案、自己的解决方案、关键指标、价值主张和定位、门槛优势、渠道、客户细分和天使客户、成本结构、收入结构。九宫格结构包括 9 个方面的内容，可以分为科研思维、客户思维、财务思维三个思维维度。

科研思维：①问题：列出客户(用户)的三个最重要的问题。现有方案：问题现在是怎么解决的。②解决方案：产品或服务。③门槛优势：不易被复制或者购买到的优势。

客户思维：①细分客户：目标客户和用户群，天使用户、理想客户的特征。②关键指标：客户数、用户量、产品数、满意度。③价值主张：唯一、独特、清楚、引人瞩目。④渠道：获取客户的方式。

财务思维：①成本分析：固定成本、可变成本。②收入分析：收入来源多样化。商业模式贯穿九宫格结构的主线。商业模式包括价值载体(产品或服务是什么)、客户细分(客户是谁)、渠道模式(怎么让客户知道、客户怎样购买)、盈利模式(怎么赚钱)。

第四层次：按照九宫格结构撰写 PPT 版的创业计划书。

第五层次：按照 PPT 版创业计划书的结构，详细扩充各部分内容，撰写 Word 版的详细创业计划书。

(二) 做明白

做明白是一个验证、试错、修正的过程，就是要不断试错、不断靠近真相(真正的需求点)。一开始做创新创业项目的时候，往往项目需要满足的社会需求(痛点问题)都是想象出来的，解决方案也是想象出来的，这个想象出来的社会需求究竟是不是真的需求，提出的解决方案是否可行，这些只有靠实践才能检验。因此做项目的过程也是不断接近真相的过程，不断验证自己想象当中的社会需求是不是真的需求，提出的方案是否真的可行，把想象中的社会需求和解决方案变成真实的社会需求和切实可行的解决方案。做明白的关键就是要模拟现实场景，即做出产品原型和找到天使客户。

(三) 讲明白

创新创业项目无论是参加比赛还是进行融资，都需要进行路演。讲明白在路演中是非常重要的。讲项目的时候要讲明下面几个问题：谁有什么问题需要你解决？你怎样解决？你的解决方案好在哪里？为什么只有你能解决？谁和你一起干？如何分工？现在干得怎么样？未来怎样发展？还需要多少钱？做到讲明白，就要学会善于摆事实和讲故事。摆事实方面：表达的时候多用数字，善用对比；注重行动和结果，重视客户反馈；多呈现图片、证照、视频等。讲故事方面：讲客户故事和团队故事、讲创业初心和创业磨难、讲社会价值和未来梦想。讲明白的三重境界就是令人明白、令人相信、令人感动。

五、准备好大赛资料

准备好大赛资料包括以下 5 个步骤。

(1) 应用精益创业画布，梳理思路，确定方向。

(2) 进行市场调研和客户访谈，搜集资料，梳理 PPT 版创业计划书的大纲。

(3) 在项目 PPT 版创业计划书的指导下，在事件中验证假设，逐步完善项目计划书。

(4) 图文表达不清楚的时候，可以通过动画或者视频表达。

(5) 不断升级和完善项目的 PPT 版和 Word 版创业计划书，凝练演讲台词，反复练习。

拓展阅读 3-7

全国大学生创新创业大赛优秀金奖项目案例

拓展阅读 3-8

首届“青年红色筑梦之旅”活动优秀代表项目心得体会

拓展阅读 3-9

知名人士对创新创业大赛的评价

思考与练习

1. 创新创业大赛如何分类？
2. 创新创业大赛的参赛技巧有哪些？

第四章

创 业 概 述

通过本章的学习，使学生全面了解创业的含义、创业的类型、主要的创业理论模型，让学生掌握创业者应具备的素质和能力。通过深刻分析大学生创业模式的选择以及影响创业成功的因素，帮助学生培养正确的创业心态，规避创业过程中的潜在误区，提高学生分析问题以及解决问题的能力，充分认识大学创业的重要意义。

本章学习目标

- 了解创业的含义、原则和类型
- 了解主要的创业理论模型
- 掌握创业者应具备的素质和能力

第一节　创业与创业精神

创业是理解未来社会经济变化的一个关键概念，国际上众多学者对创业研究领域进行了关注。学者们通过对创业的深入研究，提出了多种创业理论模型。作为创业者，大学生不仅要熟悉创业的过程和类型、发扬创业精神，还要培养创业能力，积极学习，提高自身的能力，从而增加创业成功的砝码。

一、创业概述

在中国，“创业”一词很早之前就出现了，如《孟子・惠王下》中“君子创业垂统，为可继也。”《抱朴子・逸民》中“吕尚创业垂统以示后人，而张苛酷之端，开残贼之轨。”司马光的《萧何营未央宫》中“创业垂统之君，致其恭俭以训子孙，子孙犹淫靡而不可禁，况示之以骄侈乎!”。这些里面提到的“创业垂统”是指创建功业，传之子孙。诸葛亮《出师表》中“先帝创业未半，而中道崩殂。”其中创业的意思是始造、开创。《现代汉语词典》对“创业”的解释是：创办事业，而“事业”指人所从事的，具有一定目标、规模和系统并对社会发展有影响的经济活动。《辞海》对“创业”的解释是：创立基业，“基业”是指事业的基础。由此可见，创办事业是创业的本质。精细管理工程创始人刘先明认为：“创业是指某个人发现某种信息、资源、机会或掌握某种技术，利用或借用相应的平台或载体，将其发展的信息、资源、机会或掌握的技术，以一定的方式，转化、创造出更多的财富、价值，并实现某种追求或目标的过程。”郁义鸿、李志能在《创业学》一书中指出：“创业是一个发现和捕捉机会并由此创造出新颖的产品或服务，实现其潜在价值的过程。”

在西方，许多学者对创业均有不同的定义。哈佛大学商学院教授霍华德·斯蒂文森认为：“创业是个人或者组织追逐或捕捉机会的过程，与当时控制的资源无关。”经济学家熊彼特提出：“强调革新，包含新的产品、新的生产方法、新的市场、新的组织形式。财富就是在满足新需求的过程中，或者革新的活动中，不断被创造出来。从这个角度来说，创业者可以被视为那些将各种不同的因素组合在一项革新性的活动中，并以此满足消费者的需求的人。同时，他们也希望实现的价值要超越原有的各因素的价值总和，并且能够创造出新财富。”“创业教育之父”杰夫里·蒂蒙斯对创业的定义是：“创业是一种思考、推理结合运气的行为方式，它被运气带来的机会所驱动，需要在方法上全盘考虑并拥有和谐的领导能力。”德国前总理科尔把创业定义为：“发起、维持和发展以利润为导向的企业的有目的性的行为。”“现代管理学之父”德鲁克认为：“创业不仅是创办新组织或开展新业务，更是一个创新的过程，在这个过程中，新产品或新服务的机会被确认、被创造，最后被开发出来产生新的财富。”

当前，国内外学者将创业的定义分为广义和狭义两种。广义的创业是指所有具有开拓性和创新性特征的、能够增进经济价值或社会价值的各项创业实践活动，其功能指向是成就国家、集体和群体的大业。狭义的创业是指创业者发现商机后而从事的生产经营活动，主要是开创个体和家庭的小业，并通过建立企业整合资源以持续实现机会潜在商业价值的过程。狭义的创业概念是从有经济学的视角来理解，特指创业个人或创业团队不拘泥于当前资源束缚，寻找和把握各种商业机会，投入已有的知识、技能和社会资本，调动并配置相关资源、创建新企业，为消费者提供产品或服务，具有创新或创造性的、以创造价值为目的的活动过程。

通过分析国内外有关创业的定义，可以发现其包括 5 个方面的内容。

(1) 创业的主体可以是个人，也可以是团队，即小规模群体。他们必须是资源所有者和配置者，即掌握知识、能力、社会资本等资源，并对资金、技术、人员和机会等资源拥有支配权。

(2) 创业的关键是商业机会的发掘与把握，包括信息的收集和研究，以及创业机会的识别与开发等过程。

(3) 创业的前提是要打破规则和资源约束，这是一个创造、创新的过程，即创业的本质是创新。

(4) 创业需建立新的社会经济单元，其价值实现有赖于将所提供的产品和服务在市场上转化为商品。

(5) 创业具有明确的目的性，创业过程必然要求创造价值、转移价值和获取价值，如增加个人和社会的物质财富与精神财富。

拓展阅读 4-1

大学生在创新创业战略中占据着非常重要的地位

拓展阅读 4-2

5G时代的大学生创新创业教育

二、创业的要素与类型

(一) 创业的基本要素

概括起来讲，创业就是承担风险的主体，个人或者团队通过发掘和把握商业机会，打破原有规则束缚，配置相关资源，为消费者提供产品和服务，从而建立新的经济单元，为个人和社会增加物质财富和精神财富的过程创业包括以下4个基本要素。

(1) 人力因素，主要指置身于创业过程中的创业主体(个人或团队)。创业主体并非孤立的个体，需要其他内部成员的互相支持，并维持较好的内部人际关系；同时也需要维系好外部的人际关系，包括客户、政府、供应商等，从而建立一个开放的合作系统。

(2) 机会因素，主要指当前企业留下的市场空白，即存在于某种特定的经营环境条件下，企业可以通过一定的商业活动发现、分析、选择、利用，并为企业创造利润和价值的市场需求。商业机会的特性包括潜在性、针对性、利益性、公开性、竞争性和时效性。要想准确识别市场机会，还需制定一定的市场策略，如细分策略、渗透策略、产品开发策略、差异化策略。

(3) 组织因素。在具体的创业实践中，只有充分发挥组织的作用才能创造出新的价值，因为人是所有管理因素中唯一具有能动性的资源，并且这种能动性只有依靠组织才能实现。它作为协作体系的核心，通常具有以下4种功能。

① 正确决策，决定创业实践活动的方向。

② 创建组织，包括确定团队组织结构和构建沟通体系。

③ 加强领导，负责维持内、外部协作体系的均衡。

④ 激励员工，充分调动人的积极性，增强创业团队的凝聚力，最大限度地发挥现有人力资源的作用。

(4) 物力因素。在创业实践过程中，物力因素主要包括以下4个方面。

① 资金，包括创办时的注册资金和后期购买生产设备、原材料、技术专利、招募员工的资金。

② 技术，提高产品的技术含量是所有新创企业占领市场份额的重要手段之一。

③ 原材料和产品，大多数企业都存在一个由投入到产出的过程，这个过程必然涉及原材料和产品。

④ 生产手段，包括设备、工艺及相关技术人员。

拓展阅读 4-3

创业要素模型

(二) 创业的类型

随着创业活动的不断发展，其类型日趋多样，对创业进行类型细分，是深化创业研究的必经之路。国内外众多专家、学者通过长期观察，按照不同标准对创业活动做出多种分类，具体如下。

(1) 根据创业动机的不同，可将创业活动分为机会型和就业型创业。

机会型创业的出发点是抓住、利用市场机遇，创造出新的需要，或者满足潜在的需求，而非谋生。因而这种类型的创业会带动新兴产业发展，而非使市场竞争加剧。

就业型创业的出发点是谋生。这类创业很大程度上是模仿或尾随别人创业，即在现有市场上寻找机会，而不是创造新需求，因而小富即安，很难做大做强。

(2) 根据创业主题数量的不同，可将创业活动分为独立型创业与合伙型创业。

独立型创业，指创业者独自进行创业。企业产权归创业者个人独有，其优势就在于自由掌控，决策迅速。但劣势显著，需创业者独自承担风险，易受个人才能的限制。

合伙型创业，指与他人合作创业。其优劣势与独立型创业相反，优势在于资源筹备相对容易，风险均摊、决策制衡，较好地发挥集体智慧；劣势在于权力多头，决策层级多，响应速度慢。

(3) 根据创业项目性质的不同，可将创业活动分为传统技能型、高新技术型和知识服务型创业。

传统技能型创业，主要指使用传统技术、工艺的创业。该类型的创业项目总是具有永恒的生命力，因为这些使用传统技术、工艺进行创业的项目，尤其是中药、酿酒、饮料、工艺美术品、服装与食品加工、修理等与人们日常生活紧密相关的行业，表现出了经久不衰的竞争力，许多现代技术都无法与之竞争。国内外有不少的手工生产方式至今仍然保留。

高新技术型创业，主要指知识经济项目、高科技项目，知识密集度高，带有前沿性、研究开发性质的创业。该类型的创业项目主要从事高新技术产品的研制、开发、生产和服务，谋求产品、服务等的高附加值，吸收高额资本。项目领域通常涵盖信息技术、生物技术和新材料技术等。

知识服务型创业，是指为人们提供知识、信息的创业。该类型的创业项目投资少、见效快。当今社会，信息、知识、大数据更新越来越快，为了满足人们节省精力和提高效率的需求，各类知识性咨询服务机构将会不断细化和增加，如广告公司、教育培训机构、律师事务所、会计事务所、管理咨询公司等。

(4) 根据创业项目方向的不同，可将创业活动分为依附型企业、尾随型企业、独创型企业和对抗型创业。

依附型创业，指围绕某个主项目进行子项目创业。例如为大企业提供配套服务，供应生产零配件或生产、印刷包装材料等，该类型的创业项目通常依附于大企业或产业链而生存，或利用现有的品牌效应和成熟的经营管理模式，如德克士、可口可乐等，获得它们的特许经营权，从而降低经营风险。

尾随型创业，指模仿他人创业，项目并无多少新意，行业内已存在较多同类企业。此类型创业项目的第一个特点是只求短期内维持下去，随着学习或模仿的深入，逐渐做大做强；第二个特点是只求在市场上分得一杯羹，拾遗补阙，承揽部分业务。

独创型创业，指具有非同一般的生产工艺、配方、原料、核心技术，又有长期市场需求的产品而进行的创业。无论是产品服务还是某种技术，因其独创性，容易抢占市场，从而获得巨额利润。例如，祖传工艺秘方、技术革新后的新产品或者旧内容新形式等，但消费者对新事物的接受需要一个过程，因而此类创业也需承担一定风险。例如，线上销售送货上门，虽然售卖的商品没有变化，但在服务方式上有创新，从而更具竞争力。

对抗型创业，指进入已经被其他企业形成垄断地位的某个市场领域，与之形成对抗较量的创业。此类型创业项目风险极高，必须在知己知彼、科学决策的前提下，抓住市场机遇，顺势而为，将优势发挥到淋漓尽致。例如，针对谷歌搜索引擎，出现了百度、搜狐、360 搜索等。

(5) 根据创业项目是否存在创新因素，可将创业活动分为套利型企业和创新型创业。

套利型创业，即利用现有的差价优势低买高卖，从而赚取利润的创业。这种类型的创业源于企业家对套利机会的敏感，而市场上之所以存在套利机会，是因为市场处于非均衡状态，企业家可以通过创业活动利用不均衡进行套利。

创新型创业，即建立在创新基础之上，与单纯的创新、创业活动相比，更具开创性和原创性，而且强调通过实际行动获得利润的创业。例如以低成本、开发新技术或者利用新商业机会为基础的创业活动。

此外，根据创业的融资形式，可将创业活动分为独资创业、合资创业、引进各类(风险)投资基金创业等；根据创业主体的不同，可将创业活动分为大学生创业、失业者创业和兼职者创业；根据创业者与事业的关系，可将创业活动分为个人创业、家族创业、合伙创业、参与创业等；根据创业活动所属的行业领域，可将创业活动分为餐饮、娱乐、批发零售、广告艺术设计、装饰装潢、信息咨询、法律服务、电子信息技术、金融衍生服务等各行业领域的创业；根据创业机遇的选择，可将创业活动分为先学习后创业、先深造后创业、先就业后创业、边学习边创业、休学创业等。

三、创业的过程与阶段

(一) 创业过程

创业过程是指创业主体从产生创业想法到创建新企业或开创新事业，并获取回报的整个过程。在这个过程中，涉及较多活动和行为，如创业机会识别、创业团队组建、创业资金筹集和创业计划制订等。创业过程大致包括机会识别、资源整合、企业创办、企业生存和成长 4 个主要步骤(见图 4-1)。

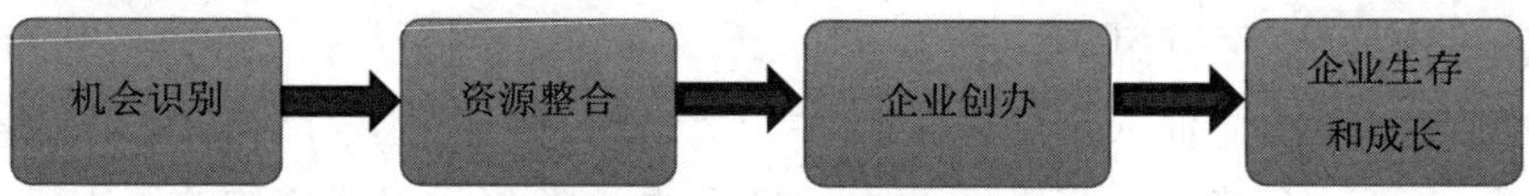

图 4-1　创业过程

(1) 机会识别。某个人能否成为一名创业者，主要受三个方面因素的影响：一是个人特质，二是创业机会，三是机会的成本评估。其实每个人都有创业的潜质和精神，区别在于强度不同，创业机会的增多会形成巨大的利益驱动，促使更多的人创业，衡量创业的成本就是识别机会的过程。一般来讲，创业机会识别途径主要分为两种：经过研判考量之后发现的和意外发现的。国家产业结构调整的时候，政策改革红利的风口、新技术的出现、人口和家庭结构的变化、人的物质和精神需要的变化、流行时尚等都可能形成商业机会。及时、准确地识别创业机会之后，还要对机会进行成本评价，才能适时把握和发掘创业机会。

(2) 资源整合。整合创业资源是创业成功的关键阶段之一，否则，无论商业机会多么具有吸引力或者提供的新产品和服务再有创意，也都是纸上谈兵、空中楼阁，无法真正在市场上创造出价值。创业主体需要整合的资源通常包括有关市场、环境和法律问题的基本信息，人力资源(团队合作者、企业雇员)和财务资源等。

(3) 企业创办。创建企业需要进行方方面面的准备工作，特别是创业计划的制订、创业资金的筹集和工商注册登记尤为关键。好的创意能否转变成实践行动，关键看是否制订出详尽、周密的创业计划；兵马未动，粮草先行，资金在创建企业的过程中至关重要，融资不顺往往成为制约企业创建的“瓶颈”；完成创业计划并融资成功之后，便可按照相关法定程序到地方工商行政管理部门进行注册登记。一般程序包括企业组织形式确定、企业名称设计、提出注册登记申请和领取“企业法人营业执照”等内容。

(4) 企业生存和成长。企业创办初期，通常以维系生存为首要目标，主要依靠自有资金创造自由现金流，实行群体管理制度，充分调动所有人，创业主体也常常亲自深入生产一线，了解运作细节。企业成长的重要内容包括制定恰当的营销策略、适时调整组织结构、稳健管理企业财务等方面，只有做好以上经营管理方面的工作，才能使企业发展更上一层楼，并在市场运作上取得成功。另外，还要致力于打造自己的品牌，形成品牌效应，这样才能在企业文化方面占据竞争优势，这是企业成长的重要标志之一。

(二) 创业阶段

按照创业过程的关键环节和时间顺序，哈佛大学教授拉瑞·葛雷纳把企业组织的成长过程分为五个阶段，提出了五阶段模型(见图 4-2)，完整绘制了企业生态领域的进化图谱。这个模型主要描述企业成长过程中的演变与变革的辩证关系，较好地解释了初创企业的成长过程，是研究企业成长的基础。

图 4-2　拉瑞·葛雷纳的五阶段模型

(1) 初创阶段。在初创阶段的企业，显著特点之一就是更多地依赖创业者个人的创造力和英雄主义，重点就是研发和市场，首要任务是快速销售新产品，最大动力就是创造，从而使企业得到迅速成长。因此，创业者不需要太复杂的管理和战略就可以控制整个团队。经过几年的成长，雇员人数逐年增加，企业的人事管理方面将会出现第一次震荡，甚至出现领导危机。这时，企业的最大困难就是创始人需要在认知上进行自我革命，同时也需要有壮士断腕的勇气，放弃很多东西，对企业自身的日常管理进行科学管控，也可以雇用职业经理人从事企业的人事管理工作。

(2) 集体阶段。集体阶段是指企业内部的各部门由职业经理人进行管理，带领管理团队，引导员工执行高层决策的集体阶段。当企业发展到一定程度时，随着员工的工作水平不断提高，加之企业规模的扩大和管理层级的增多，将会出现人事管理方面的第二次震荡，即自立危机。导致自立危机出现的主要原因就在于中层干部、基层经理和一线员工这三个阶层都希望获得更多自主权。这时就应该适度地简政放权，并建立规范的管理体系。

(3) 规范阶段。规范阶段的重点工作是授权，即通过权力下放实现价值增长。这一阶段的大多数企业成长迅速，市场份额逐渐增大，雇员人数增长加快，分工更加细化，销售网点越来越多，中下级的管理层得到更多的授权才能更好维系企业的高速成长。分权之后，随之而来的新问题就是控制危机。控制危机出现的主要原因在于授权失衡。授权过多易导致中、基层员工自作主张、本位主义；授权过少会出现中、基层员工合作难以协调的现象。

(4) 精细阶段。处于精细阶段的企业，其内部合作需要更规范的管理体系和更先进的信息系统来支撑。企业的快速发展必然诱发很多新的问题，如官僚主义的出现、繁文缛节的公事程序、管理层级过多、决策周期过长、人员冗余等。因此，在面对此类问题时，企业内部需要加强合作，进行精细化管理，如采用设立专项的方法，组建多个团队，根据产品类型和销售区域设置相应的部门与团队以提高市场竞争的快速反应能力。

(5) 合作阶段。企业规模通过精细合作快速扩大，有望走出国门，进入国际市场，成为全球化的公司。企业总部和各分部的运营依靠的是两种不同的实力，企业总部运营依靠的是一种可跨越行业范畴的无边界核心竞争力，即软实力；而各分部运营依靠的是行业核心竞争力，即硬实力，这样将使企业内部各部门达到它们在单兵作战的情况下所无法取得的业绩水平。

四、创业精神

(一) 创业精神的定义

创业精神是一种抽象的品质，指创业者主观上具有的开创性的思想、观念、个性、意志、作风、品质等的高度凝结，通常被称为企业家精神，是创业者在市场竞争中不断开拓进取，创造新价值的精神概述，涵盖了诚实守信、踏实肯干、坚韧不拔、敢于承担风险等内容。

创业精神也是推动创业者创业实践的重要力量，它可以让创业者发现别人未曾注意到的变化和趋势，遇见别人没有看到的市场前景，在新事物、新技术、新环境、新动向、新需求面前有更强的吸纳力和转化力，可以让创业者不断地寻找机遇，不断地追求创新，不断地推出新的经营方式和新的产品。德鲁克的研究中心认为，创业精神是促进社会向前发展的重要驱动力。创业精神是一个创新的过程，在这个过程中，新产品或新服务的机会被确认、被创造，最后被开发，从而产生新的财富创造的能力。也就是说，创业精神的本质在于创新，在于为消费者创造新的满足、新的价值。

(二) 创业精神的内涵

创业精神是创业者创业过程中各种素质的综合体现和重要行为特征的高度凝练，其内涵主要表现在以下几个方面。

(1) 高度综合性。创业精神是多种精神特质综合作用的成果，包括诸如创新精神、冒险精神、拼搏精神、合作精神等特质精神在内。德鲁克认为，创业精神中最重要的就是创新精神，在创新的过程中不可避免地要遇到挑战和承担风险，而团队抵御风险的能力势必要大于个人的单打独斗，团队合作不仅可以增加成功的概率，也可以创造更大的价值。所以，创新精神的内涵中必然包括承担风险和挑战不确定性的冒险精神，以及合作精神。

(2) 三维整体性。创业精神无论是内化产生，还是外化显现，都是由哲学、心理学、行为学三个层面所构成的整体：哲学层次的创业观念和思想是人们对于创业的理性认识；心理学层次的创业意志和个性是人们创业的心理基础；行为学层次的创业品质和作风是人们创业的行为模式。缺少其中任何一个层面，都无法构成创业精神。

(3) 历史先进性。创业精神的最终体现就是开创前无古人的事业，想前人不敢想，做前人不敢做，创业精神本身必然具有超越历史的先进性。新时代的创业者不仅为了实现个人财富梦想而创业，其创业精神必然被赋予勇于承担社会责任和甘于奉献的新内涵，这种新品质超越历史上任何一个时代的创业者的。

(4) 鲜明时代性。不同时代的人们基于不同的物质和精神生活条件，创业精神的物质基础和精神营养必然各有不同，创业精神的内涵也会相应发生变化，必然打上时代的烙印。创业精神对创业实践有重要意义，它是创业理想产生的原动力，是创业成功的重要保证。

随着“80 后”“90 后”创业者的不断涌现，年轻一代的创业者对精神层面的追求更为纯粹，社会责任成为他们构建新的商业模式时主动考虑的重要内容。未来，中国最好的创业者都会以“社会企业家”的姿态出现。

五、创业者应具备的素质和能力

创业者在创业过程中发挥核心作用，是成功的第一要素。创业者主导和组织的创业冒险活动要想成功，创业者就需要具备解决和处理各种挑战与问题的知识及能力、开拓创新的激情、不畏艰难险阻的冒险精神、面对挫折和失败的勇气，以及各种优良的品质素养，共计 12 个方面，具体如下。

(一) 良好的身体条件

良好的身体条件是指创业者有健康的身体、充沛的体力、旺盛的精力、敏捷的思路。美国著名经济学家、诺贝尔奖获得者西奥多·舒尔茨认为：“与物力资本一样，体现在人身上特别是劳动者身上的人力资本，包括智力、知识、技能和健康状况等……躯体的健康是人健康的基本条件之一，也是创业者的必备条件。”在创业初期，受资金、环境等方面条件的制约，许多工作需要创业者亲力亲为。任务繁重、压力大、时间长，若无充沛的体力、旺盛的精力、敏捷的思路，必然心有余而力不足，难以承担创业重任。所以，众多企业家都认为良好的身体条件是成功创业的一大前提。

(二) 创业的激情与意识

创业的激情指的是持久的追求与不懈的努力，需要百折不挠、坚持不懈的意志，而不是一时冲动。创业是一个漫长的过程，需要长期埋头苦干。一蹴而就、立竿见影的成功毕竟是极少数。创业者一旦确定创业方向和目标，就要朝着既定目标逐步迈进，纵有千难万险也不轻言放弃。时刻保持创业激情，是创业成功的关键因素之一。

创新意识作为创业者的重要素质之一，指的是创业者能在瞬息万变的市场环境和激烈的市场竞争中，不断推出新产品、新服务、新方法来获得企业生存与发展的空间，从而取得成功的思想意识。要想取得创业的成功，创业者必须具有强烈的自我实现、追求成功的创业意识。这种不断推陈出新的创新方式与途径通常来源于创业者对产品服务的认识、开放式的思考、市场触觉和多样化的资料信息。强烈的创业意识能帮助创业者克服创业道路上的各种艰难险阻，将创业目标作为自己的人生奋斗目标。创业的成功是思想上长期准备的结果，事业的成功总是属于有思想准备的人，更属于有创业意识的人。

(三) 自信、自强、自主、自立的创业精神

自信是指创业者要对自己充满信心，相信自己能够主宰自己的命运，相信自己有能力、有条件去开创未来的事业，成为创业的成功者。自信心能赋予人主动、积极的人生态度和进取精神。信念是创立事业之本，更是创业的原动力。要想成为一名成功的创业者，必须信念坚定，顽强拼搏，直到成功。自强指的是创业者在自信的基础上，不贪图眼前的利益，不依恋平淡的生活，不断增长自己各方面的能力与才干、勇于使自己成为生活与事业的强者。自主指的是具有独立的人格。具有独立性思维能力，不受传统和世俗偏见的束缚、不受舆论和环境影响的创业者，通常具有敢为人先的胆略和实事求是的科学态度，能把握自己的航向，选择自己的道路，善于设计和规划未来，并采取相应的行动。自立就是不依赖他人，凭借自己的头脑和双手，凭借自己的智慧和才能，凭借自己的努力和奋斗，开创生活和事业的基础。

(四) 一定的创业知识素养

创业知识是进行创业的基本要素。实践证明，良好的知识架构对于成功创业具有决定性的作用，创业者要进行创造性思维，做出正确决策，必须掌握广博知识，具有一专多能的知识结构。创业知识通常涉及以下三个方面内容：一是专业性知识，指的是与某一创业领域密切相关的专业知识；二是宽口径知识，包括政治常识、经济常识、社会常识、法律常识等；三是经验性知识，包括商业经验、社会经验、生活经验等。

但是，并非学历越高，取得创业的成功率就越大。在知识经济时代，商业竞争日益激烈，创业已转向科技创业和知识创业，知识素养对创业有着举足轻重的作用，强调知识素养的重要性，并不是要求创业者必须完全掌握这些知识才能去创业，而是希望创业者要有不断学习和完善知识结构的自觉性和实际行动。

(五) 优秀的创业人格品质

创业人格品质是创业行为的原动力和精神内核。优秀的创业人格品质包涵使命责任、创新冒险、坚韧执着和正直诚信等，这些意识品质与创业成败息息相关。尤其是在创业遇到困难和不利的情况下，创业者的人格魅力和优秀品质通常具有决定性作用。

使命责任是驱动创业者勇往直前的力量之源。成功的创业者具有高度的使命感和强烈的责任意识，只有对自己、对家庭、对员工、对投资人、对顾客、对供应商以及对社会拥有高度的使命感和负责精神的创业者，才可能赢得人们的信任、尊重和支持；创新意识和冒险精神是进行创业的内在要求。创业机会的发掘需要有开创性思维和冒险精神，同时，在创业实践中也要有风险意识，要注意冒险精神和风险意识的平衡，既要防范风险，又要敢为人先；坚韧执着指的是身临逆境，仍然能够坚持信念、勇挑重担、奋发向

上。成功创业的背后往往是创业者废寝忘食、身先士卒的坚韧执着。正直诚信是创业者的立足之本和发展源泉，决定着企业的美誉度与发展空间，讲信誉、守诺言，具有良好口碑的人格魅力可以帮助创业者凝聚人心，鼓舞士气，赢得更多合作者的信任和支持。

(六) 强烈的市场竞争意识

市场竞争是企业赖以生存和发展的基础，是市场经济的重要特征之一。改革开放以来，我国社会主义市场经济得到深入发展，竞争愈演愈烈：从小规模的分散竞争发展到大集团的行业竞争；从国内竞争发展到国际竞争；从单纯的产品竞争发展到综合实力的竞争。竞争的过程是优胜劣汰的过程。在创业初期，创业者面对一个充满压力的市场，如果缺乏竞争意识和心理准备，甚至惧怕竞争，实际上等于放弃了自己的生存和发展权利，只能一事无成。创业者只有敢于竞争、善于竞争，在竞争中寻求合作和提高，才能取得成功，开创一片属于自己的天地。

(七) 良好的创业心理品质

创业心理品质是指创业者应该具备的心理条件，通常包括自我意识、性格、情感、气质等心理构成要素。国内学者认为，创业者应该具备 6 个方面的良好心理素质，包括：能独立思考、自主判断与选择，善于沟通、交流与合作，勇于担责、敢于冒险、积极行动，善于自我控制、能够避免盲目冲动，百折不挠、坚持不懈、顽强拼搏，善于自我调适。

在市场经济中，创业是摸着石头过河，机会与风险共存。创业之路是充满艰险的，是曲折的。创业规模越大，风险自然越大，创业者不可能完全照搬教科书的理论或他人的成功经验来解决问题和矛盾，需要在创业的过程中不断探索，持续保持积极、沉稳的心态，即有良好的创业心理品质。良好的创业心理品质在创业实践过程中对创业者的心理和行为起调节作用，反映了创业者的意志和情感。创业之路从来都不是一帆风顺的，一遇挫折就垂头丧气、一蹶不振，这样是走不长远的，只有具有处变不惊的良好心理素质和愈挫愈强的顽强意志，才能在创业的道路上闯出一番属于自己的事业。

(八) 交往协调能力

交往协调能力是指创业者能够妥善地处理企业内部成员之间的关系，企业与同业人员、合作伙伴、竞争对手之间的关系，企业与公众(政府部门、新闻媒体、客户等)之间的关系的能力。在创业的道路上，创业者不可能单兵作战，需要广泛的人脉关系资源，由此形成强大的支撑系统。良好的人际关系可以帮助创业者排除交流障碍，在遇到困难时及时得到朋友的帮助，化解交往矛盾，降低工作难度，提高客户的信任度，从而提高办事效率，增加成功的机会。因此，创业者要积极进行有效沟通，团结各界力量，既要做到坚持原则，又要做到求同存异，共同协调发展。

(九) 经营管理能力

在激烈的市场经济中，企业要生存和发展，创业者就必须具备良好的经营管理能力。

无论规模大小，创业者都要与人、财、物等资源打交道，那么如何管理人、财、物等现有资源，使其效益最大化；如何充分调动每位雇员的积极性，从而全力以赴地为企业工作；如何使自己的产品或服务项目被社会认可，受用户欢迎，这些都需要高效的管理体系和良好的经营管理才能实现。世界“钢铁大王”卡内基曾言，即便将我所有的工厂、设备、市场、资金都拿去，但只要保留我的组织和人员，四年以后，我仍将成为“钢铁大王”。由此可见经营管理体系和能力的重要性。

(十) 专业技术能力

专业技术能力是一种最基本的创业能力。创业者必须精通专业操作，才能使自己的服务或者产品被社会接受。一个具有丰富经验和较高水平的经营管理者，如果不熟悉、不了解某一专业或职业的特殊性，就无法充分施展和发挥经营管理的能力或综合能力。只有掌握了某一专业技术能力，才能对症下药、因事制宜，采取适当的经营管理方法。

(十一) 综合能力

在创业实践活动中，综合能力是一种高层次能力，具有很明显的综合性特征，主要内容包括把握机遇的能力、信息的获取加工处理能力、交往公关能力、创新能力等。综合能力一旦与经营管理能力相结合，就会从整体上、全方位地影响和作用于创业实践活动，使创业实践活动的方式和效率发生显著的改变。

(十二) 领导与决策能力

创业活动需要一个灵魂人物，他是整个活动的领导。因为创业需要领导者来整合、利用各项生产要素形成合力，发挥它们的最大效用，所以领导者应有明晰的使命，有很强的感召力，有高瞻远瞩的战略思维，有百折不挠的意志力和宽广的胸怀，有随机应变的灵活性和当机立断的决策力，有统揽全局和明察秋毫的能力，具备高超的管理艺术，对经营管理的事业了如指掌，对生产和消费趋势有研判能力，并且善于选择合作伙伴，有组织或领导他人、驾驭局势变化的能力。

决策能力指的是在创业过程中，创业者能够根据主客观条件，因地制宜地确定创业的发展方向、目标、战略以及具体选择实施方案的能力。决策是创业工作的重要内容之一，是创业顺利进行并取得成功的前提，诸如与组建团队、把握机会、创业融资、商业模式及发展战略等有关的重大决策，都与创业的成败直接相关。因此，创业者的决策能力至关重要。创业者必须具备很强的分析、研判能力，调研充分，以创新思维进行科学、民主决策。

企业运营过程中需要处理大量事务性问题，即便再小的店铺或企业也不能例外。因此，创业者需要具备一定的领导与决策能力，把企业的人员与业务安排得井井有条，并能及时处理所遇到的一切问题。

拓展阅读 4-4

伟大创业者的 7 个特质

第二节 创业动机和创业模式

动机是个体对于认为重要或有价值的工作，积极克服困难，以达到目标而产生的驱动力。不同的动机对应不同的行为，具体的动机引发个体的具体行为，可见，创业动机在创业过程中发挥着重要作用。相关研究发现，创业行为的有效发生是创业动机持续强化的结果。创业动机能够产生持续的创业行为的驱动力，能够激发个体关注创业政策，留心商业信息，并主动识别创业机会，增加创业成功的可能性。

一、创业的动机及其分类

(一) 创业动机的含义

创业动机是指推动个体或群体从事创业实践活动，并驱使创业活动朝某个目标迈进的内部动力。创业动机是促使创业主体处于积极心理状态的一种内驱力，是鼓励和引导个体为实现创业成功而行动的内在力量，具有较强的选择性、倾向性和主观能动性。通俗地讲，创业动机就是有关创业的原因和目的，即为什么进行创业。行为心理学认为，需要产生动机，进而导致行为。创业的直接动机就是需要。

拓展阅读 4-5

创新创业教育不是为了办公司

(二) 创业动机的分类

创业动机可分为两种类型：事业成就型和生存需求型。其中，事业成就型主要包括获得成就认可、实现创业想法、扩大圈子影响、成为成功人士、控制自己人生五个维度。生存需求型包括不满薪酬收入、提供经济保障、希望不再失业三个维度(图 4-3)。

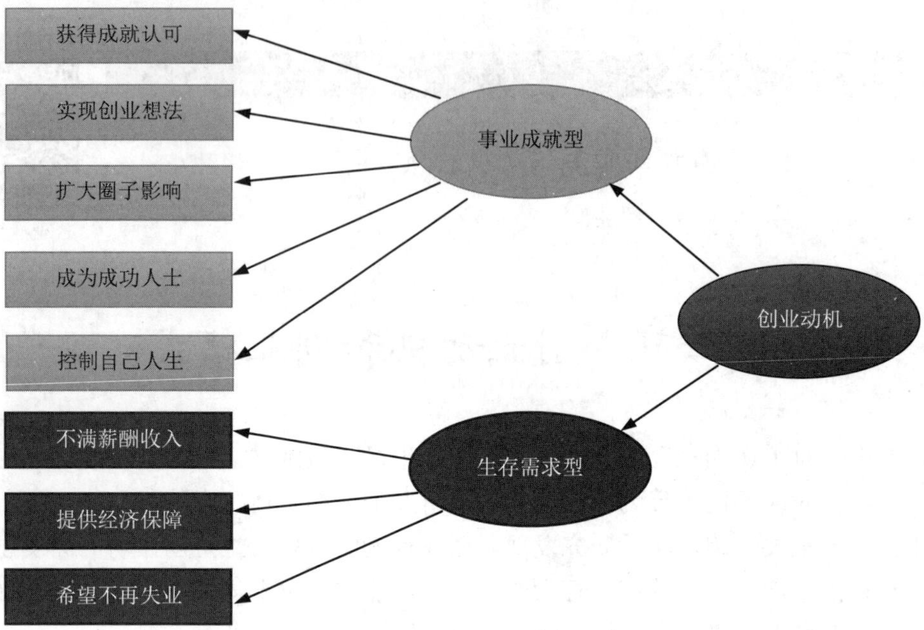

图 4-3　创业动机的分类

美国学者艾克·奥提奥等人经过多年研究，将创业的动机大体上归纳为以下 4 类：对成就的需要、对独立性的偏好、控制的欲望、改变家庭和个人的经济状况。由于大学生群体具有一定的特殊性，大学生的创业动机归纳起来主要有以下 4 种类型。

(1) 生存需要。部分家庭由于经济原因，难以负担昂贵的学费，即使获得国家的助学贷款和学校的奖学金也不能完全解决问题。在沉重的经济压力之下，为了顺利完成学业，部分大学生利用课余时间打工赚钱，独立承担自己的学习、生活费用。在打工的过程中，一部分具有创业素质的大学生会发现商机并且去把握它，开始走上创业的道路。

(2) 积累需要。根据美国耶鲁大学教授奥尔德弗的 ERG 理论，人的需求可分为生存需求、关系需求和成长需求。这三种需求并不是严格按照的由低到高的顺序发展，也可以越级。当代大学生随着年龄的增长，对于关系和成长的需求会逐渐强烈。一部分大学生为了增加自己的实践经验、丰富社会阅历，或者为了自己以后的发展或实现自己的某个目标做好经济的准备，在条件成熟的情况下也会利用课余时间走上创业的道路。这类创业者往往以锻炼为目的，承受失败的能力较强。同时由于压力较小，失败和半途而废的比例也比较高。

(3) 自我实现的需要。一项心理学研究表明：25～29 岁是创造力最为活跃的时期，这个年龄段的青年正处于创造能力的觉醒时期，对创新充满了渴望和憧憬。他们思维活跃、创新意识强烈，同时所受的制约和束缚较少，按照 ERG 理论，他们对成长的需求也更为强烈。另外，由于大学生所处的环境，他们往往更容易接触一些新发明和学术上的新成果，或者他们中的一部分人本身就拥有具有自主知识产权的科研成果。为了能早日实现自己的目标，他们中的一部分人改变了自己的求职观念，也开始踏上创业之路。

(4) 就业的需要。当前，我国的大学生就业形势相当严峻，原因有两个：一是需求不足，通俗地讲就是“僧多粥少”；二是大学毕业生的工资待遇降低。在这种情况下，如果不能找到一份自己满意的工作，有一部分大学生选择创业。

二、大学生创业模式

创业模式指创业者为了保障自身的合法创业权益，对各种创业要素进行合理配置和整合的创业行为，通常包括创业组织形式和创业方式确定、创业行业选择等内容，它们共同组成了创业模式。

大学生的创业模式则指大学生在特定领域、特定环境中对各种创业因素的配置、整合方式进行选择和决策的典型性行为。大学生创业者在创业动机和方式、产业进入、资金筹集、组织形式、创新力度和政府支持等方面具有相似性。我国学者彭小媚和陈祖新结合现有的大学生创业团体与创业实际情况，提出几种可行的大学生创业模式：代理加盟创业、依附创业、入孵化园、法人股份制；万细梅等学者认为，我国大学生的创业模式主要包括积累演进、连锁复制、分化拓展、技术风险、模拟孵化、概念创新 6 种；蔡敬聪和梅天笑两位专家认为，当前最常见的创业模式有立足校园创业、互联网创业、借助兴趣创业、抓住商机创业、发挥专长创业、创新模式创业、加盟创业等。

我国大学生创业的历史还比较短，总结起来，目前比较成熟的大学生创业模式有以下 7 种。

(1) 独立自创模式。独立自创模式是指大学生完全独立自主地创业，由个人或几个人组成的创业团队白手起家，属于典型的个人创业行为。大学生进行独立自创模式的创业一般是为了顺利就业，同时也能实现资本和经验积累，创业行业一般集中在服装、零售、餐饮、化妆品、图书批发等领域。这种创业模式的特点是，在经营管理上，主要采取自我雇用的业主组织形式；在产权关系上，以个人独资或合伙投资经营管理为主。当企业发展到一定规模的时候，就成立具有法人地位的股份制小型公司。这种创业模式的优势在于投资小，创业资金可以通过前期的兼职积攒、向亲朋借债或在政策范围内获得小额贷款的形式进行筹集。另外，面临的不确定性程度低、稳打稳扎、步步为营，逐渐积累壮大，成功率较高。

(2) 代理加盟模式。代理加盟模式是指大学生以区域代理、加盟直营的方式来获得销售某种商品或服务的特许经营权的创业活动。一般来讲，大学生创业者多加盟技术含量不高且用工较多的行业，如商业零售、饮食、化妆品、服装等。在资金筹集上，一般是由个人独资或合伙出资；在组织管理上，实行总店或中心的统一管理模式，自我雇用、自我管理，并且能分享经营诀窍和资源支持，得到长期的专业指导和配套服务。这种创业模式由于在经营管理上有现成的模式可供直接采用，创业者可充分利用特许企业的品牌效应减少经营风险，享受规模经济的效益。所以，这种创业模式被称为“站在巨人的肩膀上”创业。

(3) 分化拓展模式。分化拓展模式指大学生在创业之前，首先加入某个生产高新技术产品的企业，成为其骨干员工，然后利用企业内部的创业机会来实现自己的创业理想。通常，部分大学生利用自己的专业特长成为公司发展的中坚力量，而此时，公司正好需要重塑或变更业务方向，由公司出资，委托骨干员工来负责新业务或新项目开发。这部分大学生作为公司的骨干力量，在资本、经验、人力资源发展到适当程度之际，研判出更好的商业机会，就脱离原公司，以个人积累的资金为主来创建新的法人企业。创业者在原公司经营管理模式的基础上，根据自己的偏好对经营管理模式做进一步改进。这种创业模式可以依托原公司客户关系网扩大业务，创业风险较小，成功概率较高。

(4) 专业化模式。专业化模式是大学生利用自己所掌握的专业技术特长或发明专利，通过“知本雇用资本”的方式进行创业的行为。通常，即便大学生具备了某一专业技术特长或成功研制了新产品，但因为创业需要高额资本，而大学生由于缺乏信用保证难以通过信用机制从外部筹措大量的创业资金，于是大学生就以技术、专利、其他智力成果作为生产要素，吸引有兴趣的公司提供风险投资基金来创建企业。这种创业模式主要集中于电子信息、生物技术、高科技农业等技术含量高、知识密集型的行业。经营形式上采取股份法人公司制，管理上十分强调企业家精神和团队精神。这种创业模式不仅需要大学生创业者掌握一定的技术，还需要大学生创业者能够吸引风险资金，不确定性程度高，风险也较大。

(5) 孵化器模式。孵化器模式是指大学生受各种创业大赛、高校创业园区和创业环境的熏陶、资助、催化而进行的创业活动。近年来，许多高校举办了各种各样的创业大赛，大学生在参赛过程中熟悉了创业程序，储备了创业知识，积累了创业经验，可以说对创业进行了模拟实验。同时，各高校纷纷建立科技园区或创业园区，园区的科技创业基金中心或大学生创业投资公司对经过严格评估的优秀参赛项目进行股权形式的投资，建立股份制公司，并且定期对投资项目进行评估，实行优胜劣汰，对项目进行创业催化。创业者可以得到政策上的支持和创业园区各专家的培训与指导，包括免费提供办公场所、公共文秘、财会服务、人事服务、咨询、辅导、评估和项目管理服务、办理证件、落实优惠政策、推荐申报、市场营销服务等。这种创业模式集中于高科技行业，很多项目是研究生的导师承担的各级政府课题基金项目的成果。

(6) 创意模式。创意模式是大学生根据自己的新颖构想、创意、点子、想法进行的创业活动。标新立异的设想通常是某个行业领域的创举，能够迅速抢占市场先机。创意模式的创业对资金的需求量较小，在政策范围内进行小额贷款或向亲朋好友借款即可完成融资。如果是特别有吸引力的创意，也可能吸引大团股权形式的风险投资。在组织管理上，这种创业模式的形式比较多样，个人独资、合伙、股份公司均可。这种创业模式需要创业者具有独特的个性特征和旺盛的创业欲望，并且善于洞察商业机会。虽然创业难度高，不确定性大，但是一旦成功，就可以获得高收益，是一种价值创造型创业。

(7) 基于互联网的创业模式。基于互联网的创业模式是指大学生以互联网作为媒介，整合传统商业类型，连接各种商业渠道，具有高创新、高价值、高盈利特性的创业行为，通常包括以下三种创业模式：基于互联网本身的创业模式、基于“互联网+”的创业模式和基于物联网的创业模式。首先，基于互联网本身的创业模式是指以互联网提供的技术和信息为平台，将产品和服务进行信息交互，利用信息的时间差进行易货交易，最终实现价值增值的创业模式。这种创业模式相当于利用一些大的平台网站的线上分包商或代理商，由于门槛较低，大学生较容易进入。基于互联网本身的创业模式主要有以下 4 种类型：初级互联网服务、C2C 模式、C2B2C 模式、B2C 模式。基于“互联网+”的创业模式是指大学生将互联网作为技术平台，通过对传统行业的互联网进行“升级”，将互联网引入相关产品和服务，在产品说明、价值呈现、服务介绍、技术应用等方面向客户提供服务，从而实现价值增值、赚取利润的创业行为。基于物联网的创业模式指的是大学生以物联网技术为平台，基于物联网的物体识别、物体感知、物体沟通、智能地球等设计、研发相关产品与服务的创业行为。与前两种创业模式相比，这种模式对大学生来说更具挑战性。基于物联网的创业模式通常有以下 4 种：物联网——物体识别、物联网——物体感知、物联网——沟通、物联网——智慧。

拓展阅读 4-6

了解创业知识、拓展创业常识的途径

三、影响创业成功的因素

根据国内外不同专家学者的研究成果，美国学者鲁西耶总结了 15 项影响创业成功的关键因素：一是筹集资金的能力，拥有适当的筹集资金能力的创业行为比较容易成功；二是财务控制，缺乏适当财务控制的创业活动极易失败；三是产业经验，无产业经验的人从事创业活动，失败的概率相对较高；四是管理经验，拥有丰富管理经验的创业者进行创业实践，成功的把握比较大；五是企业规划，事先未做详细规划的创业活动，失败的概率相对也较高；六是专业咨询，善用专业咨询与产业网络资源的创业活动，比较容易成功；七是教育水准，受过高等教育的创业者比未受高等教育的创业者，创业成功的概率要高；八是吸引雇员的能力，能吸引并留住高素质员工的企业，创业成功的概率也比较高；九是产品策略，选择太新或太旧的产品，进行创业比较容易失败，而选择正在成长阶段的产品进行创业，较前者容易成功；十是市场时机，在整体经济形势不景气时进行创业比较容易失败；十一是创业年龄，年轻的创业者缺乏社会经验，履历不足，创业失败的概率也相对较高；十二是团队创业，合伙创业比个人创业抗风险能力强，容易发挥集体智慧的优势，成功概率更大；十三是家庭背景，有经商家庭背景的创业者，由于常年受到家庭环境的影响，相对比较容易成功；十四是股权比重，创业者拥有较多股权比例的时候，相对比较容易成功；十五是营销能力，具有比较丰富的市场经验与营销能力的创业者，相对比较容易成功。

在创业实践活动中，影响大学生创业成功的因素是多方面的。综合来看，影响大学生创业成功的因素体现在三个层面(见图4-4)：个体层面，如创业者的动机、创业意识、创业技能、心态、身体素质等；群体层面，如创业团队、与创业相关的利益相关者、投资商、供应商、渠道商；社会层面，如人口、政治法律、经济、科学技术、文化、自然条件等宏观环境。每个阶段的成败都会受到这三个层面因素的影响，创业过程也可能因为任何一个阶段出现问题而终止。

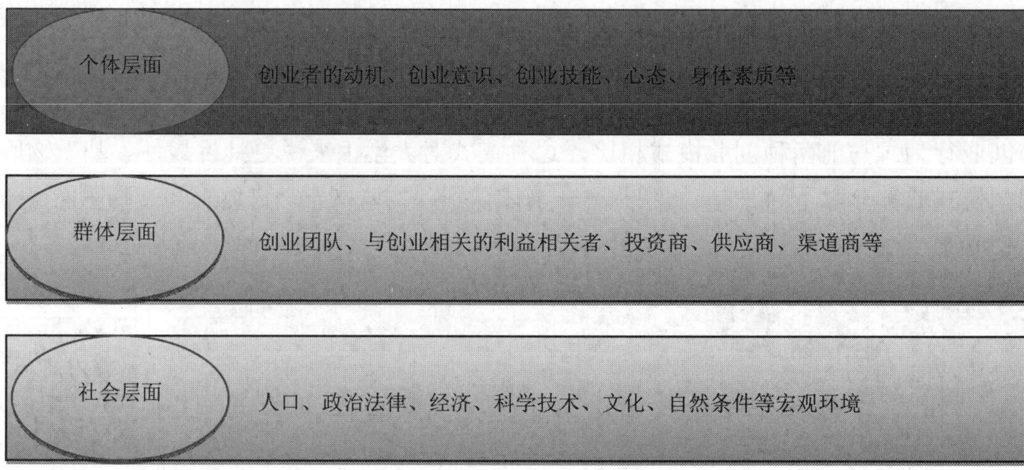

图4-4　影响大学生创业成功因素的三个层面

思考与练习

1. 简述创业的含义、类型和过程。
2. 以小组为单位，讨论如何理解以下内容：
(1) 结合自身体会，谈谈你对创业核心精神的认识。
(2) 结合自身实践，谈谈你对培养创业素质和能力的理解。
3. 简述创业动机的分类。
4. 谈谈你对各种大学生创业模式的认识。

第五章

创业团队建设与管理

在信息高速发展的今天，创业成功者层出不穷，虽然每个创业者的创业过程各不相同且具有不可复制性，但是随着人们对创业成功者的深入分析，越来越能认识到创业团队的重要性。对于创业者来说，只有有效的团队合作和不懈的团队精神，才能使企业具有强大的生命力，所有成功的创业公司无不在创业过程中经历创业团队的组建、成长、更新。所以，创业者在创业过程中要重视创业团队的组建和管理。

本章学习目标

- 了解创业团队的含义以及创业团队对创业成功的重要意义
- 学习创建创业团队的思维方式及其对创业活动的影响
- 掌握管理创业团队的技巧和策略

第一节　创业团队概述

共同创业有利于分散创业的失败风险，团队成员之间的技能互补可提高应对环境不确定性的能力，从而降低新创企业的经营失败风险。更为重要的是，共同创业具有更强的资源整合能力，能同时从多个融资渠道获取创业资金等资源，保证创业企业的成功。

一、创业团队的概念

不同的学者从不同的角度界定了团队的定义。路易士(Lewis，1993)认为，团队是由一群认同并致力于去达成共同目标的人所组成，这一群人相处愉快并乐于工作在一起，共同为达成高品质的结果而努力。在这个定义中，路易士强调了三个重点：共同目标、工作相处愉快和高品质的结果。盖兹贝克和史密斯(Katezenbach 和 Smith，1993)认为，一个团队是由少数技能互补的人所组成的，他们认同一个共同目标和一个能使他们彼此担负责任的程序。盖兹贝克和史密斯也提到了共同目标，并提到了成员技能互补和分担责任的观点，同时还指出团队是一个少数人的集合，保证相互交流的障碍较少，比较容易达成一致，也比较容易形成凝聚力、忠诚感和相互信赖感。但是，团队必定是以达到一个既定结果为最终目标，共同的目标是团队区别于群体的重要特征。

团队就是合理利用每一个成员的知识和技能协同工作，解决问题，达到共同目标的共同体。创业团队就是由少数技能互补的创业者组成的团队，他们为了实现共同的创业目标而实施一个能使他们彼此担负责任的程序，共同为达成高品质的结果而努力。

因此，创业团队需具备 5 个重要的团队组成要素，称为 5P。

(一) 目标

创业团队应该有一个既定的共同目标(purpose)，为团队成员导航，使团队成员知道要向何处去。没有目标，这个团队就没有存在的价值。目标在创业企业的管理中以创业企业的远景和战略的形式体现。

(二) 人

人(people)是创业团队最核心的力量。三个及三个以上的人就形成一个群体，当群体有共同的奋斗目标就形成了团队。在一个创业团队中，人力资源是所有创业资源中最活跃、最重要的资源。创业者应充分调动各种资源和能力，将人力资源进一步转化为人力资本。

目标是通过人员来实现的，所以人员的选择是创业团队中非常重要的一部分。在一个团队中，需要有人出主意，有人定计划，有人实施，有人协调不同的人一起去工作，还要有人去监督创业团队工作的进展，评价创业团队最终的贡献，不同的人通过分工来共同完成创业团队的目标。选择人员时，要考虑人员的能力如何，技能是否互补，人员的经验如何。

(三) 创业团队的定位

创业团队的定位(place)包括创业团队的定位和个体的定位。

(1) 创业团队的定位。创业团队在企业中处于什么位置，由谁选择和决定团队的成员，创业团队最终应对谁负责，创业团队采取什么方式激励下属。

(2) 个体的定位。作为成员，在创业团队中扮演什么角色，是负责制订计划还是负责具体实施。是大家共同出资，委派某个人参与管理；还是大家共同出资，共同参与管理；或是共同出资，聘请第三方(职业经理人)管理。这体现在创业实体的组织形式是采用合伙制还是公司制。

(四) 权限

创业团队中，领导人的权限(power)与团队的发展阶段和创业实体所在行业相关。一般来说，创业团队越成熟，领导者的权限相应越小；在创业团队发展的初期阶段，领导权相对比较集中。高科技实体多数实行民主的管理方式。

(五) 计划

计划(plan)有两层含义。

(1) 目标的最终实现需要一系列具体的行动方案，可以把计划理解成达到目标的具体工作程序。

(2) 按计划进行可以保证创业活动的顺利进行。只有按计划实施，创业团队才会一步一步地贴近目标，从而最终实现目标。

拓展阅读 5-1

如何组建最强团队？学学《西游记》里的创业经

二、创业团队的类型

按照不同的标准，可以将创业团队划分为不同类型。按照创业团队的组成者来划分，创业团队可分为星状创业团队、网状创业团队和虚拟星状创业团队。

(一) 星状创业团队

一般星状创业团队中都有一个核心人物，充当领队的角色。这种团队在形成之前，一般是核心人物有了创业的想法，然后根据自己的设想组织创业团队。因此，在团队形成之前，核心人物已经就团队组成进行过仔细思考，根据自己的想法选择相应人员加入团队，这些加入创业团队的成员也许是核心人物以前熟悉的人，也许是不熟悉的人，但这些团队成员在企业中更多时候是支持者角色。

星状创业团队的特点如下。

(1) 组织结构紧密，向心力强，核心人物在组织中的行为对其他个体影响巨大。

(2) 决策程序相对简单，组织效率较高。

(3) 容易形成权力过分集中的局面，从而使决策失误的风险加大。

(4) 当其他团队成员和核心人物发生冲突时，核心人物的特殊权威容易使其他团队成员处于被动地位，在冲突较严重时，其他团队成员一般都会选择离开团队，因而对组织的影响较大。

例如太阳微系统公司(Sun Microsystem)创业之初就是由维诺德·科尔斯勒(Vinod KhMla)确立了多用途开放工作站的概念，接着他找到分别在软件和硬件方面有所建树的专家乔(Joy)和本其托斯民(Bechtolsheim)，以及具有实际制造经验和拥有人际关系技巧的专家麦克尼里(Mc Neary)，组成了该公司的创业团队。

(二) 网状创业团队

网状创业团队的成员一般在创业之前都有密切的关系，如同学、亲戚、同事、朋友等。

大家在交往过程中共同认可某一创业想法，并就创业达成了共识以后，开始共同创业。网状创业团队组建时，没有明确的核心人物，大家根据各自的特点进行自发的角色定位。因此，在企业初创时期，创业团队各成员基本上扮演的是协作者或者伙伴角色。

网状创业团队的特点如下。

(1) 团队没有明显的核心人物，整体结构较为松散。

(2) 组织决策时，一般采取集体决策的方式，通过大量的沟通和讨论达成一致意见，因此组织的决策效率相对较低。

(3) 团队成员在团队中的地位相似，因此容易在组织中形成多头领导的局面。

(4) 当团队成员之间发生冲突时，一般都采取平等协商、积极解决的态度消除冲突，团队成员不会轻易离开。但是一旦团队成员间的冲突升级，使某些团队成员撤出团队，就容易导致整个团队的涣散。

网状创业团队的典型是微软的比尔·盖茨和童年玩伴保罗·艾伦，惠普的戴维·帕卡德和他在斯坦福大学的同学比尔·休利特等。多家知名企业的创建多是先基于创业团队成员的互动激发出创业点子，然后合伙创业，此类例子比比皆是。

(三) 虚拟星状创业团队

虚拟星状创业团队由网状创业团队演化而来，基本上是星状创业团队和网状创业团队的中间形态。这类创业团队中有一个核心人物，但是该核心人物地位的确立是团队成员协商的结果，因此核心人物从某种意义上说是整个团队的代言人，而不是主导型人物，其在团队中的行为必须充分考虑其他团队成员的意见，不如星状创业团队中的核心人物那样有权威。

拓展阅读 5-2

创业牛人赵泥

第二节　创业团队的组建

创业团队的组建没有统一的程序化规程。不同的创业团队有不同的团队建立方式，创业者走到一起来多是机缘巧合，目标一致、兴趣一致、有相同想法的人都可以合伙创业。在团队中，各成员扮演好自己的角色至关重要，马云曾经说过“创业要找最合适的人，不要找最好的人”。创业团队的组建涉及团队的运作、效率及核心凝聚力，下面来探讨一下如何组建一支适合自己的创业团队。

一、组建创业团队的基本条件

创业的过程中，个人的力量毕竟有限，创业团队的组建显得十分重要。组建一个健康、有战斗力的创业团队应具备以下条件。

(一) 树立正确的团队理念

(1) 凝聚力。拥有正确团队理念的成员，相信他们处在一个命运共同体中，共享收益，共担风险。一个团队中，不是靠个别的“英雄”工作，每个人的工作应相互依赖和支持，依靠事业成功来激励每个人。

(2) 诚实正直。诚实正直是有利于顾客、公司和价值创造的行为准则，它排斥纯粹的实用主义或利己主义，拒绝狭隘的个人利益和部门利益。

(3) 为长远着想。拥有正确团队理念的成员，相信他们正在为企业的长远利益工作，正在成就一番事业，而不是把企业当作一个快速致富的工具。没有人打算现在加入进来，而在困境出现之前或出现时退出而获利，他们追求的是最终的资本回报及创业成功带来的成就感，而不是当前的收入水平、地位和待遇。

(4) 承诺价值创造。承诺价值创造即拥有正确团队理念的成员承诺为了每个人而使“蛋糕”更大，包括为顾客增加价值，使供应商随着团队成功而获益，为团队的所有支持者和各种利益相关者谋利。

(二) 确立明确的团队发展目标

目标在团队组建过程中具有特殊的价值。首先，目标是一种有效的激励因素。如果一个人看清了团队的未来发展目标，并认为随着团队目标的实现，自己可以从中分享很多的利益，那么他就会把这个目标当成自己的目标，并为实现这个目标而奋斗。从这个意义上讲，共同的未来目标是创业团队克服困难、取得胜利的动力。其次，目标是一种有效的协调因素。团队中各种角色的个性、能力有所不同，大家只有齐心协力才能得胜利。孙子曰：“上下同欲者，胜。”只有真正目标一致、齐心协力的创业团队才会获得最终的胜利与成功。

(三) 建立责、权、利统一的团队管理机制

1. 创业团队内部需要妥善处理各种权力和利益关系

(1) 妥善处理创业团队内部的权力关系。在创业团队运行过程中，团队要确定谁从事何种关键任务和谁对关键任务承担什么责任，以使能力和责任的重复最小化。

(2) 妥善处理创业团队内部的利益关系。创业团队内部的利益关系与新创企业的报酬体系有关。一个新创企业的报酬体系不仅包括股权、工资、奖金等金钱报酬，而且包括个人成长机会和提高相关技能等方面的因素。每个团队成员所看重的利益并不一致，这取决于个人的价值观、奋斗目标和抱负。有些人追求的是长远的资本收益，也有些人不想考虑

那么远，只关心短期收入和职业安全。新创企业的报酬体系十分重要，而且企业在创业早期阶段财力有限，因此要认真研究和设计整个企业生命周期的报酬体系，使之具有吸引力，并且使报酬水平不受贡献水平的变化和人员增加的限制，即能够保证按贡献付酬和不因人员增加而降低报酬水平。

2. 制定创业团队的管理规则

要处理好团队成员之间的权力和利益关系，创业团队必须制定相关的管理规则。团队创业管理规则的制定要有前瞻性和可操作性，要遵循先粗后细、由近及远、逐步细化、逐次到位的原则。这样有利于维持管理规则的相对稳定，而管理规则的稳定有利于团队的稳定。

创业团队的管理规则大致包括以下三个层面。

(1) 治理层面的管理规则，主要解决剩余索取权和剩余控制权问题。治理层面的规则大致可以分为合伙关系与雇佣关系。在合伙关系下，大家都是老板，大家说了算；而在雇佣关系下，只有一个老板，一个人说了算。创业团队除了建立利益分配机制和争端解决机制，还必须建立进入机制和退出机制。没有出入口的游戏规则是不完整的，因此要约定创业者退出的条件和约束，以及股权的转让、增股等问题。

(2) 文化层面的管理规则，主要解决企业的价值认同问题。企业章程和用工合同解决的是经济契约问题，但作为管理规则，它们还是很不完备的。经济契约不完备的地方要由文化契约来弥补。文化契约包括很多内容，但也可以用“公理”和“天条”这两个词简要地概括。所谓“公理”，就是团队内部不证自明的东西，它构成团队成员共同的终极行为依据。所谓“天条”，就是团队内部任何人都碰不得的东西，它对所有团队成员都构成一种约束。

(3) 管理层面的管理规则，主要解决指挥管理权问题。最基本的管理层面的管理规则有三条：①平等原则，制度面前人人平等，不能有例外现象；②服从原则，下级服从上级，行动要听指挥；③等级原则，不能随意越级指挥，也不能随意越级请示。这三条原则是秩序的源泉，而秩序是效率的源泉。当然，仅有这三条原则是不够的，但它们是最基本的，是建立其他管理制度的基础。

二、组建创业团队的模式

创业团队投资是一种创业性投资活动。创业团队投资由于投资时机和投资对象的选择、资本额的大小、对投资收益的期望值等原因而具有较高的风险，因而对这类投资活动采取何种组织形式，对于投资本身及其成效具有重要影响。一般而言，创业团队在创业投资时可采用的组织形式主要有公司制、合伙制两种，两种形式各有其特点。

(一) 公司制

创业投资采用公司制形式，即设立有限责任公司或股份有限公司，采用公司的运作机制及形式进行创业投资。采用公司制的优势主要体现在以下几个方面：一是能有效集中资金进行投资活动；二是公司以自有资本进行投资有利于控制风险；三是公司可以根据自身发展对投资收益做必要扣除和提留后再进行分配；四是随着公司的快速发展，可以申请对公司进行改制上市，使投资者的股份可以公开转让并将转让资金用于循环投资。有限责任公司是由两个以上的创业投资者共同出资，每个投资者以其认缴的出资额对公司承担有限责任，公司以其全部资产对其债务承担责任的企业法人。股份有限公司是指全部资本由等额股份构成并通过发行股票筹集资本，股东以其认购的股份对公司承担责任，公司以其全部资产对公司债务承担责任的企业法人。一般非家族成员的创业者采用公司制的比较多。

(二) 合伙制

合伙制是指依法在中国境内设立的由各合伙人订立合伙协议，共同出资、合伙经营、共享收益、共担风险，并对合伙企业债务承担无限连带责任的营利性的经营组织。创业团队投资采取合伙制，有利于将创业投资中的激励机制与约束机制有机结合起来。

合伙人执行合伙企业事务，有全体合伙人共同执行合伙企业事务、委托一名或数名合伙人执行合伙企业事务两种形式。全体合伙人共同执行合伙企业事务是指按照合伙协议的约定，每个合伙人都直接参与经营，处理合伙企业的事务，对外代表合伙企业。委托一名或数名合伙人执行合伙企业事务是指由合伙协议约定或全体合伙人决定一名或数名合伙人执行合伙企业事务，对外代表合伙企业。我国现阶段主要有四种合伙形式：亲戚内合伙、家族内合伙、朋友间合伙、同事间合伙。咨询类、律师事务所和会计师事务所多数采用合伙制形式。在我国农村，农民们办的很多企业都采用了合伙制形式。全世界的小企业中有80%是家族企业，甚至在《财富》杂志排名前500家的大企业中，就有1/3由某个家族控制。不同类型的合伙形式都有自身的优势和不足。就家族合伙制来说，创业时期，凭借创业者的血缘关系、类似血缘关系，能够以较低的成本迅速网罗人才，各成员团结奋斗，甚至不计较报酬，从而使企业能在短时间内获得竞争优势。而且这种类型的企业内部信息沟通顺畅，对外部市场信息反馈及时，总代理成本比其他类型的企业低。这种类型的企业的缺点是难以得到优秀的人才，其发展会在某种程度上受到制约。

拓展阅读 5-3

马云：宁愿选择一流的团队和三流的方案，
也不愿意选择三流的团队和一流的方案

三、组建创业团队的程序

创业者有了创业点子后，可以采用以下程序组建创业团队。

(1) 撰写创业计划书。通过撰写创业计划书，使自己的思路进一步清晰，也为寻找合作伙伴奠定基础。

(2) 优劣势分析。认真分析自我，发掘自己的特长，确定自己的不足。创业者首先要对自己正在或即将从事的创业活动有足够清醒的认识，并使用 SWOT(优劣势)法分析自己的优点、缺点，自己的性格特征、能力特征，拥有的知识、人际关系以及资金等方面的情况。

(3) 确定合作形式。通过优劣势分析，创业者可以根据自己的情况寻找那些能与自己形成优势互补的创业合作者，选择有利于实现创业计划的合作形式。

(4) 寻求创业合作伙伴。创业者可以通过媒体广告、亲戚朋友介绍、各种招商洽谈会、互联网等寻找自己的创业合作伙伴。

(5) 沟通交流，达成创业协议。找到有合作意愿的合作者后，双方还需要就创业计划、股权分配等具体合作事宜进行深层次、多方位的全面沟通。只有前期的充分沟通和交流，才不会导致正式创业后，迅速出现创业团队因沟通不够而引起的解体。

(6) 合伙条款谈判，确定责权利。在双方充分交流达成一致意见后，创业团队还需对合伙条款进行谈判，确定责权利。

四、创业团队的互补

创业团队的互补是指由于创业者知识、能力、心理等特征和教育、家庭环境方面的差异，会对创业活动产生不利影响，通过组建创业团队来发挥各个创业者的优势，弥补彼此的不足，从而形成一个知识、能力、性格、人际关系资源等全面具备的优秀创业团队。

(一) 创业团队互补的意义

创业团队和创业产业选择是新企业创立前的主要决策要素。根据调查发现，合伙形式创业的比率为 60.5%，独自创业的比率为 39.5%，这表明企业家更倾向于合伙创业。这主要因为合伙创业有利于分散创业失败风险，团队成员之间的技能互补能提高企业应对环境不确定性的能力，从而降低新企业经营失败的风险。更为重要的是，调查还发现合伙创业具有更强的资源整合能力，能同时从多个融资渠道获取创业资金，保证创业资金的获取。合伙创业主要采用混合融资方式进行融资，融资率高出单一融资方式 2.3%；独自创业主要采用单一融资方式进行融资，融资率高出混合融资方式 6.9%。

另据统计数据报道，35%的企业在开业当年就失败了，生存 5 年的只有 30%，生存 10 年的仅为 10%。尽管这些数字的准确程度值得商榷，但是不可否认，创业企业因为资金缺乏、技术相对不够成熟，管理经验缺乏，要想获得成功必须付出更大的努力，其中重要的一点就是必须高度重视创业团队的组织设计。如何组建一个高效、优势互补的团队非常重要，它是创业取得成功的基础。

(二) 创业团队互补的途径

从人力资源管理的角度来看，建立优势互补的创业团队是保持创业团队稳定的关键。创业者需要什么样的创业团队，取决于创业机会的性质和核心创业者的创业理念。组建创业团队的关键是核心创业者如何评价其创业战略。创业者首先要考虑是否想把创业企业发展为一个有潜力的百年企业；其次是评价需要什么样的才能、技能、技巧、关系和资源，弄清楚创业者已经具备什么和还需要补充什么。创业团队是人力资源的核心，主内与主外的不同人才，耐心的总管和具有战略眼光的领袖，技术与市场两方面的人才都不可偏废。创业团队成员的选择还要注意个人的性格与看问题的角度，如果一个团队里有总能提出可行性建议和能不断地发现问题的批判性成员，对于创业将大有裨益。

研究表明，大多数创业团队组建时，并不是考虑到成员专业能力的多样性，成员大多有相同的技术能力或兴趣，管理、营销、财务等能力则较为缺乏。因此，要使创业团队能够发挥其最大的能量，在组建一个团队的时候，不仅要考虑成员之间的关系，最重要的是考虑成员在能力或技术上的互补性，包括功能性专长、管理风格、决策风格、经验、性格、个性、能力、技术以及未来的价值分配模式等方面的互补，以此来达到团队的平衡。太阳微系统公司就是一个非常值得借鉴的例子。创业初期，维诺德•科尔斯勒找到的三个合作伙伴分别是软件专家、硬件专家和管理专家，因此太阳微系统公司的创业团队非常稳定，为其带来了稳定的发展。

创业团队由很多成员组成，那么这些成员在团队里扮演什么角色，对团队完成既定的任务起什么作用？团队缺少什么样的角色，候选人擅长什么、欠缺什么，什么样的人与团队现有成员的个人能力和经验是互补的，这些都是必须首先界定清楚的。这样，组建团队时就可以利用角色理论挑选和配置成员，所挑选出的成员才能做到优势互补、用人之长。因为创业不仅是自身资源合理配置的过程，更是各种资源调动、聚集、整合的过程。

1. 不同角色对团队的贡献

不同角色在团队中发挥着不同作用，因此，团队中不能缺少任何角色。一个创业团队要想紧密团结在一起，共同奋斗，努力实现团队的远景和目标，各种角色的人才都不可或缺。

(1) 创新者提出观点。没有创新者，思维就会受到局限，点子就会匮乏。创新是创业团队生产、发展的源泉。不仅企业开发需要创新，企业管理也需要创新。

(2) 实干者运筹计划。没有实干者的团队会显得比较乱，因为实干者的计划性很强。“千里之行始于足下”，有了好的创意还需要靠实际行动去实践。而且实干者在企业人力资源中应该占较大的比例，他们是企业发展的基石。没有执行力就没有竞争力，只有通过实干者踏实努力的工作，美好的远景才会变成现实，团队的目标才能实现。

(3) 凝聚者润滑并调节各种关系。没有凝聚者的团队的人际关系会比较紧张，冲突的情形会更多一些，团队目标的完成将受到很大的冲击，团队的寿命也会缩短。

(4) 信息者提供支持的武器。没有信息者的团队会比较封闭，因为不知道外界发生了什么事。当今社会，信息是企业发展必备的重要资源之一。世界是开放的系统，创业团队要在社会中生存和发展，要有与外界的信息交流，否则企业就成了一个自给自足的封闭小团体。当代创业团队的成功更需要正确、及时的信息。

(5) 协调者协调各方利益和关系。没有协调者的团队的领导力会削弱，因为协调者除了要有权力性的领导力以外，更要有一种个性的号召力来帮助领导树立个人影响力。从某个角度来说，管理就是协调。各种背景的创业者凝聚在一起，经常会出现各种分歧和争执，这就需要协调者来调节。

(6) 推进者促进决策的实施。没有推进者效率就不高，推进者是创业团队进一步发展的“助推器”。

(7) 监督者监督决策实施的过程。没有监督者的团队会大起大落，做得好就大起，做得不好也没有人去挑刺，这样就会大落。监督者是创业团队健康成长的鞭策者。

(8) 完美者注重细节，强调高标准。没有完美者的团队的线条会显得比较粗，因为完美者更注重的是品质、标准。在创业初期，不能过于追求完美，而在企业逐渐成长的过程中，完美者要迅速地发挥作用，完善企业的缺陷，为做大做强企业打下坚实的基础。现代管理界提出的“细节决定成败”观点，进一步说明完美者在企业管理和发展中的重要作用。

(9) 专家则为团队提供一些指导。没有专家，企业的业务就无法向纵深方向发展，企业的发展也将受到限制。

2. 团队角色搭配

团队中有不同的角色，角色和角色之间的配合也会存在若干问题，在角色搭配的时候需要加以注意。

(1) 创新者碰到善于协调的上司，他们之间的关系应该比较融洽，因为协调者善于整合各种不同的人一起达成目标。如果创新者碰到实干的上司往往容易发生矛盾，因为实干者喜欢按计划做事，不喜欢变化。

(2) 作为同事，创新者和凝聚型的同事之间不会有问题，因为凝聚型的同事擅长协调人际关系。如果一个创新者碰到另一个创新型的同事，这时两人会围绕各自的立场和观点展开争论，内耗也就可能出现。

(3) 创新型的领导如果碰到一个实干型的下属会很高兴，因为有人推进他的具体工作细节，两人正好互补。但如果创新型的领导碰到一个推进型的下属，他们之间的矛盾可能就会激化。

(4) 两个完美者在一起，作为上司的完美者可能并不欣赏作为下属的完美者，因为完美者永远觉得自己的标准是最高的，很难接受别人的标准。完美者如果碰到实干者同事，彼此间往往很欣赏。完美者如果碰到一个信息者的上司，两人就会有一些冲突，因为信息者对于外界的新鲜事物接受很快，而完美者主张只有120%的把握才去做，他们对要不要采取新的方式和方法存在一些争议。

拓展阅读 5-4

汉高祖刘邦的人才管理

了解不同的角色对于团队的贡献以及各种角色的配合关系之后，就可以有针对性地选择合适的人才，通过不同角色的组合来达到团队的互补。由于团队中的每个角色都有优点和缺点，领导者要学会用人之长、容人之短，充分尊重角色差异，发挥成员的个性特征，找到与角色特征相契合的工作，使整个团队和谐，达到优势互补。优势互补是团队搭建的根基。团队竞争是创业企业赖以生存的主要法宝。大企业可以聘用非常专业的职业经理人，而在创业之初，创业企业只能通过团队精神在人力资源上超过大企业。所以，找到优势互补的合作伙伴是创业成功的保证。当代社会，社会分工越来越细，专业的事就要交给专业的人去做，这样胜算才会更大。优势互补的团队才能充分发挥其组合潜能，其成就也肯定优于个人创业的单打独斗。

在一个创业团队中，成员的知识结构越合理，创业成功的可能性越大。纯粹的技术人员组成的公司容易形成以技术为主、以产品为导向的情况，从而使产品的研发与市场脱节；由市场和销售人员组成的创业团队缺乏对技术的领悟力和敏感性，也容易迷失方向。因此，在创业团队的成员选择上，必须充分注意人员的知识结构，充分发挥个人的知识和经验优势。

第三节　创业团队的管理

新创企业的管理包括公司组织、生产服务、市场开发等几个方面，新创企业的管理重点一般会落在生产管理、市场、服务等环节，往往忽视团队的建设和管理，这是不科学的。创业团队管理的重点是在维持团队稳定的前提下发挥团队多样性优势，规范化的企业制度和合适的角色定位是团队管理的有力保证。

一、创业团队发展各阶段的特征及建设的重点

一个优秀的创业团队的发展过程一般包括形成阶段、波动阶段、稳定阶段和成熟阶段。

(一) 形成阶段

在形成阶段，团队的各个成员聚集在一起，每个人都迫切想知道他们的工作任务是什么，工作内容及创业企业行动计划是什么。在这一阶段，成员之间的信任一般处于比较低的水平，团队的主要任务应该是确定一个合理的组织框架结构，明确成员的分工和职责。

作为领导者，需要积极参与到团队的指导和构建工作中，应利用各种机会向员工宣传创业理念和目标，并为他们描绘未来的美好前景，以及创业成功所能带来的经济效益和社会效益。

(二) 波动阶段

在波动阶段，团队成员彼此相互学习，愿意分享工作经验和体会，并采取协作性行动，

团队凝聚力和向心力都将得到提高。在这个阶段，个人需要处于较高水平，因此应继续满足个人物质需要和精神上的需要，保障团队成员安心并愉快地工作。当团队从相互信任转向为共同的目标努力工作时，各方面的问题会逐渐暴露。成员可能会发现，理想过于乐观，工作任务繁重，顾客也不像想象的那样多而广。成员之间可能因意见不一致而产生冲突。在这个充满竞争且积极向上的阶段，如果处理得当，企业将富有创造性；如果处理不当，将严重挫伤员工的工作积极性，影响工作效率。

随着成员提出不同的观点(如群体应该如何协作、群体应该做什么等)，团队的管理难度加大。这时要随时注意问题发生的信号，注意企业的文化建设，并避免在团队成员中形成利益群体。随着冲突的产生，把冲突公开，并帮助成员解决冲突变得越来越重要。

因为团队仍处在发展阶段，任务需要在此阶段仍处于较低水平，团队领导需要把创业目标和任务看作推动团队不断发展的重要手段。在这一阶段，团队领导要积极投身于企业文化建设中，提高员工的归属感和集体荣誉感。

(三) 稳定阶段

在稳定阶段，成功的创业团队实现了既定的战略目标，具有高度的凝聚力和高度的有效性，团队成员逐渐理解了创业计划、工作职责，能够表达出自己的意见和建议，成员逐渐相互信任，团队开始和谐发展。

在这一阶段，个人可以得心应手地处理在团队中遇到的问题，因此，他们的个人需要在一定程度上有所降低。

在这一阶段，团队需要仍然很高，因为团队正致力于在行动准则、工作计划和安排上达成一致。团队领导的角色是激励新想法，督促每一个成员全力以赴，帮助他们达成目标。

在此阶段，任务需要的重要性开始凸显，团队领导应加强人力资源管理，不断调整激励措施，多为员工提供发展的机会，同时应该注重目标的制订并激励团队成员为实现这个目标多做贡献，为员工提供各种物质和精神奖励。

(四) 成熟阶段

在成熟阶段，团队在一种公开、信任的氛围中工作，团队成员能够相互理解并深刻领悟工作的实质，同时对实现创业目标有坚定的信念，愿意为实现创业目标与他人密切配合，并付诸行动。

在此阶段，团队主要致力于协调成员之间的矛盾和竞争关系，建立起流畅的合作模式；团队的经营和管理要进一步公开，确保更多的员工参与到企业决策工作中；在企业文化建设过程中，要充分尊重员工的诉求，重视团队成员之间的依赖关系，让合作成为团队文化建设的基本规范。与此同时，创业团队成员应该不断充实自我，加强学习，在学习中不断提高工作效率。

拓展阅读 5-5

创业团队：找对人就成功了 90%

二、组建创业团队应注意的问题

不同的创业者在共同的创业远景鼓舞下，形成了创业团队。组建一支优秀的创业团队对任何企业而言，都是一项至关重要的工作，是保证创业团队沿着共同目标，求同存异，最后实现团队远景的组织保证。组建团队应该注意以下问题。

（一）应知己知彼

有些创业者认为，绝大多数创业团队的核心成员都很少，一般是三四人，多的也不过十来人，如此少的团队成员从企业管理角度来看，实在是“小儿科”，因为人数太少，几乎每个从事管理工作的人都觉得能够轻松驾驭。实际上，这个创业团队成员虽少，但每个人都有自己的想法和观点，特别是当团队中具备领导特质的人有两个或两个以上时，团队成员在内心有不服管的想法。

一个优秀的创业团队的所有成员互相之间都应该非常熟悉，知根知底。《孙子兵法》云：“知己知彼，百战不殆”，在创业团队中，团队成员应非常清醒地认识到自身的优势与劣势，同时对其他成员的长处和短处也一清二楚，这样可以很好地避免团队成员之间因为相互不熟悉而引起的各种矛盾、纠纷，迅速提高团队的向心力和凝聚力。同时，团队成员之间的相互了解更有利于成员之间工作的合理分配，最大可能地发挥各自的优势。

现在，许多大学生创业的合作伙伴也多是同学、朋友、校友，但还是很快就失败了，为什么呢？因为他们选择的合作伙伴虽然都是“熟人”，但是相互之间缺乏交流、沟通，说到底，团队成员相互之间还是陌生的。

（二）有影响力的带头人

在企业管理和市场营销中，经常谈论领导者的核心竞争力。事实上，在创业团队中，带头人的作用更加重要。带头人正如在大海航行的巨轮的舵手，指引着创业团队的方向。

创业团队中必须有可以胜任的领导者，而这种领导者并不仅靠资金、技术、专利来决定，也不是谁提出什么好的点子谁就当带头人。这种带头人是团队成员在共事过程中发自内心认可的，应该在创业团队中有巨大的、无形的影响力，能够有一呼百应的气势和号召力。

许多创业团队在很短的时间内就消亡了，很重要的原因在于创业团队的带头人根本不是一个合格的领导者。领导者的作用就是“决定一切”！

许多年轻人雄心勃勃，渴望一日升天，他们敢于第一个吃“螃蟹”，但是他们不一定是合格的创业团队带头人，他们最多只是起到了一种“先锋”示范作用。

(三) 有正确的理念

要坚信组织能够健康发展下去，相信创业团队一定能够获得成功。不要一开始就想着失败，尤其不要用那些“经典”的理论，如“只能共苦，不能共甘”“天下没有不散的筵席”等支配自己的思想和行动，而应该树立坚定的信念，坚信团队的事业一定成功。

(四) 有严格的规章制度

俗话说：“没有规矩不成方圆。”组建团队时就把该说的话说到，该立的字据一定要有，把最基本的责、权、利说得明白透彻，尤其股权、利益分配更要讲清楚，包括增资、扩股、融资、撤资、人事安排及解散条件等。这样在企业发展壮大后，才不会出现因利益、股权等的分配产生分歧，使团队产生矛盾，导致创业团队解散。

拓展阅读 5-6

团队的股权结构设计

思考与练习

1. 假如你要创业，你会选择哪种类型的创业团队？
2. 如果你是一个创业者，你将如何建立团队的管理制度，以保证沟通及时、顺畅？
3. 你认为一个团队是否需要定期的人事变动或者岗位轮换？
4. 假如你开始创业，将怎样进行人才选拔和任用？

第六章

创业机会与风险

在互联网高度发达的社会大环境下，创业机会不断增加，越来越多拥有创业激情和梦想的大学生也积极投入创业的浪潮中。但是，创业是一项具有挑战性的事情，是一项“危”和“机”并存的事业，创业者在创业过程中应保持清醒，理性分析，积极抓住机会窗口，果断规避创业风险。

本章学习目标

- 理解创意与创业的概念，掌握创业机会的类型与来源
- 掌握影响创业机会识别的因素
- 掌握创业机会的评价标准和评价方法，能够结合具体案例做出评价分析
- 理解创业风险的含义及其分类
- 了解大学生常见的创业风险，并学会如何进行风险防控

第一节　认识创业机会

马克·吐温曾经说过：“我极少能看到机会，往往当我看到机会的时候，它已经不再是机会了。”事因难能，所以可贵。作为创业者，最关键的在于发现其他人看不到的机会，并迅速采取行动，把握创业机会创造价值。一个成功的创业者能够在众多的创业机会中选择适合自己的机会进行创业，这既是创业活动的初始阶段，也是其核心环节，对于新企业成功与否至关重要。创业机会往往源于创意的产生。

一、创意与创业机会

(一) 创意

创意是创造意识或创新意识的简称，是指基于对现实存在事物的理解及认知，所衍生出的一种新的抽象思维和行为潜能，是具有一定创造性的想法或概念。创意的核心是创造

性思维，往往带有随机性和突出性，因此又被称为灵感。

创意是传统的叛逆，是打破常规的哲学，是破旧立新的创造与毁灭的循环，是思维碰撞、智慧对接，是具有新颖性和创造性的想法，也是不同寻常的解决方法。

创意是否具有商业价值存在不确定性。例如，1922 年，明尼苏达矿业制造公司的弗兰西斯·G. 欧奇，作为当时公司顶级的销售人员，就梦想把砂纸作为剃须刀片的替代品卖给男士。这的确是一项创意，但它从未流行过。

拓展阅读 6-1

不让醉酒的酒店

(二) 创业机会

1. 概念

创业机会主要是指具有较强吸引力的、较为持久地有利于创业的商业机会，创业者可以据此为客户提供有价值的产品或服务，并同时使创业者自身获益。

简单说，市场“痛点”就是创业机会。所谓“痛点”，就是大家苦恼的事，困扰大家的事。人们总是迫切希望解决这些事，如果能提供解决的办法，实际上就是找到创业机会。例如，双职工家庭没有时间照顾小孩，于是有了家庭托儿所；没有时间买菜，就产生了送菜公司。这些都是从“痛点”寻找创业机会的例子。

拓展阅读 6-2

因“宅”而兴的 UU 跑腿

2. 特征

有的创业者认为自己有很好的想法和点子，对创业充满信心。有想法、有点子固然重要，但是并不是每个大胆的想法和新异的点子都能转化为创业机会。许多创业者因为仅仅凭想法去创业，缺乏必要的市场调研和计划而以失败告终。那么，如何判断一个想法或者创意是不是一个好的创业机会呢？《21 世纪创业》的作者杰夫里·A. 第莫斯教授提出，好的创业机会有以下 4 个特征：

(1) 能吸引顾客；

(2) 能在你的商业环境中行得通；

(3) 必须在机会之窗存在的期间被实施(注：机会之窗是指将商业想法推广到市场上去所花费的时间，若竞争者已经有了同样的思想，并已把产品推向市场，那么机会之窗也就关闭了)。

(4) 创业者必须有资源(人、财、物、信息、时间)和技能才能创立业务。

二、创业机会的类型与来源

(一) 创业机会的类型

1. 按照创业机会的来源划分

(1) 技术型创业机会，指的是技术革新、突破性创新或新技术的引进打破了原有的生产方式和经营模式，在技术上拥有独特优势的机会。此种类型的创业机会在人们日常生活中大量存在。例如电子科技的发展带来了手机革命，各大生产商纷纷投产智能手机，它的普及已经改变了我们的生活方式，这是典型的技术型创业机会。

(2) 市场型创业机会，指的是由于政策、信息、人口和环境等因素的变化打破了原有市场的均衡，产生了新兴市场(新需求)，在市场方面具有独特优势的机会。例如随着生活节奏的加快，人们越来越需要网络购物这种便捷、快速的购物方式，所以电商平台层出不穷，日趋成熟。

(3) 国际化型创业机会，指的是因经济全球化的加速发展，在国际经济产业链整合和中低端生产制造环节向发展中国家转移过程中产生的创业机会。随着中国经济市场开放程度和市场化进程的日益深化，尤其是我国加入WTO(世界贸易组织)后，中国企业已完全从国内竞争转向国际乃至全球竞争，随之而来的国际竞争也给中国的创业者带来了许多创业机会，如中兴、华为等国内大公司起初就是从为国外企业进行代工生产起家而一步一步发展壮大的。国际化型创业机会在我国非常普遍。

2. 按照目的与手段的关系的明确程度划分

(1) 识别型机会，是指市场中存在非常明显的目的与手段关系，创业者可以通过目的与手段的关系来识别的机会。例如，当供求之间出现矛盾或冲突，不能有效满足需求或者根本无法实现这一需求时发掘出的新机会，也称问题型机会。

(2) 发现型机会，是指目的或手段的任意一方处于未知环境，等待创业者从中发觉机会。例如，开发出来一项新技术，但其具体的商业化产品尚未出现，需要通过不断尝试来发掘潜在的市场机会。例如激光技术在出现数十年后才真正发展为民用。

(3) 创造型机会，是指目的和手段皆不明朗，创业者要比别人更具先见之明，才能创造出有价值的市场机会。这种机会通常可以创造出新的目的与手段的关系，将能为创业者带来巨大的利润。例如马云当初创立阿里巴巴的时候，好多人都认为他是疯子，但事实证明他预测到互联网交易一定是未来的发展方向，因而成为市场的先行者和领导者。

(二) 创业机会的来源

(1) 需求问题。创业的根本目的是满足顾客需求，而顾客需求在没有满足之前就是问题。寻找创业机会的一个重要途径是善于发现和体会自己及他人在需求方面的问题或在生活中的难处。例如，上海有一位大学毕业生发现远在郊区的本校师生往返市区的交通十分不便，便创办了一家客运公司，这就是把问题转化为创业机会的成功案例。

拓展阅读 6-3

贫困生创业从“倒爷”开始

(2) 变化。创业的机会大都产生于不断变化的市场环境，环境变了，市场需求、市场结构必然发生变化。著名管理大师彼得·德鲁克将创业者定义为那些能“寻找变化，并积极反应，把它当作机会充分利用起来的人”。这种变化主要来自产业结构的变动、消费结构升级、城市化加速、人口思想观念的变化、政府政策的变化、人口结构的变化、居民收入水平提高、全球化趋势等方面。

例如居民收入水平提高，私人轿车的拥有量将不断增加，这就会派生出汽车销售、修理、配件、清洁、装潢、二手车交易、陪驾等诸多创业机会。

拓展阅读 6-4

一则消息引发的成功

(3) 创造发明。创造发明提供了新产品、新服务，能更好地满足顾客需求，同时也带来了创业机会。例如，计算机的诞生使计算机维修、软件开发、计算机操作的培训、图文制作、信息服务、网上开店等创业机会随之而来，基于计算机销售和推广新产品也会带来商机。

(4) 竞争。如果产品或服务能弥补竞争对手的缺陷和不足，这也将成为创业机会。考察周围的公司，如果能比他们更快、更可靠、更便宜地提供产品或服务，也许就找到了机会。

(5) 新知识、新技术的产生。例如，随着健康知识的普及和技术的进步，“水”就带来了许多创业机会，上海就有不少创业者加盟“都市清泉”而走上了创业之路。

第二节　创业机会识别与评价

发现创业机会之后，大学生还要对创业机会进行科学的识别与评价。因此，大学生还应该了解影响创业机会识别的因素和创业机会的评价标准，掌握创业机会的评价方法。

一、影响创业机会识别的因素

(一) 创业机会识别的三个阶段

在学习影响创业机会识别的因素之前，要先对创业机会的识别过程有所了解。从广义上来讲，创业机会的识别主要是机会的预期价值和创业者能力的综合考虑与反复权衡，包括机会搜寻与机会评价两个阶段，即创业者通过多次机会搜寻与机会评价来逐步确定创业机会的战略定位，最终决定哪些机会适合自己或者团队的开发。

机会的最初状态是未精确定义的市场需求或未得到充分利用的资源和能力，由此可知创业者的机会搜寻就是利用自身的能力和已经具备的资源来挖掘还未被完全开发的资源，从而发现那些未精确定义的市场需求，把握潜在的创业机会。而机会的评价则是对创业者发现的潜在的商业机会进行专业的评价。总之，创业机会的识别过程极为复杂，具体来说，可以将创业机会的识别分为三个阶段。

(1) 机会的搜寻阶段。创业机会出现的形式多种多样，大多数创业机会并不是突然出现的，而是在创业者做了充分的准备之后才被捕获到的。在机会搜寻阶段，创业者需要不断地观察与思考，弄清楚机会可能在哪里、怎样去寻找与发现隐藏的商机。

拓展阅读 6-5

“不安分者”眼中的商机

(2) 机会的识别阶段。在一定程度上，创意产生与否决定着机会存在的意义，对机会的识别主要靠创意的产生。什么样的创意是有价值潜力的创意呢？一般来说，有价值潜力的创意需要具备以下三个特征：独特、新颖、难以模仿。如果有了好创意又该如何从创意中筛选合适的机会呢？机会的识别过程分为两个步骤：第一，通过分析整体市场环境及一般的行业状况来进行判断，确定该机会在广泛意义上是否有利；第二，特定的创业者和投资者还需对机会的潜在预期价值进行专业、深入的考察，即个性化的机会识别。

拓展阅读 6-6

小创意，大智慧

(3) 机会的评价阶段。对机会进行评价时，主要针对创业机会的市场与效益进行评估，认真分析企业或项目的市场定位、市场结构、市场占有率、产品成本构成、毛利率、资本回报率等诸多因素，在此基础上对机会进行综合评价。

同时，将创业机会转化为创业行为需要丰富的资源，大学生一定要认真考虑把握机会的成本与自身所具备的资源。一般来说，如果把握机会的成本大于机会带来的价值，那么这个机会并不是一个有价值的创业机会。即便一个创业机会可能有巨大的价值，但由于种种主客观条件的限制无法实现，那么这个创业机会就是不可行的。这也催生出一种现象：当一个创业机会诞生时，只有拥有一定资本和优势资源的极少数人成功地抓住了机会。所以，在分析一个创业机会是否适合创业者时，一定要考虑创业者自身能力的大小，如先前经验、认知因素、社会网络、创造力等多个方面。

拓展阅读 6-7

没钱也可以开店

(二) 影响创业机会识别的因素

通过了解创业机会识别的大致过程，可以发现不同的创业者愿意关注的创业机会不同，即使关注到同一个创业机会，对它的评价也往往不同。究竟是什么因素影响了创业机会的识别与开发呢？影响创业机会识别的因素主要可以分为两大方面：创业者的个人特征和机会的自然属性。

对于机会识别来说，这一过程的主观色彩相当浓厚。生活中，并非每个人都能对一个已经表现出较好的具有预期价值的机会进行开发，因此创业者的个人特征对于机会识别这一不断调整并反复权衡的过程更为重要。

1. 创业者的个人特征

(1) 创业警觉性。Kirzner(1979)认为，创业警觉性对机会识别有关键的影响。具有警觉性的创业者总是主动搜寻各方面信息，时刻关注市场的变化与发展，以及不易被发现的市场环境特征，发掘潜在的创业机会，一旦发现就结合自身经验采取相应行动并努力获取利润。与常人相比，他们的知识较为全面，经验丰富，对创业机会更为敏感。

拓展阅读 6-8

变废为宝

(2) 先前经验与已有知识。Shane(2000)指出：“个体先前工作经验中所积累的顾客问题信息、市场服务方式、市场知识造就了创业者的知识走廊，导致创业者在面对同样的机会信息时，解读的往往是与其先前知识密切关联的机会。”也就是说，创业者更加关注与他们已经拥有的信息和知识相关的机会。不只是创业者自身的知识，在机会识别过程中，创业者的先前经验也可以为创业者提供重要参考，包括创业者的既往工作、创业经历以及教育培训经历等。

拓展阅读 6-9

学有所用，用己所长

(3) 社会关系网络。创业者的社会关系网络是孕育创意的土壤，实质上就是我们提到的“人脉”。社交网络大、人脉资源广自然可以掌握更多优越的资源，获得更多承载商业机会的信息，从而发现适合自己的创业机会。而社会关系网络的深度也会对机会的识别产生影响，相比之下，认识相关专家或者经常与业内人士联系的创业者，更容易发现创业机会，获得独特的创意。

(4) 认知因素。一般来说，创业机会的发现过程就是创业者通过社会关系网络获取承载创业机会的信息，并对这些信息进行合理解读，识别其中蕴含的价值的过程，其中包括对机会的认知。认知因素是创业能力的重要组成部分，包括对机会的风险感知及综合评价。同时，创业者的自信也能增强他们对机会的感知能力。成功的创业者往往不轻易追随潮流，在认知创业机会时喜欢另辟蹊径，一直坚持他们的信念直至最后成功。

2. 机会的自然属性

创业机会的自然属性在很大程度上决定其潜在价值与经济回报，从而影响创业者对机会的评价。例如创业者对商机时效性的分析一般从机会的持续时间和市场成长性两个方面来考虑。创业机会的持续时间越长，即特定创业机会所对应的市场需求持续的时间越长，创业者越愿意去认知。市场成长性越好，即特定创业机会所对应的市场需求未来增长的空间越大，创业者越有可能去认知与评价。

以上影响创业机会识别的因素并不是独立存在的，在某种程度上，这些因素互相影响，具有一定的相关性。

二、创业机会的评价标准

俗话说：好的开始是成功的一半。创业项目的选择对创业的成功起到至关重要的作用。前文介绍了如何识别创业机会，然而并不是所有的创意和商业概念都可以发展为创业机会，也不是所有的创业机会都可以达到创意者的预期。因此，当创业者识别一个创业机会后，还应对创业机会进行科学的分析与评价，然后对有价值的创业机会投入资源进行开发。

简单来说，创业机会的评价其实就是创业者依据一些评价指标对创意的可行性进行公正、严谨的审查。但由于创业机会通常较为模糊，可预测度较小，估算难度较大，所以创业者通常结合自己的先前经验，抓住几个敏感的重要指标进行分析。

一般来说，创业机会的评价标准有以下几个。

(一) 盈利时间

盈利时间是指一个创业项目实施后多久能获得相应的利润。有价值的创业机会可能使项目在两年内达到盈亏平衡或者取得正现金流。如果三年后该项目依旧处于亏损状态或者利润较小，那么将对创业者提出极大的挑战。因此，在评价创业机会时，创业者要科学地推断该项目的盈利时间及其对投资人、合作伙伴的吸引力。一般情况下，刚刚创业的大学生难以在亏本的状态下支撑较长时间，其他的投资者和合作伙伴也没有这么长时间的耐心，除非资本较为雄厚或者有其他方面的收入来源。这就要求创业机会的盈利时间较短。

(二) 市场规模和市场结构

1. 市场规模

市场规模与价值一般是相辅相成的，规模和价值小的市场往往不足以支撑新企业或者创业项目长期发展，而在规模巨大且还在不断发展的市场中，即使创业者的项目只占很小的份额，也能生存下来并且度过发展期。一般来说，创业机会的价值与市场的规模和价值紧密联系，两者呈正相关。

2. 市场结构

市场结构广义上是指一个行业内部买方和卖方的数量及其规模分布、产品差别的程度和新企业进入该行业的难易程度的综合状态。划分一个行业属于什么类型的市场结构，主要依据以下三个方面。

(1) 本行业内的生产者数目或企业数目。一个行业内企业数目越多，其竞争程度就越激烈；反之，一个行业内企业数目越少，其垄断程度就越高。

(2) 本行业内各企业产品的差别程度。

(3) 进入障碍的大小。所谓进入障碍，是指一个新企业要进入某一行业所遇到的阻力，如资源的限制、政策的限制、市场的准入控制等，也可以说是资源流动的难易程度。一个行业的进入障碍越小，其竞争度越高。

创业者在考虑市场结构时可以从以上三个方面入手，了解行业的竞争度，预测进入障碍的大小，从而对创业机会做出合理的评价。

(三) 成本

与同行业其他企业相比，较低的成本无疑会增加竞争的优势，并使创业机会的价值增大。创业者对成本结构进行分析，如果发现该创业项目可以通过扩大产量、引进技术、改进工艺或优化管理来达到降低成本的目的，那么这个创业机会就是值得考虑的。

(四) 投资收益

盈利能力强的创业机会肯定更值得创业者青睐，如拥有较高的毛利率和市场增长率。

毛利率高的创业项目获利能力强，而市场增长率高则表明市场的发展潜力较大，可以使创业者及合作伙伴投资的回报增加。一般来说，如果创业机会每年的投资收益率能够维持在25%以上，就是很有价值的；如果每年的投资收益率低于15%，则不能够对创业者和投资者产生很大的吸引力。

（五）资金需求量

一般来说，需要过多资金的创业机会缺乏吸引力，有着较少或中等程度资金需求量的创业机会是比较有价值的。创业者可根据现有资金和可动用的资源来慎重评价创业机会，超出经济能力范围的则不应考虑。

（六）退出机制

为了创业者和投资者可以更大限度地实现收益、获取利润，有吸引力的创业机会应该有比较理想的退出机制。企业发展相对成熟或不能继续健康发展时，创业者和投资人可以通过多种方式实现资本增值或降低甚至避免财产损失。

（七）控制程度

如果创业者对成本、价格或者渠道等有较强的控制能力，那么创业机会就比较有价值。如果市场上已经有竞争对手把握了原材料来源、独占了销售渠道、取得了较大的市场份额、对于价格有较大的决定权，那么创业者对这些要素的控制程度就比较低，创业项目进展的难度也比较大，企业的发展空间也很小。当然，如果市场的容量足够大或者市场需求有明显的增长趋势，主要竞争者不善于创新或者损害客户的利益，创业者也可以不放弃该创业机会。

当然，评价创业机会的标准还有很多，例如绝不能有致命的缺陷，因为一旦有一个或多个致命的缺陷将使创业机会毫无价值。创业者在评价创业机会时应结合先前经验和类似案例，尽可能地咨询专业人士或者业内前辈，综合考虑各项标准，对其进行科学的评价与分析。

三、创业机会的评价方法

创业者掌握评价创业机会的标准之后，还需要采用科学的评价方法从两个方面对创业机会进行评价：从客体出发，考虑机会的价值特征，如创业机会的原始规模、市场规模随时间增长的速度、创业机会存在的时间跨度等，评价创业机会的潜在价值，判断是否值得对其进行投入；从主体出发，考虑个体与创业机会的匹配度，如运作能力、技术水平、资源保障等，评价实现创业机会价值最大化的可能性，判断个体是否能够把握该创业机会并实现创业机会的价值。

好的创业机会大致有以下几个特征。

（一）创业机会的原始规模较大

创业机会的原始规模是指创业机会刚形成时或者创业者刚发现机会时的市场规模。原始市场规模决定了创业者在创业初期的销售量，关系到企业进一步发展后的利润。因此分析创业机会的原始市场规模十分重要。一般而言，原始市场规模越大越好，因为在这样的市场环境下，创业企业即使占有很少的市场份额，也会拥有较大的销售规模，可以保障企业生存下去。但也应注意，市场越大则吸引的竞争者越多，甚至会吸引一些强有力的竞争对手，如在其他行业已有不凡成就的大公司等，这样就会造成市场竞争的压力越来越大。这对资本较少、技术较差、运营能力较低的新创企业来说无疑是不小的打击，所以创业者应结合实际情况，谨慎考虑。有时候对于某些新创企业来说，原始市场规模较小的创业机会也不是不可取。

(二) 创业机会存在的时间跨度较长

任何创业机会都有存在的时限，超过这个时段，创业机会就不容易把握了。不仅不同行业的创业机会存在的时限不一样，而且同一行业不同时期的创业机会存在的时限不一样。一般时间跨度越长，创业者抓住机会调整自身发展方向的时间也就越长。当然，特定创业机会客观上存在的时间跨度与创业者自己估计的时间跨度往往是有差别的。当替代性产品或者替代性行业出现时，创业机会的时间跨度就有可能缩短。因此，创业机会存在的时间跨度也是不断变化的，创业者需要结合创业机会存在的时间跨度和市场成长速度等多方面情况，不断调整企业的成长战略和运营策略。创业者也要对创业机会的时间跨度及其进程进行分析，来确定相应商业计划的时间期限，使商业计划更加可行和可靠。

(三) 创业机会的市场规模随时间增长的速度较快

创业机会的市场规模随时间增长的速度在很大程度上影响着利用某一创业机会创业的新创企业的成长速度。一般情况下，市场规模增长得越快，销售量增长得也就越快，实现的收益也就越高，新创企业的成长空间也就越大，相应创业机会的潜在价值越大。当然，随时间变化而变化的除了市场规模还有与其相伴的风险和利润，尤其是房地产经营、耐用品产销和高新技术创业等。

(四) 创业机会的市场需求还可以进行挖掘，企业额外利润较大

市场是可创造的，企业要占领市场、获取利润，往往需要靠自己去创造新的市场需求。例如，四川成都彩虹电器集团发展微型电热器具和北京四通集团创业伊始发展电脑打字机，刚开始的时候，市场尽管存在对电热器具、打字机的需求，但假如不去创造市场对于微型电热器具、电脑打字机的特定需求，或者这些需求是不可被创造的，或者这些企业创造市场需求的努力得不到潜在用户的响应，那么这些新创企业就不可能实现更大的利润，获得更大、更快的发展。

(五) 创业机会的风险明朗，风险的具体来源和结构清晰

只有创业机会的风险明朗，创业者才有可能把握、规避或者抑制风险，才有可能降低风险损失、提高风险收益。因此，好的创业机会的风险必须是明朗的，而且创业者能够在

一定程度上承担此风险，否则，该创业机会就不能称为“机会”了。

(六) 创业者可以不断调整创业路径

创业者不会被锁定在“刚性的创业路径”上，而是可以随外界变化不断调整自己的创业路径。也就是创业者可以根据千变万化的市场、日新月异的科技、不断调整的政府政策，校正自己的创业路径，即创业的战略思路、组织结构、运营思路、市场技巧、技术路线等。所以如果创业机会的创业路径是不可调整的，创业者还需慎重考虑。

(七) 好的创业机会应该具有可实现性

这里的可实现性是对创业者而言的。创业者能否利用这一创业机会，还需要结合自身条件进行进一步的理性分析，例如是否拥有利用该创业机会所需要的关键资源，是否在遇到较大的竞争力量时可以与之对抗，是否能够创造新市场并占领大部分新市场，是否可以承担创业机会带来的风险，等等。

第三节 创业风险

创业已成为社会热潮，对国民经济的发展有着巨大的推动作用，然而科技、市场、环境的快速变化加大了新创企业的风险，创业也面临更加严峻的形势。作为中国最早的风险投资人之一，阎焱表示，“从历史和统计数据来看，创业的成功是一个小概率事件”，创业易，创业成功却不容易，创业者在创业过程中会面临各种各样的风险，这些风险有哪些，该如何去识别呢？

一、创业风险及其分类

(一) 创业风险的含义

创业过程中，创业者要投入大量的人力、财力和物力，要引入和采用各种新的生产要素与市场资源，要建立组织结构、管理体制、工作方法等或者对现有的组织结构、管理体制、工作方法等进行变革。在这一过程中，由于创业环境的不确定性，创业机会与创业企业的复杂性，以及创业者、创业团队与创业投资者的能力和实力的有限性而导致创业活动结果偏离创业的预期目标，这就是创业风险。

(二) 创业风险的分类

1. 按照风险对创业的影响程度分类

按照风险对创业的影响程度，可将风险分为系统风险和非系统风险。

(1) 系统风险是指创业企业或创业者之外的，由整个大的创业环境所引起的外部风险，常与宏观的政治、经济、社会等方面有密切联系，这种风险影响范围广、程度深，个体创业企业者难以预防和控制，更多地需要国家的宏观调控，例如2020年由于新型冠状病毒的出现而引起的创业风险。

(2) 非系统风险是指创业企业的内部风险，如财务风险、技术风险、管理风险、生产风险等，不同的创业企业或创业者面临的内部风险不同，但在某种程度上都可以通过预防、控制、转嫁、分散等方式进行削弱或抵消。

2. 按照风险产生原因分类

按照风险产生原因，可将风险分为主观创业风险和客观创业风险。

(1) 主观创业风险是指创业者在创业阶段，受到身体素质与心理素质等主观因素影响所导致的创业失败的可能性，主观因素主要来自创业者自身。

(2) 客观创业风险是指创业者在创业阶段，受到环境、市场、资金技术等客观因素影响所导致的创业失败的可能性。

3. 按照风险内容的表现形式分类

按照风险内容的表现形式，可将风险分为环境风险、市场风险、技术风险、管理风险和财务风险。

(1) 环境风险是指创业活动所处的社会受到政治、经济、法律或自然灾害等所导致企业或创业者蒙受损失的可能性，环境风险具有先兆性，创业者可以通过分析环境变化进行风险防控。

(2) 市场风险是指由于市场情况的不确定而给企业带来损失的可能性。市场情况的不确定包括市场价格的不确定、产品竞争力的不确定、售后服务的不确定等，市场情况瞬息万变，创业者要时刻洞察市场变化，将风险化为机遇。

(3) 技术风险是指由于技术设备的不稳定和对技术创新市场预测的不充分威胁到企业的生存与发展，导致企业失败的可能性。技术风险又可细分为技术不足风险、技术开发风险、技术保护风险、技术使用风险、技术取得和转让风险。创业者应建立健全技术开发的风险预警系统，及时发现技术开发和生产过程中的风险隐患。

(4) 管理风险是指在经营管理过程中，由于管理不善、判断失误、信息不对称等影响了管理水平而导致创业失败的可能性。管理风险具体体现在构成管理体系的每个细节上，这些细节体现在 4 个方面：管理者的素质、组织结构、企业文化、管理过程，创业者应根据自身特点，从这 4 个方面对创业中的管理风险进行规避。

(5) 财务风险是指由于创业企业资金使用不当、财务结构不合理导致创业失败的可能性。财务风险存在于财务管理工作的各个环节，在资金筹集、资金运用、资金积累、分配等财务活动中均会产生财务风险，创业者要针对不同的环节进行财务防控。

4. 按照创业过程的不同分类

按照创业过程的不同，可将风险分为创业机会的识别与评估风险、创业团队组建的风险、创业资源获取的风险、创业计划书准备与撰写的风险、创业企业的管理风险等。

(1) 创业机会的识别与评估风险是指由于存在信息不对称、推理偏误、处理不当等多方面因素影响而使创业面临方向选择与决策失误的风险。

(2) 创业团队组建的风险是指由于在团队组建过程中，由于人员缺失或选择不当所导致的创业风险。

(3) 创业资源获取的风险是指由于资源缺乏、无法正常获得所需资源或获取资源成本过高而给创业带来的风险。

(4) 创业计划书准备与撰写的风险是指由于创业计划书制订者自身能力的限制或在准备与撰写创业计划书的过程中发生的各种不确定性因素所导致的创业风险。

(5) 创业企业的管理风险是指由于管理方式、管理手段、企业文化创建等因素而导致企业在发展战略的制定、组织、运营等各方面存在的风险。

拓展阅读 6-10

ofo 的创业兴衰

二、大学生创业常见风险及其防控

大学生是一个特殊的创业群体，他们有着较高的文化水平和素质，但是，由于其年龄、阅历与知识等方面的限制，创业成功率不高。根据《中国青年报》报道，我国大学生创业成功率只有 0.5%，这个概率也足以说明大学生创业有着较大的风险。那么大学生想要创业成功，就必须在创业初期分析自己在创业过程中会遇到哪些风险，这些风险是否可以有效避免，如果风险出现，该如何应对和化解。

大学生在自主创业中遇到的创业风险主要有如下方面。

(一) 项目选择

选择好的项目是成功创业的第一步，也是最关键的一步。但是由于大学生刚步入社会，阅历尚浅、经验不足，在项目选择时往往仅凭自己的兴趣和想象进行项目投资，结果一步错步步错，最终导致创业失败。那么，大学生在创业初期应如何理性选择项目呢？首先确定项目的大致方向，是技术项目还是文创项目，是互联网创业还是线下实体创业。在确定方向的基础上进行大量的市场调研和论证，进一步了解市场需求、市场价格、市场竞争力等。了解市场之后，还要结合自身进行项目分析：启动资金是否在自己的承受范围内？需要什么样的团队人员？项目技术核心是否能够攻克？

拓展阅读 6-11

做好创业的选择题

(二) 财务风险

资金是创业的基本条件，没有足够的创业资金，创业活动很难进行下去，所有的创业计划也只能是一纸空谈。但是大学生还未进入社会工作，储备资金不足，所以资金风险也成为大学生创业过程中面临的最大财务风险。那么，大学生一般是如何获得创业资金的呢？目前主要来源于家庭支持、银行贷款、风险投资、典当融资、股权融资和国家创业补贴等。但是，除去家庭支持外，其他资金来源的获得都需要一定的资质和担保，这对于刚进行创业的大学生而言是非常困难的，因为不管是银行还是风险投资担保机构，都需要有实业或者其他企业机构的担保。解决资金来源问题之后，大学生还会面临其他的财务风险：由于大学生创业企业内部没有建立完整的公司体制，会存在财务结构不合理的风险；由于创业初期市场的不确定性，会存在入不敷出、资金断流的风险。

(三) 管理风险

管理在创业过程中占据重要地位，缺乏有效管理的创业活动注定不长久。一些大学生创业者虽然在技术方面出类拔萃，但由于自身专业及发展方向的局限，在理财、营销、沟通、管理等方面缺乏经验，会出现决策随意、信息不通、用人不当、盲目跟风等管理问题，最终导致创业失败。那么，大学生应如何避免管理风险呢？首先在团队建设初期，就要挑选有能力、有责任的管理者带领整个创业团队，不断强化团队成员之间的合作、信任和团结，使之产生向心力和凝聚力，从而形成共同行动和齐心协力的团队精神。其次，组织结构影响着技术创新的各个环节，对创业成败有着决定意义，所以创业者要建立良好的组织结构，明确各个成员的职务、职位和权责范围，用科学的公司体制进行管理。

拓展阅读 6-12

论管理的重要性

(四) 竞争风险

竞争是市场规律作用下任何企业都不可避免的环节，对于初创企业来说更是如此。企业创业之初有可能受到同行的强烈排挤，甚至会受到大企业的吞并或者被挤垮，又或者产品竞争力不足，得不到消费者的青睐，最终创业失败。那么，大学生应如何应对激烈的市场竞争呢？在创业初期可以挑选一些新颖且具有竞争力的项目，一个创业领域，创业者越少，竞争压力就越小。同时，创业者要使自己的创业产品具有核心竞争力，其他企业的产品无法替代。这就需要大学生创业者不断进行技术研发，抢占技术前沿，也要强化信息意识，捕捉市场信息，使产品符合社会需求。

(五) 社会资源缺乏

团队组建、企业创建、市场开拓、产品推介等创业环节都处于一定的社会关系中。是否拥有良好的社会资源在很大程度上决定着创业之路是否能够走远。大学生初入社会，所以社会资源会略显不足。缺乏一定的社会资源，就不能使自己的创业项目更好地融入社会，或者让创业项目没有较好的受众性，甚至最终导致创业失败。那么，大学生应该如何获取社会资源呢？大学生在大学期间要积极参加一些实践活动，提高自己的人际交往能力，扩大自己的人际交往范围。在进行创业之前，大学生可以先进入与创业项目相关的领域进行一定的历练。通过历练，一方面可以积累自己的社会经验，另一方面可以为自己的创业积累一定的人脉。同时，大学生也要充分整合自己已有的社会资源，使其效能最大化。

拓展阅读 6-13

创业不是一个人的战役

思考与练习

1. 简述创业机会的概念、类型和来源。
2. 简述创业风险的含义和分类。
3. 以小组为单位，讨论如何理解以下内容：
(1) 结合具体案例，谈谈如何识别和评价创业机会。
(2) 结合自身体会，谈谈大学生在创业中应如何防控风险。

第七章

创业资源整合与融资

创业者对资源的整合能力，不仅是衡量创业者创业能力的标准，也同企业的成长与发展有着直接关系。所以对创业者而言，如何整合创业、利用创业资源是一个非常严峻的挑战。本章主要对创业资源有关理论进行阐述，并结合相应的案例，使创业者更好地理解和把握创业资源。

本章学习目标

- 熟悉创业资源的内涵和分类
- 掌握创业资源的整合过程以及开发推进方法
- 熟悉创业融资的含义和原则
- 能够整合创业资源

第一节　认识创业资源

美国著名的创业学教育和研究的领袖人物蒂蒙斯提出创业三要素，即机会、资源和团队，资源就是其中之一。他认为，资源对于创业者来说好比颜料和画笔对于画家，当具有了创作的灵感和创作的画布，只有通过笔墨纸砚才可能挥毫泼墨。同样，对于创业者而言，只有具备足够的资源，才能将好的创意和符合市场需求的创业机会付诸商业实践。因此，拥有一定的创业资源是创业成功的必要条件，成功的创业者往往重视使用、优化和管理资源，通过创业团队将有限的资源发挥到最大效用。

一、创业资源的内涵与特征

(一) 创业资源的内涵

创业资源是企业能够利用和控制的，并且需要主动进行整合的要素及其组合。这些要素既可以是有形的，也可以是无形的。简单来讲，创业资源就是创业者所要具备的一些创业条件。林嵩指出，创业资源是能够促进企业生存与稳定发展，企业可以控制或者可支配的所有要素及要素组合，包括技术、专利、知识能力、组织属性等。

对于一个创业者而言，巧妙地运用创业资源比拥有创业资源更有价值。一个成功的创业者善于在没有资源的时候发现资源，在拥有资源的时候整合资源，从而点石成金，把资源变为价值。创业资源的多少和价值决定了企业的竞争力，创业资源是否被合理、充分地利用决定了企业能否茁壮成长。

(二) 创业资源的特征

(1) 时效性。创业资源具有时效性，只有在恰当的时机下才能被利用，受时间影响最大的是环境资源和信息资源。依靠时效性资源创办的企业虽然可以在较短的时间内聚集资金和人气，但是同时也会受到时效限制，易被后来的时效性企业赶超。

(2) 广泛性。创业资源的内容非常广泛，有无形的环境资源、信息资源，还有有形的资金资源和人力资源。资源虽然广泛但也有质量之分，创业者应该冷静分析，研究公司的现状及市场行情，再选择合适的、高质量的，并能给企业带来更大价值的创业资源。

(3) 整合性。创业资源的可塑性很强，不同的资源之间需要相互整合。例如，可以通过整合人力资源、技术资源和硬件资源得到一件产品，再通过信息资源或者社会资源流向市场并交换资金资源，缺少任一环节都无法成为一个完整的企业。

拓展阅读 7-1

创业资源和商业资源的联系与区别

二、创业资源的种类

创业资源是指新创企业在创造价值的过程中需要的特定资产，包括有形的与无形的资产，它是新创企业创立和运营的必要条件，主要的表现形式有创业人才、创业资本、创业机会、创业技术和创业管理等。

创业资源的形式大致可以分为社会资源、技术资源、资金资源、信息资源和人力资源。

(1) 社会资源。创立一个企业时，社会上可以被利用的并且可以转化为企业价值的客体都属于社会资源，包括人们的购买习惯、市场供求关系和社会关系等。社会资源是创立企业的前提，只有满足社会需求的产品才会被社会接受，企业才有存在的意义。

(2) 技术资源。技术资源指在研发产品时所运用的知识及技术，一个企业的核心竞争力就是技术。先进的技术资源是企业在日益激烈的市场竞争中脱颖而出的先决条件。

(3) 资金资源。创立企业需要启动资金，充足的资金可以保证一个企业的顺利发展。

创业的过程中需要资金的流动来帮助企业及时周转，创业转型又需要大量的资金支撑，没有资金的支持，想要发展一个企业是不切实际的。

(4) 信息资源。信息资源是各种数据资源、文献资源、时讯资源的总称，包括财经数据资源、科研数据资源及时政信息等。缺乏强大的技术资源支持时，信息资源就是企业得以赶超的突破口，掌握了有效、及时的信息资源就意味着比别人多了一个成功的机会。

(5) 人力资源。人力资源是指维持企业正常运行、推动企业发展、具有劳动能力的人口总和，又称劳动力资源。人力资源被经济学家称为企业的第一资源，拥有先进的优秀人才才可以促进企业的发展。

为了进一步认识创业资源，可以将创业资源进行以下分类。

（一）根据资源要素对企业战略规划过程的参与程度分类

按照资源要素对企业战略规划过程的参与程度，创业资源可以分为直接资源和间接资源。直接资源又可以细分为财务资源、管理资源、市场资源、人才资源。间接资源又可细分为政策资源、信息资源、科技资源，这三类资源要素对于创业成长的影响更多的是提供便利和支持，非直接参与创业战略的制定和执行，因此，对于创业战略的规划起间接作用。根据上述分析，创业资源的概念模型如图 7-1 所示。

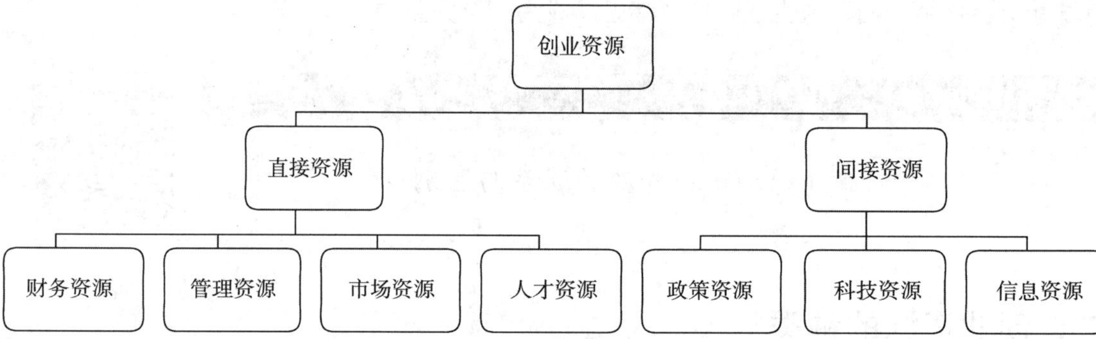

图 7-1 创业资源的概念模型

(1) 财务资源：是否有充足的创业项目启动资金？是否有资金支持创业最初几个月的亏损？是否有一个完整的规范财务工作的制度体系？

(2) 管理资源：是否有能力把先进的管理技术、方法和手段应用于生产经营管理实践中？

(3) 市场资源：是否拥有与市场密切相关的资源要素，包括营销网络与客户资源、行业经验资源、人脉关系、有利的经营许可权、企业现有各种品牌、企业现有销售渠道、企业现有顾客及他们对企业产品或服务的忠诚度等？

(4) 人才资源：是否有合适的专业人才来完成企业的工作任务？是否能够科学、合理地使用人才，充分发挥人才的作用，以推动企业的快速发展？

(5) 政策资源：为鼓励大学生创业，国家和各级政府出台了许多优惠政策，涉及融资、开业、税收、创业培训、创业指导等诸多方面。是否可以利用这些有利的政策资源来推进创业，如某些准入政策、鼓励政策、扶持政策或者优惠等？

(6) 信息资源：创业时依靠什么信息进行科学决策？从哪里获得决策所需要的信息？怎样获得有关创业资源的信息？

(7) 科技资源：凭什么去参与市场中的竞争？为社会提供什么样的产品和服务？核心科技是什么？如何利用好现有的科技资源？

(二) 根据 Barney 分类法分类

企业在初创时期拥有的资源主要为财务资源和少量的厂房、设备等。根据 Barney 分类法，将细分后的创业资源经过重新归纳，如图 7-2 所示，可分为以下几种。

(1) 人力和技术资源，包括创业者及其团队的能力、经验、社会关系和掌握的关键技术等。

(2) 财务资源，即以货币形式存在的资源。

(3) 生产和经营资源，即企业在创立过程中所需的厂房、设施、原材料等。

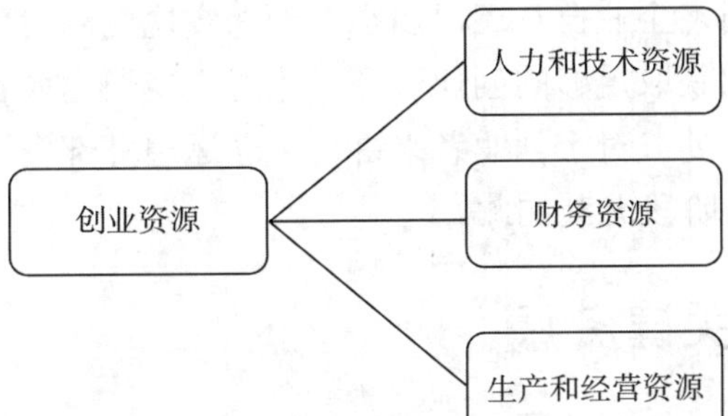

图 7-2　根据 Barney 分类法分类的创业资源细分概念模型

(三) 根据资源基础论分类

根据资源基础论，创业资源可以分为核心资源与非核心资源。

核心资源主要包括人力资源、管理资源和科技资源。核心资源涉及创业企业有别于其他企业的核心竞争力，是创业机会识别、机会筛选和机会运用几大阶段的主线。创业企业必须以这几类核心资源为基点进行外延。对于企业来说，人力资源主要是一种知识财富，是企业创新的源泉，高素质人才的获取和开发是现代企业可持续发展的关键。管理资源又可以理解为创业者资源，创业者自身素质对创业企业的成长有至关重要的作用。科技资源是一种积极的机会资源，对于新创企业来讲，主动引进和寻找有商业价值的科技成果是企业的立身之本和市场竞争之源。

非核心资源主要包括资金资源、场地资源、环境资源、信息资源和文化资源。如何有效地吸收资金资源，并保持稳定的资金周转率，实现预期盈利目标，是创业成功的瓶颈。场地资源指的是高科技企业用于研发、生产和经营的场所。良好的场地资源能够为企业大幅度降低运营成本提供便利的生产运营环境，使企业短期内积累更多的顾客或者质优价廉的供应商。环境资源作为一种外围资源，影响着创业企业发展。信息资源可以给创业者提供场地、资金、管理团队等关键资源。文化资源可以促进管理资源的持续发展。

（四）根据资源的来源分类

根据资源的来源，创业资源可以分为自有资源和外部资源。

自有资源来自内部机会积累，是创业者自身所拥有的可用于创业的资源，如创业者自身拥有的可用于创业的自有资金、自有技术、自己获得的创业机会信息、自建的营销网络、自己控制的物质资源或管理才能等，甚至有的时候，创业者所发现的创业机会就是其所拥有的唯一创业资源。

外部资源包括：朋友、亲人、商务伙伴或者其他投资者、投资人资金；借到的人、空间、设备或其他原材料；通过提供未来服务、机会等换到的资源；社会团体或政府的资助。外部资源更多地来自外部机会发现，而外部机会发现在创业初期起着决定性作用。创业者在创业初期面临的一个重要问题即资源不足和资源供给。一方面，企业的创新和成长必须消耗大量资源；另一方面，企业自身还很弱小，无法实现资源自我积累和增值。所以，企业只有识别机会，从外部获取足够的创业资源，才能实现快速增长，这也是创业资源有别于一般企业资源的独特之处。对于创业者来讲，合理运用外部资源有助于企业快速发展，在企业的创立和早期成长阶段尤其如此。

三、创业资源中的关键资源

技术资源和人力资源是创业资源中的关键资源。创业者及其团队的洞察力、知识、能力、经验及社会关系会影响整个创业过程的开始与成功。同时，在企业新创时期，专门的知识技能往往掌握在创业者等少数人手中，因而此时的技术资源事实上和人力资源紧密结合。拥有技术资源和人力资源是企业竞争优势的重要来源。

（一）技术资源是创业初期最关键的资源

有研究者指出，在创业初期，技术资源是最关键的创业资源，原因有三个：一是创业技术是决定创业产品的市场竞争力和获利能力的根本因素。二是创业技术决定了所需创业资本的多少。对于在技术上非根本创新的创业企业来说，创业资本只要保持较小的规模便可维持企业的正常运营。三是从创业阶段来说，由于企业规模较小，对管理及人才的需求不那么高。创业企业是否掌握创业需要的核心技术或“根部技术”，是否拥有技术的所有权，决定着创业的成本以及新创企业能否取得成功。

（二）创业企业成立后，人力资源成为关键资源

人力资源不仅指创业者及其团队的特长和知识，还包括创业者及其团队拥有的能力、经验、意识、社会关系、市场信息等。调查发现，大学生自主创业最艰难的不是资金，而是意识、知识、信息和技能的匮乏，创业越深入，这些不足就越容易体现。一旦企业成立，

创业者及其团队的经营管理能力和管理经验就变得至关重要。创业不是一件轻松的事情。在创业初期，事无巨细，创业者凡事都要亲力亲为，既要筹集各种资源、协调各种关系、开发客户、应对各种变化，也要对内分配资源、管理运营。

拓展阅读 7-2

陈熠舟的创业历程

第二节　创业资源的整合

创业资源的整合是一个复杂的过程，是创业企业或创业者对不同来源、不同层次、不同结构、不同内容的资源进行选择、汲取、配置、激活和有机融合的过程，使资源具有更强的柔性、条理性、系统性和价值性，是对原有的资源体系进行重构，摒弃无价值的资源，以形成新的核心资源体系。

一、创新资源整合的基本内涵

创业不是引“无源之水”，载“无本之木”，每一个人创业都必然有其凭依的条件，也就是其拥有的资源。创业的过程就是创业者建立、整合和拓展资源的过程。

整合是把零散的东西彼此衔接，从而实现信息系统的资源共享和协同工作，形成有价值、有效率的整体。创业资源整合是创业者通过运用科学的方法对各种类型的资源进行集中和激活并加以整合，识别利益相关者以及与其的共同利益来实现合作共赢，创造新的商业价值的过程。

创业资源在未被创业者整合之前大多是单个资源或零碎的资源，也就是未被体系化的资源，那么想要最大限度地发挥这些资源的使用价值并产生最佳经济效益，从而为企业带来高额的利润，就必须运用科学的方法对各种类型的资源进行集中和激活并加以整合，通过使用和配置有价值的、稀缺的、难以模仿的和不可替代的资源，使原有资源更具有竞争性和价值性。

创业者进行资源整合时，并不会被当前控制或支配的资源所限制，而是用一种资源补足另一种资源，产生更高的复合价值，或者利用一种资源撬动和获得其他资源。创业者能否成功地开发出机会，进而推动创业活动向前发展，通常取决于他们所掌握的和能整合到的资源，以及对资源的利用能力。因此，对于创业者而言，一方面要借助自身的创造性，用有限的资源创造尽可能大的价值，另一方面要设法获取和整合各类战略资源。

拓展阅读 7-3

O2M 时代的资源整合：聚合

二、创业资源整合的过程

创业资源的整合过程可以分为资源扫描、资源控制、资源利用和资源拓展 4 个阶段。这 4 个阶段在时间上并不是完全分离的，而是相互影响、相互衔接的。

(一) 资源扫描

创业者要知道自己的资源禀赋及企业所拥有的最初资源。将已有资源识别出来，包括己方所有价值的有形资产和无形资产，如人才、技术、设备、品牌等，找到自己的资源优势和不足，同时认清哪些属于战略性资源，哪些属于一般性资源，还要确定资源的数量、质量、使用时间及使用顺序。

扫描自身已有资源的同时，也要对外部环境进行扫描，及时发现创业企业所需的资源，确定自己所缺的创业资源可以从哪些渠道获得，并对从各种资源渠道获得资源的难易程度进行排序，进而寻找利益交集，对资源所有者的利益需求进行深度分析，并与自己所拥有的资源进行比较，找到利益契合点。这通常需要创业者具有行业知识和一定的社会关系网络。创业者在初始创业阶段应充分利用与自己关系较近的资源网络，并随着业务的向前发展而逐渐扩充这一网络。

(二) 资源控制

资源控制的范围包括创业者自身拥有的资源，通过交易等形式可获得的资源，以及通过社会网络等形式可以控制的资源。在许多情况下，创业者自身拥有的资源(如教育、经验、声誉、行业知识、资金和社会网络等)存在于创业团队中。在特定的行业，创业团队成员的社会网络资源和技术对于企业的成功至关重要。在获取资源的过程中，需要判断这种资源对实现企业的目标是否起关键作用，并且创造性地设计出双赢的合作方案，形成长期互利的关系。

(三) 资源利用

在获取和控制大量资源的基础上，创业企业开始对这些资源进行配置和利用，将它们合理、有效地配置到最能发挥其使用效益的地方去，体现出这些资源的价值。企业资源在未整合之前大多是零碎的、低效的，要发挥这些资源的最大使用价值，使之产生最佳效益，就必须运用科学的方法对各种类型的资源进行细化、配置和激活，将有价值的资源有机融合在一起，使它们相互匹配、互为补充、互相增强。

对资源进行配置之后，新的资源优势或者竞争优势就会形成，企业必须利用区别于其他企业的这种优势来赢得市场。资源在整合并转化为企业内部的独特优势之后，创业者需要协调各种资源之间的关系，匹配有用的资源，剥离无用的资源。通过协调，使资源的联系更加紧密，更加具有匹配性，使资源的利用产生“1+1>2”的效果，并为企业下一步的拓展奠定基础。

(四) 资源拓展

资源拓展即为以前没有建立起联系的资源建立它们之间的联系，将新获取的资源与已有资源进行联结融合，进一步开发潜在的资源为企业所用，这也是企业获取持续竞争优势的根本来源。资源开拓过程能为创业企业带来新的能力，从而使其能够更充分地发现和掌握创业机会。

三、创业资源的整合原则

任何一个创业者都不可能把创业中所涉及的所有问题都解决好，也不可能把一切创业资源都备足，充分利用创业资源的关键在于学会进行资源整合。因此，创业资源整合不仅是创业设计中的重要原则，也是在创业中借势发展、巧用资源、优势互补、实现双赢的重要方法。

(一) 识别利益相关者

利益相关者是指与客户有一定利益关系的个人或组织群体，可能是企业内部的(如雇员)，也可能是企业外部的(如供应商或压力群体)。既然资源与利益相关，创业者在整合资源时，就一定要设计好有助于资源整合的利益机制，借助利益机制把潜在的和非直接的资源提供者整合起来，借力发展。因此，了解这些组织或个体与自己以及自己想做的事情是否有利益关系，利益关系越强、越直接，被整合在一起的可能性就越大。

(二) 识别利益共同点

识别利益共同点，即寻找大家的共同利益，使利益相关者成为利益共同体。利益相关者之间的利益关系有时是直接的，有时是间接的，有时是显性的，有时是隐性的，有时甚至需要在没有的情况下创造出来。有利益关系也并不意味着能够实现资源整合，还需要发展共同的利益，即利益共同点。找到利益相关者后，逐一认真分析每一个利益相关者所关注的利益非常重要，多数情况下，将相对弱的利益关系变强，更有利于资源整合。

(三) 建立合作共赢机制

建立合作共赢机制，即共同利益的实现需要共赢机制做保证。共赢并不是同时赢，更多的是有先赢和后赢之分。有了共同的利益或利益共同点，并不意味着就可以顺利实现资源整合。资源整合是多方面的合作，切实的合作需要有各方面利益真正能够实现的预期加以保证，这就要求寻找和设计出多方共赢的机制。因此，创业者要设计出让利益相关者感觉到赢而且是先赢的机制。

(四) 建立有效沟通机制

沟通是创业者与利益相关者之间相互了解、建立信任的重要手段。信任关系的建立有助于资源整合，由此可以看出诚信在资源整合过程中的重要性。如果诚信记录非常好，必然会大大增加整合的成功率；相反，则会大大降低整合的成功率。建立共赢机制尤其需要智慧，要让对方看到潜在的收益，为了获取收益而愿意投入资源。在此基础上，还需要考虑如何建立稳定的信任关系，并用心经营和维护。

拓展阅读 7-4

资源整合，借力修天桥

四、创业资源的管理

创业资源的科学管理无论是在创业初期还是在企业的成长过程中都是必不可少的。创业资源的管理过程实际上也是创业资源的优化配置过程，主要包括对现有资源进行优化配置和对现有资源进行查漏补缺。

(1) 对现有资源进行优化配置。创业者首先应对创业资源进行分类排序，当然这不是说某种资源比其他资源更重要，而是指企业根据所处的特定阶段，确定在这一阶段起主导作用的资源是什么、起辅助作用的资源是什么，从而确保在资源配置时做到重点突出。

(2) 要考虑“木桶效应”，对现有资源进行查漏补缺。在进行资源管理的过程中，创业者不能一味地考虑起主导作用的资源，一味地加大对起主导作用的资源的投入，而忽视其他资源。创业者还要考虑哪种资源缺乏可能导致其他资源的浪费，因为木桶的盛水量是由最短的那块木板决定的。所以，在对重点资源进行优化配置时，还要考虑企业未来发展中可能缺少的资源，对潜在的资源枯竭问题进行预判，充分做好资源储备和管理方案，这样才能使各种创业资源在不同的阶段实现最佳配置。

在当今激烈的竞争环境中，企业的资源整合能力很重要，不但是衡量创业者能力的主要指标，更直接关乎创业企业的成长与发展。如何利用最少的资源获得好的收益，是企业间竞争的一个新角度。资源整合能力强的企业，说明它充分利用了自己的和外部所提供的资源，更说明该企业在这个激烈的竞争环境中处于竞争优势。因为创业资源的获取和整合贯穿整个创业过程，所以创业者需要有效识别各种创业资源，并且积极借助企业内外部的力量对创业资源进行组织和整合，才能打造企业的核心竞争力，促进企业成长。

五、推动创业资源开发的方法

企业可以从切实可行的创业计划开始，通过引入外部优质资源、调查可获取的外部资源、建立学习型组织、开展协同合作、建立创业服务中心及打造社会关系网络来推动创业资源的开发。

(一) 制订一个切实可行的创业计划

一个切实可行的创业计划能够凝聚创业团队，吸引优秀的专业人才加盟，这些都是保证创业成功的重要资源。例如，以创业计划作为知识产权资本、将专业人才作为创业团队的股东等都能充分开发创业所需的人力资源。缺少可行的创业计划，就无法对专业人才形成足够的吸引力。

(二) 引入外部优质资源

为带动自身资源的开发，创业企业需要引入外部优质资源来激活自身资源的利用效率，实现自身资源的效用最大化。我国自改革开放以来，就制定了相关的引进外资、人才、国外先进的管理技术和方法的政策，本质上是引入外部的优质资源带动我国现有资源的开发和利用。引入外部优质资源在促进我国经济和社会的发展方面发挥了显著作用。

需要注意，引入的外部优质资源应该是本企业所缺乏或超越本企业自身资源质量的优质资源，只有这样，所引入的资源才能够诱发和推动本企业资源的开发与利用。

(三) 调查可获取的外部资源

调查也是推动创业者对创业资源进行开发的重要方法之一，创业企业需要对自身资源的数量和质量，以及可获取的外部资源做调查。只有创业企业对业内竞争对手的资源状况、经销商与供货商的资源运行能力、行业管理部门的政策资源规定等各种行业资源都做详细的调查工作，才能为后续的资源开发和利用做好准备，这是对资源开发实施前端控制的必然之举。

此外，调查工作还应该直接覆盖资源开发和利用的全过程。资源开发和利用过程中存在的问题和不同资源开发和利用的特点、方式、效率，以及资源的更新和替代等都需要依赖调查工作，调查伴随资源开发和利用的全过程。

由此可见，调查应是创业企业资源开发工作的常态方法，创业企业应将其予以制度化、规范化，并将其贯穿企业资源日常利用过程中的每一个环节。同时，确保调查方法的科学性，资源调查的范围应全面，调查渠道应多元化，如科研机构、行业协会、行业杂志、行业展会、业内研讨会、专业书籍等都应成为企业关注的调查渠道，并重点做好对调查结果的分类、整理和分析工作，充分利用统计学和管理运筹学的相关技术与方法做深入的定量分析，以实现资源开发和利用的最大化。

(四) 建立学习型组织

资源的开发和利用归根结底是由行为主体来实施和完成的，行为主体自身的知识水平影响对资源开发和利用的认识与理解，从而制约资源开发和利用的速度与效率。在今天的知识型社会中，拥有知识资源、技术资源的主体——人才资源，是企业最核心的资源，对于创业企业来说，人才资源的获取和开发更为关键，往往直接决定创业的成败。另外，创业者获取创业的有形资源相对较为容易，真正缺乏的是影响企业竞争能力的无形资源，即知识资源和技术资源，这部分资源正是企业长期积累和学习的结果，是难以通过外部购买和模仿的途径获得的。

为此，创业企业必须建立学习型组织，强化个人学习、团队学习和组织学习，培育学习型的企业文化，实施全员学习、终身学习，将学习活动贯穿组织业务运行的全过程。正如彼得·圣吉所认为的，学习型组织是一个不断提高自身能力来创造未来的组织，这种不断提高自身能力的学习过程不仅本身就是知识资源和技术资源的开发过程，同时也是推动其他资源有效利用的根本力量。知识资源和技术资源在学习、共享、交流、利用过程中不断碰撞、摩擦和整合而得以增多，知识创新得以形成，资源开发得以实现，且因此人才资源的质量得到提高，进而带动其他资源的开发和创造性利用。

(五) 开展协同合作

创业企业在资源上都不可避免地存在诸多不足，而企业相互之间的协同合作却能有效弥补各自的劣势，从而推动创业资源的开发和利用。

来源于古希腊的词汇“协同”展示的是开放系统中大量亚系统之间相互作用的、整体的、集体的或合作的效应。正式提出协同学的赫尔曼·哈肯(Hermann Haken)认为，无论是原子细胞还是动物、人类，都是基于集体行为，通过竞争和协作而间接地决定自身的命运。通过协同合作，创业企业将竞争对手转变为合作伙伴，实现资源的充分融合，发挥各资源要素的相互作用，在这个过程中实现资源价值的最大化，满足各企业对资源开发和利用的需要，达成共赢的局面。

当前，企业之间的协同合作已上升到战略联盟层次，同行业企业之间和产业上、下游企业之间通过策略联盟或股权置换等方式来整合和利用相互的资源，使人力资源、知识资源、科技资源、市场资源、客户资源等实现优势互补、相互支持、协同竞争，形成利益共同体。

需要注意的是，创业企业间这种资源协同合作的成功率受多种因素的制约，从协同主体角度来看，需要培养创业者的合作意识，以诱导资源协同行为的发生，创业者应充分意识到响应速度的重要性并提升响应速度，以体现对资源协同开发和利用的执行力度。从资源因素角度来看，需要满足资源的可识别性和可获取性，这就需要各创业者增强资源的显性化程度，强化对自身优势资源的开发，具备对优质资源的发现和把握能力，以使合作双方都能够很清晰地感受到协同所带来的利益，增强双方参与资源协同的吸引力，提升自己在资源面前的质量、分量，以减少各方对资源掌握和理解的障碍，避免资源协同的过程被滞阻或打断。很多创业企业发展不起来或失败的原因，追根究底，是在资源困境中一次又一次地放弃了合作的机会，满足于个人或少数人的单打独斗，显然无法在市场中取胜。

(六) 建立创业服务中心

建立创业服务中心是从政府及组织层面来保证创业企业资源被充分获取、开发和利用的重要举措。创业服务中心是依照国际标准的孵化理论，专门为扶植新的创业企业尤其是科技型小企业发展所设立的科技服务机构，凝聚了丰富的创业资源，并能够借助组织的力量对这些资源进行调配，为创业企业提供服务，推进创业资源的开发和利用。

(七) 打造社会关系网络

获得资源的多寡是衡量创业企业核心竞争力的一个重要标准，然而很多创业资源潜存在于社会关系网络之中，作为资源的载体，社会关系网络是创业企业不可或缺的社会支持系统，其展现的是社会关系网络成员的相互关系及作用方式的体系结构，如众多的神经细胞通过轴突连接而形成具有大脑机能的神经网络，由个人和组织为节点所形成的社会网络，由物种及其食物链所形成的生态网络，由路由器或主机作为节点、以物理的通信介质作为连接而形成的互联网，以及运输网、电力网等。在这种结构中，社会关系网络成员之间互相取长补短，共享优势，共享资源开发成果，并形成资源利用的乘数效应。

因此，创业者可以把社会关系网络作为工具进行利用，即把社会网络本身当作一种能够带来更多社会资源的特殊方式，通过打造社会网络体系，构建开放的、多层次的信息交流平台，开阔视野与思维空间，扩展空间跨度，自身成为网络中的一个节点，在与外界的联系中修正自身的资源开发和利用方式，增强自身的资源开发和利用能力，带来业务绩效的提升。世界众多知名企业借助由互联网搭建的知识网络进行知识资源共享，利用群体知识的力量，在推动产品创新、解决技术难题以及提升服务质量方面都获得了巨大收益，有效推动了知识资源的开发和利用。

拓展阅读 7-5

蒙牛公司资源整合

第三节　创业融资的渠道与准备

资金是企业经济活动的第一推动力，也是持续推动力。企业能否获得稳定的资金来源，及时、足额筹措到生产要素组合所需要的资金，对企业经营和发展都起着至关重要的作用。所以对于创业者来说，如何筹措到足够的资金，以维持企业生存，推动企业发展，是一个必须妥善解决的问题。

一、创业融资的含义与目的

(一) 创业融资的含义

资金是创业企业或创业者的必备要素之一，由于创业初期风险相对较大，资产相对较少，一般的投资机构和银行不愿意向创业企业投资或贷款，而创业者自身所拥有的资金往往难以满足创业发展的需求。因此，寻找资金来源是创业者所必须考虑的一个重要因素。对创业者来说，能否快速、高效地筹集资金，是创业企业站稳脚跟的关键，更是实现二次创业的动力。创业者在创立企业之前，需要了解融资方面的知识。

所谓创业融资，是指创业者为了将某种创意转化为商业现实，根据企业经营策略与发展需要，经过科学的预测和决策，通过不同渠道，采用不同方式向风险投资者或债权人等筹集资本，组织创业启动资本的一种经济行为。创业者应该根据企业的具体情况，合理确定资金需求量，通过对比分析不同融资渠道的优点和缺点，选择最优的融资方式。

(二) 创业融资的目的

(1) 满足正常生产经营活动的需要。企业创建时，要按照经营方针所确定的生产经营规模购置(租用)厂房、原材料，招聘员工，核定长期资金需要量和流动资金需要量，同时筹措相应数额的权益资金，权益资金不足部分必须融通短期或长期负债资金来满足生产经营活动的需要。

(2) 满足扩大再生产的需要。创业企业进入成长期之后，扩大生产经营规模或追加对外投资需要大量资金。不管创业企业是通过新增资产来外延地扩大再生产，还是采用先进技术来内涵地扩大再生产，都需要强有力的资金支持，必须借助各种渠道来筹措资金。此外，创业企业面临激烈的市场竞争，还会积极开拓有发展前途的投资领域，扩大有利的对外投资规模，也会产生扩张融资动机。

(3) 满足偿还到期债务的需要。一般情况下，创业企业的负债是通过其在生产经营中取得的收入来偿还的。但是当创业企业需要调整资金结构或者经营状况不佳的时候，就要通过新增融资来解决问题。为了使资金结构更合理，在创业企业有足够的能力支付到期债务时，新增融资的情况称为调整性偿债融资。而创业企业现有支付能力已不足以偿付到期旧债，被迫新增融资偿还旧债的情况称为恶化性偿债融资，这表明企业财务状况已经恶化。

拓展阅读 7-6

研究生彭斌和他的无人机融资的故事

二、创业融资的分类

(一) 内部融资与外部融资

1. 内部融资

内部融资是企业依靠其内部积累进行的融资，具体包括三种形式：现有资本金、折旧基金转化为重置投资和留存收益转换为新增投资。

创业前，首先要估计个人可以支配的资产，包括现金、股票、证券、债券、收藏品、暂时闲置的房子、车辆等。个人资金永远是创业资金的第一来源，另外还有家人及亲戚朋友等可以支援的资金、不动产、债券、股票等。如果是团队合伙创办企业，可以在团队内筹集资金，通过制定合伙协议来明确各自的权利和义务，这样既可以减少单一创业者投资所面临的巨大经济压力，更快地实现融资，又可以降低融资的成本，增强团队的向心力。内部融资具有原始性、自主性、低成本和抗风险的特点，是企业生存和发展不可或缺的重要组成部分。

在创业实践中，对外融资时，合伙人必须有一定比例的投入，如果创业团队成员都不投入，又怎么能够说服投资专家呢？

2. 外部融资

外部融资是指企业通过一定方式从外部融入资金。企业外部融资具有速度快、弹性大、资金量大的优点。从创业实践来看，外部融资是成长中的企业获取资金的一条重要渠道，包括银行信用或担保借款、融资租赁、发行有价债券、商业信用等负债融资方式。外部融资的缺点有：融资保密性较差；相对内部融资而言，手续比较复杂；在创业之初，外部融资难度相对较大，企业往往需要负担较高成本。因此，在外部融资时，一定要综合考虑企业实际情况、产品市场前景以及外部融资所需要付出的各种代价。决定外部融资时，要妥善办理各种手续，降低企业风险。

3. 内部融资和外部融资的选择

如前所述，在创业之初，初创企业主要依靠内部融资来积累资本；随着企业逐步成长，市场规模增大，营销成本及人力资源成本也将迅速增加，内部融资难以满足企业发展的要求，外部融资就成为企业扩张的一个重要手段；当企业具备相当规模后，自身有了较强的资金积累能力，则又会逐步缩小对外部的资金总量，转而依靠自身雄厚的积累资金来支持企业的快速发展。

考虑到外部融资的成本代价，创业企业在资金筹措过程中，一定要高度重视内部积累。对大学生而言，一定要尽可能得到父母的认可和理解，父母的支持是大学生创业的关键。同时，最好组成创业团队，广泛筹集资金。在资金筹集阶段，内部融资是外部融资的重要保障，在风投公司的眼里，外部融资的规模和风险必须以内部融资的能力来作为最主要的参考指标和依据。在我国，由于信用体系的建立还不是很完善，融资成本相对来说还比较高，作为创业者，通常是在内部融资不能满足要求的时候，才会考虑通过外部融资渠道来解决。

(二) 权益融资与债务融资

1. 权益融资

权益融资不同于贷款，不需要进行偿还。权益投资者成了企业的部分所有者，通过股利支付获得他们的投资回报。权益融资的后果是稀释了原有投资者对企业的决策权和控制权。权益资本的主要来源有自有资本、朋友和亲人、风险投资公司。权益投资者的投资期一般是3～5年，并期望在企业发展向好时，通过股票买卖收回他们的资金及可观的企业利润。

在创业实践中，权益融资具有以下特点。

(1) 权益融资筹措的资金不需要进行偿还，降低了经营者的债务压力。

(2) 没有固定的按期还本付息压力，股利的支付与否和支付多少，视企业自身的发展状况而定，因此对新创企业而言，其财务负担相对较小，融资风险较小。

(3) 权益融资可以让企业创办人不必用现金回报其他投资者，而是与他们分享企业发展所带来的利润并承担相应的管理责任，投资者以红利形式分得企业利润。

2. 债务融资

债务融资是指企业通过银行或非银行金融机构贷款或发行债券等方式筹集资金，银行或非银行金融机构成为企业的债权人，并获得该企业还本付息的承诺。

债务融资具有以下几个特点。

(1) 债务融资筹集的资金具有使用上的时间性，须到期偿还本息；负有到期还本付息的义务，从而形成企业的固定负担；企业的债券可以依照法律规定在流通市场上自由转让。

(2) 债务融资相对于其他融资方式来说，办理的手续不算复杂，资金到位也比较快，特别适合急需资金的初创企业。

(3) 一般情况下，企业债权人无权参与企业的管理和决策，对企业经营活动不具有表决权，不会稀释创业者或企业管理层对企业的控制权，有利于企业保持控制权。

(4) 在我国，考虑到债务融资往往需要财务担保或者信用担保，对初创企业而言，难度较大，因此，比较适合企业发展到一定阶段的时候采用。

3. 权益融资与债务融资的选择

权益融资与债务融资的选择主要涉及企业控制权的分散或者转移。企业控制权的改变不仅直接影响企业生产经营的自主性、独立性以及原有股东的利益分配，还可能会影响企业的经营决策与长远发展。因此，在选择融资方式时，一定要结合企业的发展情况，综合考虑两种方式的优点和缺点，如表7-1所示。

表 7-1　权益融资和债务融资的对比

融资类型	具体形式	优　点	缺　点
权益融资	以企业增资的方式引进新的股东	1. 减少企业总的债务数额； 2. 可筹集较多的资金； 3. 企业经营的压力和制约较小； 4. 降低法律风险和相应的税负； 5. 有效降低企业的财务风险； 6. 有利于企业加强管理，改善公司治理结构	1. 须让出企业的部分所有权，稀释管理层的经营管理权； 2. 可能增加企业运作的复杂性和管理的难度； 3. 需要让出企业的部分利润
债务融资	各种形式的借款	1. 手续简单，容易获得； 2. 企业所有权和控制权得以维护； 3. 固定时间还款，有利于企业做好充分还款准备； 4. 借款成本可在税前列支，减少企业应纳税额； 5. 遇到通货膨胀时，实际借款成本降低	1. 往往需要担保，这对于开始运营的初创企业可能十分困难； 2. 增加企业的运营成本，影响资金周转； 3. 保密性较差； 4. 贷款机构可能会附加限制条款，有时甚至会影响企业的经营和决策

拓展阅读 7-7

穷爸爸和富爸爸

三、创业融资的原则

在当前世界经济环境中，金融创新相当活跃，融资的可选渠道大大增多，应该选择哪些融资方式以及相关风险如何都是融资时应该考虑的问题。为了保证融资的顺利进行，维护融资各方的利益，创业企业在融资过程中必须遵守一定的原则。

(一) 收益与风险相匹配原则

创业企业的特点之一就是规模小、抗风险能力低，一旦风险演变为最终的损失，必然会给企业经营带来巨大的不利影响。因此，创业企业在融资的时候不能只把目光集中于最后的总收益，还要考虑在既定的总收益下，企业要承担什么风险以及这些风险一旦演变为最终的损失，企业能否承受。

(二) 融资规模量力而行原则

确定融资规模对于初创企业也非常重要。筹资过多，可能造成资金闲置浪费，增加融资成本。而筹资不足，又会影响企业投融资计划及其他业务的正常开展。因此，创业者在进行融资决策之初，要根据企业对资金的需要、企业自身的实际条件以及融资的难易程度和成本量力而行，确定合理的融资规模。

(三) 融资期限适宜原则

企业融资按照期限来划分，可以分为短期融资和长期融资。企业究竟是选择短期融资还是长期融资，主要取决于融资的用途和融资成本等因素。从资金用途来看，如果融资是用于企业流动资产，由于流动资产具有周期短、易于变现、经营中所需补充数额较小及占用时间短等特点，适合选择短期融资方式，如商业信用、短期贷款等。如果融资是用于长期投资或购置固定资产，这类用途要求资金数额大、占用时间长，适合选择长期融资方式，如长期贷款、企业内部积累、租赁融资、发行债券和股票等。

(四) 保持企业有控制权原则

在现代市场经济条件下，企业融资行为所导致的企业融资结构与企业控制权之间存在紧密联系。例如在债权、股权比例既定的企业中，一般情况下，股东或经理是企业控制权的拥有者；在企业面临清算、处于破产状态时，企业控制权就转移到债权人手中。由此可见，企业控制权的转移，其原因在于股权与债权比例的变化，而这种比例的变化恰恰是企业的融资行为所导致的。因此，创业者在进行融资时，一定要掌握各种融资方式的特点，精确计算各种融资方式和融资量对企业控制权产生的影响，这样才能保持对企业的控制权。

创业者还应该清醒地认识到，与企业外部环境相比，企业本身对整个融资环境的影响是有限的。由于外部融资环境复杂多变，企业融资决策要有超前预见性。创业者要及时了解国内外宏观经济形势、国家货币及财政政策、国内外政治环境等各种外部环境因素，合理分析和预测能够影响企业融资的各种有利和不利条件，以及各种可能的变化趋势，并结合企业自身的实际情况，选择合适的融资方式。

四、创业融资难的原因

(一) 不确定性

巨大的市场变化是中国创业环境的一个重要特征。市场的变化很大，一方面意味着更多的创业机会，另一方面表明创业本身也面临很大的不确定性，创业过程中存在许多风险。由于创业环境的不确定性，创业机会和创业企业的复杂性，创业者、创业团队和风险投资家的能力和实力的有限性，以及创业经验的缺乏和创造新业务的其他因素，创业企业风险的不确定性远高于成熟企业。

(二) 非对称的信息

一般来说，创业者更了解创业环境、自身能力、技术和市场信息。与创业者相比，投资者处于信息相对不利的地位。不良借款人往往以高于市场平均水平的利率借款，使拥有优质项目的借款人处于不利地位，后者不得不退出贷款市场。随着这个过程的不断重复，贷款市场借款人的整体素质将会下降。最有可能导致信用风险的借款人往往是那些低质量的团队，技术瑕疵明显、市场前景不确定，可能由于数据和材料美观而获得投资。相反，真正优质、高收益的企业可能无法做好这项工作，从而失去投资机会。这就是所谓的逆向选择问题。由于创业企业的信息基本上是内部化的，很难通过一般渠道获得，信息不对称比成熟企业更为严重，导致银行难以贷款给初创企业。

另外，初创企业缺乏抵押贷款的资产和有效抵押品。初创企业在寻找贷款和外生资本时，难以为金融机构提供能证明其信用水平的信息、信用，缺乏社会性保证体系的支持；创业企业内部治理结构不健全，经营风险高，企业债务不时有所逃脱，也加剧了贷款难度。根据商务部企业信用体系研究成果，每年中国企业信用缺失造成的直接和间接损失高达58 855 亿元。创业企业难以利用商业信用等进行融资。

(三) 银行贷款存在制度缺陷

大型国有企业、大型项目和大型规模的批发企业长期贷款，造成信贷结构失衡。商业银行对信贷人员实行严格的终身责任制度，造成信贷人员出现贷款恐惧心态，激励机制的偏差使创业企业融资难度加大。

拓展阅读 7-8

大学生创业融资为什么难

五、创业融资的过程

一般来讲，创业融资分为以下几个阶段。

(一) 做好融资准备

尽管创业企业融资较为困难，但是创业融资却是创业企业顺利成长的关键。因此，创业者一定要在融资之前做好充分的准备工作：对融资过程有一定了解，建立和经营个人信用，积累自己的人脉资源，掌握估算创业所需资金的方法，了解各种融资渠道，熟悉创业计划书的结构和编写策略，提高自己的谈判技巧等，以提高融资成功的概率。

拓展阅读 7-9

个人信用

(二) 计算创业所需资金

世界上没有免费的午餐，也没有零成本的资金。创业者必须明白，企业所使用的资金都是有一定成本的。这并不是说筹集的资金越少越好，因为任何一家顺利经营的企业都需要有基本的周转资金，如果筹集的资金不足以支持企业的日常运作，则企业会面临资金断流，进而导致破产清算。当然筹集的资金也并非越多越好。如上所述，资金都是有成本的，如果资金在使用过程中不能创造出高于其成本的收益，则企业会发生亏损。因此，创业者在筹集资金之前，要运用科学方法准确地计算资金需求量。

(三) 编写创业计划书

计算创业企业对于资金的需求，需要通盘考虑企业创办和发展的方方面面，对企业有一个全面的筹划。编写创业计划书是一种很好的对企业进行规划的方式。在创业计划书中，创业者需要估计未来可能的销售状况，以及为实现销售需要配备的资源，进而计算出所需要的资金数额。

(四) 确定融资渠道

确定了创业企业所需要的资金数额之后，创业者需要进一步了解各种融资渠道的优势与劣势，根据筹集资金的多少，以及创业者对企业未来的所有权规划，充分权衡利弊，确定所要采用的融资渠道。

(五) 展开融资谈判

选定拟采取的融资渠道之后，创业者需要与潜在的投资者进行融资谈判。创业者首先要对自己的创业项目非常熟悉，充满信心，并对潜在投资者可能提出的问题进行预测，事先准备相应的答案。在谈判时，要抓住时机陈述重点，做到条理清晰。另外，还应该向有经验的人士进行咨询，以提高谈判成功的概率。

六、常见融资渠道

融资渠道是指企业筹集资本来源的方向与通道，体现资本的源泉和流量。创业者想要获得成功，就需要整合各种资源，尽可能地拓宽融资渠道，有效筹集创业资金。创业者或创业企业的融资渠道主要有以下几种。

(一) 创业者的自我资本积累

创业者的自我资本积累是创业资金的主要来源之一。创业者在初始阶段往往都会用到自我积累的资本，使用自己的资金创业有利于激发创业者的积极性和主动性。但是，创业者自我资本积累一般数量少、增长慢，难以满足企业规模迅速扩大的需要。

拓展阅读 7-10

靠个人积蓄创业的大学生彭敏

(二) 国家财政投入融资

对于国家或地方的重点建设项目，可以申请国家财政或地方财政投资，通过国有资本筹资。一般情况下，国家会根据政策的需要在财政中安排必要的重点科技项目贷款、支农贷款、扶贫贷款、环境治理贷款等低息或贴息贷款，符合条件的企业可以争取利用这些渠道筹资。

(三) 银行贷款融资

银行是经营货币资金的企业。银行贷款融资是当前企业融资的主要渠道之一。以贷款是否需要担保来分，银行贷款可以分为信用贷款与抵押贷款；按照期限来分，银行贷款可分为短期贷款、中期贷款、长期贷款；按照资金来源来分，银行贷款可分为政策性银行贷款、商业银行贷款、保险公司贷款等。

(四) 吸收股份和发行股票融资

吸收股份筹资主要是指组织公司制企业时，向社会法人定向募集股份。少数获得国家有关部门批准的上市公司，则还可以通过发行股票，向社会公众募集股份。发行股票可以筹措社会资金，并且分散企业风险。同时，企业要受到相关部门的监管和公众的监督。

(五) 发行企业债券融资

企业债券按照偿还期限的不同，可以分为短期和中长期两种；按照能否转换为本企业股票，可以分为单纯债券与可转换债券两种；按照偿还方式的不同，可以分为分期偿还式债券、通知偿还式债券，以及每年提存一部分偿债资金、到期一次偿付式债券三种；按照有无担保，可以分为有担保企业债券和无担保企业债券两种。

(六) 利用外资融资

利用外资包括利用国际性组织、外国政府、企业与个人的资金。外资的直接投资方式主要有外商独资、合资经营、合作经营、合作开发等。外资的间接投资方式主要有外国商业银行贷款、国际性金融组织贷款、政府间技术经济援助贷款等。

(七) 租赁融资

租赁融资是指企业作为承租人，根据与出租人签订的租赁合约，付出一定的租金，来获得在规定时期内租赁物的使用权或者经营权的筹资方式。融资租赁以专业性的租赁公司为出租人，租赁公司按照承租企业的要求，由租赁公司向银行贷款，再从国外或者国内购入承租企业选定的新设备，并租赁给承租企业使用。融资租赁方式使承租企业不必依靠贷款筹资，依托有能力与经验的租赁公司便能很方便地获得所需的设备并且减少经营风险。

(八) 商业信用融资

商业信用是商品经营活动中的临时短期性借贷融资形式。商品赊销、预收贷款、预收服务费以及企业之间的资金拆借等方式都属于商业信用融资。这些企业之间互相提供的信用有时也能直接解决企业资金缺乏的问题。

(九) 创业风险基金融资

对于高科技企业来说，由于存在高风险、高潜在利润的特点，因而在创业阶段可以通过社会上的创业风险基金融资。风险投资公司负责具体运作创业风险基金，一般只投资于还没有公开上市的企业，投资决策建立在高度专业化和程序化的基础之上。由于风险投资的目的是追求超额回报，当被投资企业增值后，风险投资人会通过上市收购、兼并或其他股权转让方式撤出资本。

天使投资是风险投资的一种比较特殊的形式。天使投资是指个人或机构直接对有发展前途的创业初期的小企业进行权益资本投入，以在体验创业乐趣的同时获得投资增值。天使投资是新创企业早期发展的重要权益资金来源。天使投资者通常是两类人：一类是成功的创业者，他们主要基于自己的经验提携后来者；另一类是企业的高管或者高等院校和科研机构的专业人员，他们拥有丰富的创业知识和洞察力，希望通过自己的资金和专业经验帮助那些正在创业的人，体验创业激情，获得社会荣誉，延续他们的创业梦想，期望获得投资回报，所以被称为天使投资。

思考与练习

1. 简述创业资源的内涵、形式、特征和种类。
2. 思考企业在融资过程中需要注意哪些问题。
3. 简述常见的创业融资渠道。
4. 假如你是一个创业者，你会怎样说服投资者为你的创业项目投资。

第八章

商 业 模 式

“商业模式”已经成为挂在创业者和风险投资者嘴边的一个名词。每当听到“商业模式”这个词，总觉得它既熟悉又陌生，好像总带着一丝神秘，让人很是头疼。然而对于创业者，搞不清商业模式，就意味着很难做好接下来的事。可以确信的是，有了一个好的商业模式，成功就有了一半的保证。那么，到底什么是商业模式呢？它包含什么要素，又有哪些常见类型，应如何去设计和创新呢？

本章学习目标

- 了解商业模式的定义和构成要素
- 掌握如何设计与评价商业模式
- 理解商业模式如何创新和发展

第一节　商业模式概述

进入21世纪，计算机和通信技术的革命性突破使得信息化、网络化、虚拟化、数字化、全球化成为知识经济时代的基本特征，全球化商业平台的构建不仅为企业运作提供了革命性的新功能，而且全面降低了交易成本，削弱了传统企业的业务结构的重要性，使企业商业模式发生了根本转变。在新经济时代涌现出来一大批明星企业，如微软、英特尔、戴尔、阿里巴巴等，其迅速崛起的主要原因就在于，它们在各自的业务领域中创造和运用了一种与众不同的商业模式。在成功企业的示范作用下，商业模式创新已成为国内外普遍关注的焦点，商业模式被视为统领技术、品牌、资本等内部资源，推动企业发展的核心。大量企业试图谋求商业模式创新以提供差异化的产品和服务，为客户创造更多价值，尤其是在高技术产业领域，商业模式创新被赋予了比技术创新更重要的地位。

一、商业模式的定义

“商业模式”是一个比较新的名词。尽管它第一次出现在20世纪50年代，但直到20世纪90年代才开始被广泛使用和传播，并与IT(互联网技术)和通信行业的快速发展联系起来。今天，虽然这一名词出现的频率极高，得到了国内外学术界和企业界的高度重视，但关于它的定义仍然没有一个权威的版本。

前时代华纳CEO(首席执行官)迈克尔·邓恩曾说：“在经营企业的过程中，商业模式比高技术更重要，因为前者是企业能够立足的先决条件。”一个不可争辩的事实是，企业必须选择一个适合自己的、有效的和成功的商业模式，并且随着客观情况的变化不断加以创新，才能获得持续的竞争力，从而保证自己的生存与发展。商业模式具有“点石成金”的功能。

商业模式是指为实现客户价值最大化，把能使企业运行的内外各要素整合起来，形成一个完整的、高效率的具有独特核心竞争力的运行系统，并通过最优实现形式满足客户需求、实现客户价值，同时使系统达成持续盈利目标的整体解决方案。商业模式是一个非常宽泛的概念，与商业模式有关的说法很多，包括运营模式、盈利模式、B2B模式、B2C模式、“鼠标加水泥”模式、广告收益模式等，不一而足，商业模式是一种简化的商业逻辑。

莫·里斯等通过对30多个商业模式定义的关键词进行内容分析，指出商业模式定义可分为三类，即经济类、运营类、战略类。

清华大学雷家骕教授概括企业的商业模式是：一个企业如何利用自身资源，在一个特定的包含了物流、信息流和资金流的商业流程中，将最终的商品和服务提供给客户，并收回投资、获取利润的解决方案。

简单地说，商业模式就是公司通过什么途径或方式来赚钱。例如大家熟知的，饮料公司通过卖饮料来赚钱，快递公司通过送快递来赚钱，网络公司通过点击率来赚钱，通信公司通过收话费赚钱，超市通过平台和仓储来赚钱等。只要有赚钱的地方，就有商业模式存在。

拓展阅读8-1

商业模式致胜

二、商业模式的本质

商业模式要使企业能够赚钱，是企业实施相关商业活动的一套逻辑化的方式方法，以将原本做不成的事情做成，将原本做不好的事情做好。由此，企业才能获得相应的利润。

因此，商业模式本质上是企业为客户创造并传递价值，使客户感受并享受到企业为其创造的价值的系统逻辑，并通过处理基本要素间的关系来实现。多年来，学术界和商业界的研究也给出了关于商业模式内在要素的诸多解释。

国外的研究者分别从产品/服务、信息流结构、基础设施管理、客户界面、竞争战略、资源模式、生产模式、顾客关系模式、收入模式、资产模式、市场模式、战略目标、价值主张、渠道、核心能力、IT技术设施等多方面构成及其联系对商业模式进行了研究。特别是 Osterwalder(2005)经过系统研究，认为商业模式是由价值主张、目标顾客、分销渠道、顾客关系、价值结构、核心能力、伙伴网络、成本结构、收入模式9个方面及其联系构成的。

商业模式是企业在一定的动态环境中，为实现企业价值最大化，把能使企业运行的内外各要素整合起来形成一个完整的、高效率的具有独特核心竞争力的运行系统，并通过最优实现形式满足客户需求、实现客户价值，同时使系统达成持续盈利目标的整体解决方案，它包含了特定企业的一系列管理理念、方式和方法。商业模式是企业赖以生存的灵魂，通过识别、分析、评价企业的商业模式，可以较为系统、严格、全面地对一个企业的运营状况和盈利能力进行整体性的考察。

商业模式是一个企业创造价值的核心逻辑，描述了企业创造价值、传递价值、获取价值的基本原理。价值的内涵不仅是创造利润，还包括为客户、员工、合作伙伴、股东提供的价值，以及在此基础上形成的企业竞争力与持续发展力。

清华大学雷家骕教授概括商业模式是由以下四者及其联系构成的：一是价值体现，即企业拟为客户创造并传递的价值；二是价值创造方式；三是价值传递方式；四是企业的盈利方式。其中，价值体现是基础，新创企业如果不能发现客户所需要的价值，那就不能为客户创造出他们所需要的价值。价值创造方式和价值传递方式是新创企业将自己的价值构想变为现实，并为客户传递价值的“过程性手段”，在为客户创造并传递价值的同时，新创企业也不能忘记自己的盈利方式是什么，否则，新创企业很可能难以实现正的现金流。至于不少研究者提到的其他要素，不过是这四个要素的次一级、次二级要素。同时需要注意的是，要素之间的不同联系方式及具体特点不同，相同要素构成的也可能是不同的商业模式。

三、商业模式的四大构成要素

一般来说，商业模式至少要满足两个必要条件：第一，商业模式必须是一个整体，有一定结构，而不仅仅是一个单一的组成因素；第二，商业模式的组成部分之间必须有内在联系，这个内在联系把各组成部分有机地关联起来，使它们互相支持、共同作用，形成一个良性的循环。

商业模式作为一种利润生成模式，它的组成要素自然离不开利润来源、利润生成过程、利润产出形式三个要素。因为如果企业的经营没有利润来源就无从谈起盈利、经营和发展，利润生成过程和利润产出形式也就更无从谈起，作为企业盈利模式的商业模式也就没有意义可言。由此也可以看出，商业模式的这三个要素是互相协同匹配的。因此，商业模式的设计与选择始终离不开对企业利润来源、利润生成过程、利润产出形式的研究和探寻。

但是，由于大家对商业模式的概念认知具有多样性，不同研究者对商业模式观察、认识的侧重点不同，对其构成要素的划分也存在许多差异，目前没有统一的界定。下面主要介绍哈默商业模式四要素，并简述几种有代表性的学术观点。

哈默(Hamel，2000)认为商业模式由四大要素组成，即界面核心战略、战略性资源、价值网络和顾客界面。这四种要素产生了三种不同的连接，即顾客利益连接顾客界面和核心战略，配置方式连接核心战略与战略性资源，企业疆界连接战略性资源与价值网络，这些连接将四种要素紧密地联成一个协调运作的整体，而这些连接的本质就是使企业获得持续性盈利。

(一) 核心战略

核心战略包括经营使命、产品及市场范围、差异化基础。

核心战略从企业的使命、产品/市场范围、差异化基础等方面描述了企业如何与竞争对手进行竞争。企业的使命描述了企业为什么存在及企业的目标。例如，戴尔公司的使命是成为世界上最成功的计算机公司，在所服务的市场上传递最佳的顾客体验；星巴克公司的使命是把星巴克建成世界第一流的高品质咖啡店。通过企业使命陈述，可以很容易看出这些企业的意图。在不同程度上，使命表达了企业优先考虑的事项，并设置了衡量企业绩效的标准。

企业的产品/市场范围定义了企业集中关注的产品和市场，首先，产品的选择对企业商业模式的选择有重要影响。例如，亚马逊网站起初是作为网上书店而创建的，不过它逐渐开始销售 CD、DVD、珠宝盒、服装等其他产品，商业模式现在已经拓宽，涉及对出版商之外的其他很多供应商和伙伴关系的管理。企业从事经营活动的市场也是其核心战略的重要因素。例如，戴尔公司把企业客户与政府机构作为它的目标市场，Gateway 公司则把个人、小企业和首次购买计算机的客户看成目标顾客。对这两个企业来说，它们的选择对形成自己的商业模式有重要作用。

企业选择的战略会对它的商业模式产生很大影响。成本领先战略要求商业模式专注于效率、成本最小化和大批量。由于专注于低成本而非舒适性，采用成本领先战略的企业不会追求产品的新颖。相反，差异化战略要求商业模式集中于开发独特的产品和服务，索要更高的价格。而且，采用差异化战略的企业把大量精力和财力用于创造品牌忠诚上，即保持顾客对某个品牌产品的忠诚。

(二) 战略性资源

战略性资源包括核心竞争力、战略性资产、核心流程。

如果缺乏资源，企业难以实施其战略，企业拥有的资源会影响其商业模式的持续性。企业的核心竞争力和战略性资产是两种重要的战略资源。

核心竞争力是一种资源或者能力，是企业获取竞争优势的来源。它是超越产品或市场的独特技术或能力，对顾客的可感知利益有巨大的贡献，并且难以模仿。企业的核心竞争力在短期和长期内都很重要。在短期内，核心竞争力使得企业能够将自己的产品差异化，并创造独特价值。例如，戴尔公司的核心竞争力包括供应链管理、有效装配产品和服务于企业客户，所以它的商业模式使它能够向企业客户提供价格便宜、技术新颖、售后服务优良的计算机。从长期看，通过核心竞争力获得成长以及在互补性市场上建立优势地位也很重要。例如，戴尔公司已经具备了装配和销售个人计算机方面的核心竞争力，并开始将它们移向计算机服务和其他电子设备市场。

战略性资产是企业拥有的、稀缺的、有价值的事物，包括工厂和设备、位置、品牌、专利、顾客数据信息、高素质员工和独特的合作关系等。一项特别有价值的战略资产是企业的品牌。例如，星巴克花了很大力气来建立品牌形象，其他咖啡零售商要想获得同等的品牌认知需要付出极大努力。企业最终会把自己的核心竞争力和战略性资产综合起来以创造持续的竞争优势。

拓展阅读 8-2

京东的核心竞争力：依托自营物流体系形成战略资源

(三) 价值网络

企业的价值网络是商业模式的第三个构成要素。新创企业往往不具备执行所有任务所需的资源，因此需要依赖其他合作伙伴以发挥重要作用。在很多时候，企业并不愿独自完成所有事情，因为完整地完成一项产品或交付一种服务会分散企业的核心优势。例如，戴尔公司因其装配计算机的专业技术而具有差异化优势，但它却从英特尔公司那里购买芯片。戴尔公司当然可以自己制造芯片，但它在这方面不具有核心竞争力。同样，戴尔公司依靠联合包裹服务公司和联邦快递公司递送产品，而不是自己建立一个遍布全球的物流系统。

企业的价值网络包括供应商和其他合作者。

(1) 供应商。供应商是向其他企业提供零部件或服务的企业，如英特尔公司是向戴尔公司提供芯片的供应商。几乎所有的企业都有供应商，它们在企业商业模式的运作中起重要作用。传统上，企业与供应商维持着一定的关系，并把它们看作竞争对手。需要某种零部件的生产企业往往与多个供应商联系，以寻求最优价格。如今，企业更多地将精力放在如何推动供应商高效率运作。

(2) 其他合作者。除了供应商，企业还需要其他合作伙伴来使商业模式有效运作。合资企业、合作网络、社会团体、战略联盟和行业协会是常见的合作伙伴关系。合作伙伴关系给企业带来更多的创新产品、更多有益的机会和高成长率。

创业者创建具有可持续竞争优势的新企业的能力依赖于企业自身技能，也依赖于外部合作伙伴的技能。例如，合作伙伴关系有助于企业集中精力发展核心竞争力。

当然，合作伙伴关系也包含一定的风险，在仅有的合作伙伴关系成为企业商业模式的关键要素时更是如此。由于种种原因，很多合作伙伴关系没能实现参与者初期的愿望。企业联盟也有一些潜在劣势，如专有信息丢失、管理复杂化、财务和组织风险、依赖伙伴的风险以及决策自主权的部分丧失等。

(四) 顾客界面

顾客界面是指企业如何与顾客相互作用。与顾客相互作用的形式依赖于企业选择如何在市场上竞争。例如，当当网只通过互联网销售书籍，而新华书店则通过传统书店和网络两种途径来售书。

对新创企业来说，顾客界面的选择对于它如何与对手竞争以及将它定位于产品或服务价值链的哪个环节非常重要。下面分别从目标市场、销售实现与支持、定价结构三个方面来表述顾客界面的内容。

(1) 目标市场。目标市场是企业在某个时点追求或尽力吸引的有限的个人或企业群体。企业选择的目标市场影响它所做的每件事情，如获得战略性资产、培育合作伙伴关系及开展推广活动等。拥有清晰界定的目标市场将使企业受益。由于目标顾客的明确界定，企业能够将自己的营销和推广活动聚焦于目标顾客，并且能够发展与特定市场匹配的核心竞争力。

(2) 销售实现与支持。销售实现与支持描述了企业产品或服务进入市场的方式或送达顾客的方法，它也指企业利用的渠道和它提供的顾客支持水平。所有这些都影响到企业商业模式的形式与特征。

假定有一家新创企业开发出一项移动电话技术，并为此申请了专利。为了形成自己的商业模式，企业在如何把该技术推向市场的问题上有几种选择：它可以将技术以特许经营的方式转让给现有移动电话企业，如苹果公司和三星公司；自己生产移动电话，并建立自己的销售渠道；与某个移动电话企业(如小米)合作生产，并通过与移动电话服务提供商的合作关系来销售电话。

企业对销售实现与支持的选择，深刻地影响企业演化的类型以及采用的商业模式。例如，如果企业对它的技术进行特许经营，那么企业很可能建立起一种强调研发的商业模式，从而不断获得领先的技术。企业愿意提供的服务内容也影响它的商业模式。有些企业将自己的产品和服务差异化，通过高水平的服务和支持向顾客提供附加价值，如送货和安装、财务安排、顾客培训、担保和维修、便利的经营时间、方便的停车场、通过免费电话和网站提供信息等。

(3) 定价结构。企业的定价结构随企业目标市场与定价原则的变化而变化。例如，有些租车企业收取日租金，另一些租车企业则按照行驶的里程收取租金；有的咨询企业按照提供服务的次数收费，而另一些咨询企业则按照时间收费。在某些情况下，企业还必须决定是直接向顾客收费，还是通过第三方间接收费。

总之，新创企业应从整体角度审视自己，理解商业模式的重要作用，根据自身核心战略及资源优势构建适合的、有效的商业模式。

拓展阅读 8-3

克里斯坦森商业模式构成要素

第二节　商业模式的设计与评价

商业模式有多重要？全球著名的企业管理大师彼得·德鲁克说："当今企业之间的竞争，不是产品之间的竞争，而是商业模式之间的竞争。"能够持续地为客户和合作伙伴创造价值，并且形成商业体系才是商业模式。好的商业模式要注意以下几点：让忧虑的事情变得轻松、让无聊的事情变得有趣、让复杂的事情变得简单、让用户占便宜、使信息不对称变得对称、减少中间环节、简化决策。

一、商业模式设计的八大原则

一个成功的商业模式不一定是在技术上的突破，可能是对某一个环节的改造，或者是对原有模式的重组创新，甚至是对整个游戏规则的颠覆。商业模式的核心原则是指商业模式的内涵和特性，是对商业模式意义的延伸和丰富，是成功商业模式必须具备的属性。商业模式设计的八大原则包括客户价值最大化原则、持续盈利原则、资源整合原则、融资有效性原则、组织管理高效率原则、创新原则、风险控制原则和合理避税原则八大原则。

(一) 客户价值最大化原则

一个商业模式能否持续盈利，与该模式能否使客户价值最大化有必然关系。一个不能满足客户价值的商业模式，即使盈利也一定是暂时的、偶然的，是不具有持续性的；反之，一个能使客户价值最大化的商业模式，即使暂时不盈利，但终究也会走向盈利。所以，企业应把对客户价值的再实现、再满足当作始终追求的主观目标。

(二) 持续盈利原则

企业能否持续盈利是判断其商业模式是否成功的唯一的外在标准。持续盈利是对一个企业是否具有可持续发展能力的最有效的考量标准，盈利模式越隐蔽，越有出人意料的效果。因此，在设计商业模式时，盈利和持续盈利也就自然成为重要的原则。持续盈利是指既要盈利，又要有发展后劲，具有可持续性，而不是一时的偶然盈利。

(三) 资源整合原则

整合就是优化资源配置，要有进有退、有取有舍，获得整体的最优。

在战略思维的层面上，资源整合是系统论的思维方式，是通过组织协调，把企业内部彼此相关但却彼此分离的职能，以及企业外部既完成共同的使命又拥有独立经济利益的合作伙伴整合成一个为客户服务的系统，取得“1+1>2”的效果。例如沃尔玛和宝洁的合作。

在战术选择的层面上，资源整合是优化配置的决策，是根据企业的发展战略和市场需求对有关的资源进行重新配置，以凸显企业的核心竞争力，并寻求资源配置与客户需求的最佳结合点，目的是通过制度安排和管理运作来增强企业的竞争优势，提高客户服务水平。

(四) 融资有效性原则

保持正的现金流，打造健康的融资模式对企业有着特殊的意义，对广大的中国中小企业来说更是如此。我们知道，企业发展需要资金，企业快速成长更是需要资金。资金已经成为所有企业发展中绕不过的障碍和很难突破的瓶颈。谁能解决资金问题，谁就赢得了企业发展的先机，也就掌握了市场的主动权。

从一些成功企业的发展过程来看，无论其表面上对外阐述的成功理由是什么，但都不能回避和掩盖融资对其成功的重要作用，许多失败的企业就是由于没有建立有效的融资模式导致失败。如巨人集团，仅仅因近千万的资金缺口而轰然倒下；曾经与国美不相上下的国通电器，曾经拥有每年 30 多亿元的销售额，也仅因为几百万元的资金缺口而销声匿迹。所以说，商业模式设计很重要的一环就是要考虑融资模式。甚至可以说，能够成功融资并能用对地方的商业模式就已经是成功一半。

(五) 组织管理高效率原则

高效率是每个企业管理者都梦寐以求的境界，也是企业管理模式追求的最高目标。用经济学的眼光衡量，决定一个国家富裕或贫穷的因素是效率，决定企业是否有盈利能力的因素也是效率。

从现代管理学理论来看，一个企业要想高效率地运行，首先要解决的是企业的愿景、使命和核心价值观，这是企业生存、成长的动力，也是员工努力工作的理由。其次是要有一套科学、实用的运营和管理系统解决系统协同、计划、组织和约束问题。最后还要有科学的激励方案，解决如何让员工分享企业的成长果实的问题，也就是向心力的问题。只有把这三个主要问题解决了，企业的管理才能实现高效率。华为、万科、联想、华润、海尔等大公司的管理模式都是可圈可点的，是值得各企业学习的。

(六) 创新原则

三星集团董事长李健熙说：“除了老婆和孩子外，其余什么都要改变！”成功的商业模式可以是对某一个环节的改造，或者是对原有模式的重组、创新，甚至是对整个游戏规则的颠覆。商业模式的创新形式贯穿企业经营的整个过程，贯穿企业资源开发模式、制造方式、营销体系、市场流通等各个环节。也就是说，企业经营的每一个环节上的创新都可能变成一种成功的商业模式。

(七) 风险控制原则

设计再好的商业模式，如果抵御风险的能力很差，就会像在沙丘上建立的大厦一样，经不起任何风浪。其中，风险包括系统外的风险，如政策、法律和行业风险；也包括系统内的风险，如产品的变化、人员的变更、资金的不继等。

(八) 合理避税原则

合理避税是在现行的制度、法律框架内，合理地利用有关政策，设计一套有利于利用政策的体系。合理避税不是逃税。税务统筹工作做得好也能大大增加企业的盈利能力，有助于企业发展。

因此，一个企业的发展重点不在于什么行业，而在于企业所采用的商业模式。对一个管理者来说，不管经营什么产业，只要采用了良好的商业模式，那么企业在行业中一定可以脱颖而出。

二、商业模式设计的步骤和方法

(一) 商业模式设计的步骤

如何设计商业模式，各研究者有不同的提法，各个企业也有自己不同的做法，但是，前提一定是体现商业价值，使客户价值最大化，保证企业占领市场、满足客户，才能使企业获得发展，甚至长盛不衰。一般来说，商业模式设计有以下主要步骤。

(1) 规划业务范围，确定市场定位。企业要发展并壮大，既要有战略定位，也要有战术计划。做好商业模式设计，第一步就是确定企业业务范围，收集并整理市场信息，结合自己独特的资源优势，判断哪些机会应该抓住，哪些应该放弃，确定自己的市场定位。此外，企业还可以通过确定业务范围来界定自己的顾客和合作伙伴、竞争对手等利益相关者，以及应该掌握的资源和核心竞争力等。总之，只有被市场认可并接受，才能实现价值。

(2) 找准产品和服务定位，完善企业利润点。目标顾客购买产品或服务后才能给企业带来利润。利润点决定了企业为顾客创造的价值是什么，以及企业的主要收入及其结构。

找准产品和服务定位很重要，好的利润点是顾客价值最大化与企业价值最大化的结合点，它要求：一要针对目标顾客的清晰的需求偏好；二要为目标顾客创造价值；三要为企业创造价值。有些企业的产品和服务缺乏顾客的针对性，或者根本不创造利润，则不是好的利润点。

(3) 锁定目标客户，界定和把握利润源。利润源是指购买企业商品或服务的顾客群，它们是企业利润的唯一源泉。考察、分析和把握顾客需求以锁定目标顾客，首先，企业必须明确为哪部分人或哪个地理区域的人提供服务，要锁定一个相对狭窄的市场，进行相应的市场调研和顾客消费心理研究，把有限的资源用在刀刃上；其次，企业需要研究目标顾客的需求，以及目前存在什么问题和需要哪些产品和服务；最后，企业必须把顾客需求分类，根据不同顾客需求定制不同的产品和服务。

利润源(顾客群)及其需求的界定决定了企业为谁创造价值。一般来说，企业盈利的难度并非在技术与产品端，主要还是在顾客端。有时即使只把握企业顾客的一点点需求，也可能产生巨大的顾客价值，成就稳定而强大的利润源。

(4) 打造独特业务系统，形成利润杠杆、利益共同体。业务系统是指企业将一系列业务活动按照一定组合构建的系统和网络，它表示了企业与内外利益相关者(顾客、伙伴和对手)之间的交易关系。构建业务系统是企业商业模式设计与完善时需要重点关注的内容，因为业务系统的不同造成企业商业模式的与众不同，并使商业模式难以模仿。所以企业在构建独特业务系统时，可以采取合作杠杆，形成利益共同体，撬动更多利润。通常的做法是：确定企业的核心竞争力，专心做好价值链上有高度竞争力的几个环节，将没有竞争优势的企业业务外包；加强伙伴联盟的管理，例如苹果公司构建的“苹果生态联盟系统”业务系统中，各利益相关者之间形成了一套复杂的关系网络，深嵌于企业价值链中，因此不易被对手模仿。

同样的产品，由于利润杠杆不同，或者说由于企业内部运作价值链的差异，导致了产品的成本与收益迥异，一个企业可能赚钱，另一个企业可能亏损。这足以说明，利润杠杆决定了企业利润的多寡。

(5) 发掘核心资源和能力，建好“护城墙”“护城河”。发掘企业的关键资源能力，以形成核心竞争优势。关键资源能力指企业商业模式运转时所需要的相对重要的资源和能力。要形成核心竞争力，企业必须发掘和运用自身的关键资源，从而获得相对于对手的竞争优势，最终才能在激烈的市场竞争中有所发展。

建立行业标准、控制价值链、领导地位、独特的企业文化、良好的客户关系、品牌、版权、专利等，建高“护城墙”、挖深“护城河”，形成有效的利润屏障。利润杠杆是撬动“奶酪”为我所有，利润屏障则是保护“奶酪”不为他人所动。

(6) 创新盈利模式，拓宽利润渠道。盈利模式是企业获得利润的方式。即使是相同行业的企业，由于各自定位和业务系统的不同，企业的盈利模式也不会完全相同。甚至定位和业务系统相同的企业，盈利模式也可能千差万别。目前，我国的传统盈利模式就是指市场份额的扩大以及企业收入的增加，特征性不强，导致同行业企业相互模仿，盈利模式趋于同质化。市场竞争很多时候都是低端的价格战，往往使企业获取的利润越来越少，甚至很多中小型企业出现亏本，已经无法适应当今瞬息万变的市场环境了。例如，当前家电制造行业经过多次惨烈竞争，只剩下几家规模较大的品牌家电企业，但是这些企业的主业利润率、净资产收益率仍然普遍低下。所以，创新合理、独特的盈利模式，拓宽利润渠道，增加盈利途径，对企业的长久发展有着重要的战略意义。

利润渠道，即企业向顾客供应产品和传递产品信息的渠道，是商业模式得以正常运作必不可少的外部价值链。产品或服务的价值传递是企业把产品和服务传递给目标客户的分销和传播活动，目的是便于目标客户购买和了解公司的产品或服务。

(7) 不断调整商业模式。商业模式设计本身是一个反复试错和修正的过程，需要不断调整。创业面对的是一种不确定性极高的市场环境，市场瞬息万变而且市场信息也不可能被完全获得，因此没有一个商业模式能保证一定能获得利润或一直获得利润。企业应该不断地关注市场，设计与执行商业模式的时候，一定要保持一定的弹性，使商业模式能够随环境变化而变化。企业应根据市场需求适时调整和完善自身的商业模式，使企业可以一直在竞争激烈的市场中保持不败，甚至发展壮大。

(二) 商业模式设计的方法

不同类型的企业有不同的商业模式设计方法，例如制造企业可以基于产品或服务来设计，也可以基于品牌来设计，还可以基于价值链来设计；高科技、互联网企业可以基于生态链来设计。

本节介绍 6 种常用的商业模式设计方法：客户洞察、创意构思、可视思考、原型制作、故事讲述和情境推测。这些来自设计领域的技术方法和工具，能够帮助企业设计更好、更具创意的商业模式。

(1) 客户洞察。基于客户洞察建立商业模式，可以避免企业在市场研究上投入了大量的精力，却在设计产品、服务和商业模式上忽略了客户的观点。良好的商业模式设计需要依靠对客户的深入理解，包括环境、日常事务、客户关心的焦点及愿望。正如汽车制造商先驱亨利·福特曾经说过的那样："如果我问我的客户想要什么，他们会告诉我'一匹更快的马'。"另外，要知道该听取哪些客户的意见和忽略哪些客户的意见。商业模式创新者应该避免过于聚焦于现有客户细分群体，而应该盯着新的和未满足的客户细分群体。许多商业模式创新的成功，正是因为它们满足了新客户未得到满足的需求。

(2) 创意构思。创意构思生成全新商业模式创意。绘制一个已经存在的商业模式是一回事，设计一个创新商业模式是另一回事。设计新的商业模式需要收集大量商业模式创意，并从中筛选出最好的创意，这是一个富有创造性的过程。这个收集和筛选的过程被称作创意构思。

商业模式创新一般不会往回看，因为对未来商业模式而言，过去经验的参考价值极为有限。商业模式创新也不是参照竞争对手就能完成的，因为商业模式创新不是复制或标杆对比，而是要设计全新的机制，来创造价值并获取收入。更确切地说，商业模式创新是挑战正统，设计全新的模式来满足未被满足的、新的或潜在的客户需求。为了找到更新、更好的选择，企业必须想象一个装满创意的摸彩袋，然后再把它们缩减成一个可能实现的选择方案的短名单。因此，创意构思就有两个主要阶段：创意生成，这个阶段重视数量；创意合成，讨论所有的创意，加以组合，并缩减到少量可行的可选方案。这些可选方案不一定是颠覆性的商业模式，也许只是把现有的商业模式略做扩展，以增强竞争力。

学会使用"假如"提问的力量。企业在构思新的商业模式的时候总会遇到困难，因为人们都会被现状限制自己的思维，而现状遏制了想象力。克服这个问题的方法之一就是利用"假如"提问挑战传统假设。有了对商业模式的正确认知，那些原本认为不可能行的事情也许就恰恰可行了。利用"假如"提问只是个开始，这些问题将帮助人们发现能够使假设问题成立的商业模式。有些问题可能得不到答案，因为它们太有挑战性了；而有些问题可能仅仅需要正确的商业模式就可以把它变成现实。

(3) 可视思考。所谓可视思考，是指使用诸如图片、草图、图表和便利贴等视觉化工具来构建和讨论事情。因为商业模式是由各种构造块及其相互关系所组成的复杂概念，不把它描绘出来将很难真正理解。常用的视觉化思考的技术有两种：利用便利贴和结合商业模式画布。

设计和解释商业模式的一个很有效的方式是讲故事，即故事视觉化，每次配一幅图像。一下子呈现一个完整的商业模式画布可能会让观众不知所措，用一张张图来介绍就好多了。你可以一张接一张地画图来做到这一点，也可以使用 PowerPoint。一个有吸引力的替代方法是在便利贴上预先绘制好所有元素，解释商业模式的时候，一张接一张地贴上来。这样，参与者可以直观地跟随商业模式的构建过程，并在视觉上补充认知。

(4) 原型制作。对于开发全新的商业模式来说，原型制作与可视思考一样，可以让概念变得更形象、具体，并能促进新创意的探索。一般把原型看成未来潜在的商业模式实例(原型作为用于达到讨论、调查或者验证概念目标的工具)。商业模式原型可以用商业模式画布简单描绘成经过深思熟虑的概念形式，也可以表现为模拟新业务的财务运作的电子表格形式。

不必把商业模式原型看成某个真正商业模式的草图，相反，原型是一个思维工具，可以帮助人们探索不同的方向——商业模式应该尝试选择的方向。如果增加另一个客户细分群体对商业模式意味着什么？消除高成本资源将是怎样的结果？如果免费赠送一些产品或服务，并且用一些更具创新性的产品或服务替代现在的收入来源又意味着什么？

商业模式的原型既可以是画在餐桌上的草图，也可以是具体到细节的商业模式画布，还可以是一种可以实地测试的成型商业模式。原型制作不仅与勾绘商业模式构想有关，也与真正实现这个构想有关。原型制作通过添加和移除每个模型的相关元素，来探索新的、可能是荒谬的，甚至不可能的构想。

(5) 故事讲述。设计商业模式为什么要讲故事？原因就是通过讲故事介绍新事物让创意不再抽象。形容一个全新的、未经考验的商业模式就如同只用单薄的文字去描述一幅画作，但是通过讲故事介绍这个商业模式是如何创造价值的，就如同用色彩来装饰画布。这样，新概念就变得具体起来，而不再抽象了。故事要讲得清晰、易懂，清楚地描述商业模式是如何为客户解决问题、创造价值的。

(6) 情境推测。基于情境推测的商业模型设计。是指在新商业模型的设计和原有模型的创新上，把抽象的概念推测成具体的模型。它的主要作用就是通过细化设计环境，帮助人们熟悉商业模型设计流程。这里讨论以下两种类型的情境推测。

第一种情境推测描述的是不同背景的客户：客户是如何使用产品和服务的，什么类型的客户在使用它们，客户的顾虑、愿望和目的分别是什么。

第二种情境推测描述的是新商业模式可能会参与的未来竞争场景。

(三) 商业模式设计实践

被美国苹果公司联合创始人乔布斯称为上帝视角的经典九宫图，即商业模式画布，是由亚历山大·奥斯特瓦德(Alexander Osterwalder)、伊夫·皮尼厄(Yves Pigneur)在《商业模式新生代》(*Business Model Generation*)一书中提出的，是一种用来描述商业模式、可视化商业模式、评估商业模式以及改变商业模式的通用语言。商业模式画布由 9 个基本构造块构成，涵盖了客户、提供物(产品/服务)、基础设施和财务生存能力 4 个方面，可以方便地描述商业模式并使用商业模式构建新的战略性替代方案，从而帮助创业者设计和完善适合自己的商业模式，如图 8-1 所示。

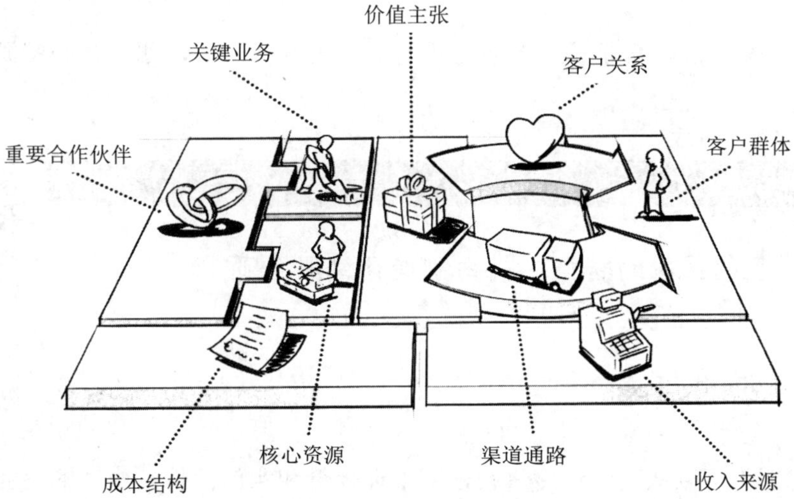

图 8-1 商业模式画布

商业模式画布按照一定的顺序被分成 9 个构造块，其内容如下。

(1) 客户群体。客户是商业模式的核心，即企业应明确服务于哪些客户群体，要为谁创造价值，谁是企业的重要用户。客户群体细分的依据有很多，如性别、年龄、地域、收入层次等，这些依据可以是单一的，也可以是组合的，如“20～30 岁的女性”。企业可以凭借对特定客户群体需求的深刻理解，仔细设计相应的商业模式。

(2) 价值主张。企业要向客户传递什么样的价值，正在帮客户解决哪一类难题，以及正在满足哪些客户需求。

(3) 渠道通路。通过哪些渠道可以接触到企业的客户细分群体，如何去接触他们，哪些渠道成本效益最好、最有效，渠道如何整合，可以借助哪些渠道，如实体店、网店、中介。

(4) 客户关系。客户细分群体希望与企业建立和保持何种关系，哪些关系企业已经建立了，这些关系的成本如何，是一次性合作还是长期合作，如何不断改进产品和服务去满足顾客。

(5) 收入来源。什么样的价值能让顾客愿意付费，他们现在付费买什么，他们是如何支付费用的，每个月每种收入来源占总收入的比例是多少，他们更愿意如何支付费用。基于互联网的盈利模式主要分为：流量变现模式，通过某些手段将网站流量转化为现金收益(如百度广告)；佣金分成模式，直接为客户服务，收取一定分成(如直播平台)；增值服务模式，基础功能免费，高级功能收费(如会员)；收费服务模式，即付费买服务。

(6) 核心资源。价值主张需要什么样的核心资源，渠道通路需要什么样的核心资源，是否有相应的资金、技术和人才。

(7) 关键业务。企业的价值主张、渠道通路需要哪些关键业务，有具体的关键业务，企业才能存活下去。

(8) 重要合作伙伴。企业的重要合作伙伴是谁合作，在哪里。企业正在从重要合作伙伴那里获取哪些核心资源，重要合作伙伴都执行哪些关键业务。重要合作伙伴可以是人，也可以是机构。

(9) 成本结构。企业商业模式中最重要的固有成本是什么，哪些核心资源及关键业务的花费最多。

拓展阅读 8-4

蓝色巨人的转型——由制造商到服务商

三、商业模式的评价

商业模式评价可以从两个维度进行，即设计评价和实施评价。成功的商业模式一定是一种有效的盈利模式，在设计之初要符合适用性、有效性和前瞻性的特点，实施效果是最好的检验和评价标准。

(一) 商业模式的设计评价

1. 商业模式的适用性

适用性也可以称为个性，是商业模式的首要前提。由于企业自身情况千差万别，市场环境变幻莫测，商业模式必须突出一个企业不同于其他企业的独特性。这种独特性表现为它怎样为自己的企业赢得顾客、吸引投资者和创造利润。严格地说，一个企业的商业模式应当仅仅适用于自己的企业，而不可能被其他企业原封不动地搬过去。商业模式没有好坏之分，只有是否适用的区别。适用的就是好的，适用较长久的就是最好的。

2. 商业模式的有效性

有效性是商业模式的关键要素，在经济全球化、信息化的今天，无论哪个行业的企业，都不可能有一个万能的、单一的商业模式可以保证自己在各种条件下均产生优异的财务结果。因此，评价商业模式的好坏，最根本的标准在于它的有效性。有效的商业模式是企业在一定时期、一定条件下，能够选择的为自己带来最佳效益的有效的盈利战略组合。

根据埃森哲咨询公司对 70 家企业的商业模式所做的研究分析，有效的盈利战略组合应当具有以下三个共同特点。

(1) 它必须能提供独特价值。这个独特价值可能是新的思想，也可能是产品和服务的独特组合。这种组合要么可以向客户提供额外的价值，要么使得客户能以更低的价格获得同样的利益，或者是用同样的价格获得更多的利益。

(2) 它必须是难以模仿的。企业通过确立自己与众不同的商业模式，如对客户的悉心照顾、无与伦比的实力等，来提高行业的进入门槛，从而保证利润来源不受侵犯。

(3) 它必须是脚踏实地的。脚踏实地就是实事求是，就是把商业模式建立在对客户行为的准确理解和把握上。

所以，有效的商业模式是丰富和细致的，并且它的各个部分要互相支持和促进，改变其中任何一个部分，它就会变成另外一种模式，甚至可能影响它的有效性。

3. 商业模式的前瞻性

前瞻性是商业模式的灵魂所在。商业模式是与企业的经营目标相联系的，一个好的商业模式要和企业的高级经营目标相结合。商业模式实际上就是企业为达到自己的经营目标而选择的运营机制。企业的运营机制反映了企业持续达到其主要目标的最本质的内在联系。企业以盈利为目的，它的运营机制必然确保其独特能力和手段能够吸引客户、雇员和投资者，在保证盈利的前提下向市场提供产品和服务。但是，仅仅如此是不够的，因为这只是商业模式的“现在式”，而商业模式的灵魂和活力在于它的“将来式”，即前瞻性。也就是说，企业必须在动态的环境中保持自身商业模式的灵活反应、及时修正、快速进步和快速适应。

(二) 商业模式的实施评价

商业模式设计得是否理想，实施商业模式后能否真正达到期望的效果，通常需要从以下三个角度进行评价。

(1) 客户价值实现的程度。判断创业者所设计的商业模式是否合理，首先要审视该模式对于创业团队所构想的“价值体现”的实现程度，即该商业模式能够在多大程度上实现创业团队原本拟为客户创造并传递的价值。而要回答这一问题，创业者需要在以下两个方面做出评价：一是该商业模式可能为客户创造并传递的价值是不是原本拟创造的价值。例如，创业者原本打算为客户创造节能的价值，但通过所设计的商业模式，是不是真的能够帮助客户节能。二是该商业模式实现拟定价值的程度。如前假设，如果所设计的商业模式能够为客户提供节能的价值，则还需要进一步评价该商业模式能够为客户节能的程度。

(2) 客户价值实现的可靠性。多数商业活动都存在风险，创业者借助所设计的商业模式为客户提供价值，存在可靠性问题。创业者设计特定商业模式之后，需要评价其能够在多大程度上为客户可靠地提供拟定的价值。显然，只有那些能够可靠地为客户创造拟定价值的商业模式，才是可取的。商业模式的可靠性评价在相当程度上是商业模式的风险评价。相应地，既需要搞清特定商业模式的系统风险和非系统风险，还需要搞清各种具体风险的大小。只有搞清了各种可能的风险及风险的大小，才能称为对特定商业模式的可靠性进行了较为充分的评价。

(3) 客户价值实现的效率。如果估计特定商业模式能够较为可靠地为客户提供拟定的价值，还需要进一步分析该商业模式为客户创造与传递价值的效率。在商业模式的顶层设计中，价值创造方式和价值传递方式两者共同决定客户价值的实现效率。创业者评价客户价值的实现效率，一是要评价特定商业模式为客户创造价值的效率，二是要评价特定商业模式为客户传递价值的效率。而最终的效率是价值创造效率和价值传递效率的乘积，而不是两个效率的总和。只有特定商业模式的价值创造效率和价值传递效率都很高时，创业者才可能以较高的效率为客户提供价值；反之，如果其中任何一个环节的效率较低，都可能降低创业者为客户提供价值的效率。

第三节　商业模式的形式与类型

商业模式随着时代的发展而发展，并不断得到创新。原本相差无几的企业，甚至百年老店、全球巨头，有的因为缺乏创新被时代淘汰，有的抓住机遇主动进行模式创新而创造了一个又一个商业奇迹。

一、商业模式的形式

商业模式的概念提出及研究虽然比较晚，但其存在的历史已经很久远了，并且在不同的时期呈现不同的形式，简要来说，其发展历程中主要有如下形式。

(1) 店铺模式。一般地说，服务业的商业模式要比制造业和零售业的商业模式更复杂。最古老也是最基本的商业模式就是店铺模式，具体来说，就是在具有潜在消费者群的地方开设店铺并展示其产品或服务。

(2)“饵与钩”模式。随着时代的进步，商业模式也变得越来越精巧。“饵与钩”模式也称为“剃刀与刀片”模式、搭售模式，出现在20世纪早期。在这种模式里，基本产品的出售价格极低，通常处于亏损状态，而与之相关的消耗品或服务的价格则十分昂贵，如剃须刀(饵)和刀片(钩)、手机(饵)和通话时间(钩)、打印机(饵)和墨盒(钩)、相机(饵)和照片(钩)等。这个模式还有一个很有趣的变形：软件开发者们免费发放他们开发的文本阅读器，但是文本编辑器的定价却高达几百美元。

(3) 硬件+软件模式。苹果公司以其独到的iPod + iTunes商业模式创新，将硬件制造和软件开发进行结合，通过软件增加用户对硬件的黏性，并以独特的iOS系统在手机端承载这些软件，使消费者在硬件升级时不得不考虑软件使用习惯的因素。

(4) 其他模式。20世纪50年代，新的商业模式是由麦当劳和丰田汽车(Toyota)创造的；60年代的商业模式创新者则是沃尔玛和混合式超市(指超市和仓储式销售合二为一的超级商场)；到了70年代，新的商业模式则出现在FedEx快递和Toys R US玩具商店的经营过程中；80年代的商业模式创新者是Blockbuster、Home Depot、Intel和Dell；90年代的商业模式创新者则是西南航空、Netflix、eBay、亚马逊和星巴克。

(5) 基于互联网的模式。随着科学技术不断发展，商业模式也有了多样化趋势，基于互联网的免费模式就是其中的典型代表，基于互联网的创业者们发明了许多全新的商业模式，这些商业模式完全依赖新兴的技术。利用新兴技术，企业可以以最小的代价接触到更多的消费者。

每一次商业模式的革新都能在一定时期给企业带来竞争优势。但是随着时间的推移，企业必须不断地重新思考它的商业设计。随着消费者的价值取向从一个工业领域转移到另一个工业领域，企业必须不断改变它们的商业模式。一个企业的成败最终取决于它的商业模式是否符合消费者的优先需求。

拓展阅读 8-5

要想赚大钱，就要颠覆已有的规则

二、商业模式的类型

不同的行业、不同的企业采用的商业模式不尽相同，企业在不同的发展阶段采用的主流商业模式也各具代表性，关键在于适合企业当时的情况。

(一) 制造业等传统行业的商业模式

制造商、品牌商、经销商、终端商都有自己比较独特的商业模式。快速消费品与耐用消费品制造企业的商业模式主要有如下 6 种。

(1) 直供商业模式。直供商业模式主要应用在一些市场半径比较小、产品价格比较低或者流程比较清晰、资本实力雄厚的国际性大公司。直供商业模式需要制造企业具有强大的执行力，现金流状况良好，市场基础稳固，具备市场产品流动速度快的特点。由于中国市场战略纵深很大，市场特点迥异，渠道系统复杂，市场规范化程度比较低，在全国市场范围内选择直供商业模式是难以想象的，因此，即使强大如可口可乐等跨国企业也开始放弃直供商业模式。但是，利润比较丰厚的行业与产业还是会选择直供商业模式，如白酒行业。

(2) 总代理制商业模式。总代理制商业模式为中国广大的中小企业所广泛使用。由于中国广大的中小企业在发展过程中面临两个最为核心的困难：其一是团队执行力比较差，他们很难在短时间内组建一个庞大的执行团队，而选择经销商做总代理可以解决当地市场执行方面的困难；其二是资金实力上的困难，中国的中小企业普遍资金实力比较薄弱，选择总代理制商业模式，可以在一定程度上占有总代理商一部分资金，更有甚者，他们可以通过这种方式完成最初原始资金的积累，实现企业快速发展。

(3) 联销体商业模式。随着大量中小企业选择采取总代理制商业模式，市场上好的经销商成为一种稀缺的战略性资源，很多经销商对于鱼龙混杂的招商产生了严重的戒备心理，在这样的市场状况下，很多有实力的经销商为了降低商业风险选择了与企业进行捆绑式合作，即制造商与经销商分别出资，成立联销体机构，这种联销体既可以帮助经销商控制市场风险，也可以保证制造商始终有一个很好的销售平台。联销体商业模式受到了很多有理想、有长期发展目标的制造商的欢迎。例如，食品行业的龙头企业娃哈哈，就采取了这种联销体商业模式；空调行业巨头格力空调，也选择了与区域性代理商合资成立公司共同运营市场，取得了不错的市场业绩。

(4) 仓储式商业模式。仓储式商业模式也是很多消费品企业选择的商业模式。很多强势品牌基于渠道分级成本很好、制造商竞争能力大幅度下降的现实，选择了仓储式商业模式，通过价格策略打造企业核心竞争力。例如 20 世纪 90 年代，长虹集团在中国内地市场如日中天，为降低渠道系统成本，提高企业在市场上的价格竞争能力，长虹集团就选择了仓储式商业模式，直接将产品配送到消费者手里。京东公司的自建物流和仓储就是在此基础上，结合物联网推动了这种模式的进一步发展。

仓储式商业模式与直供商业模式最大的不同是，直供商业模式下，企业不拥有直接的店铺，通过第三方销售平台完成产品销售，企业将货源直接供应给第三方销售平台；而仓储式商业模式企业拥有自己的销售平台，通过自己的销售平台完成市场配货功能。

(5) 专卖式商业模式。随着中国市场渠道终端资源越来越稀缺，越来越多的中国消费品企业选择专卖式商业模式，如家电专卖系统、五粮液公司提出的全国两千家专卖店计划、蒙牛乳业提出的蒙牛专卖店加盟计划、云南乳业设立的牛奶专卖店与牛奶总汇等。选择专卖式商业模式需要具备以下三种资源中的任何一种：其一是品牌。选择专卖式商业模式的企业基本属于具备很好的品牌基础，消费者自愿消费比较多，而且市场认知也比较成熟。其二是产品线比较全。要使一个专卖店具有稳定的利润，专卖店的产品结构就应该比较合理，因此，选择专卖式商业模式的企业必须具备比较丰富的产品线。其三是掌握消费者行为习惯。

专卖式商业模式与仓储式商业模式完全不同，仓储式商业模式是以价格策略为核心，而专卖式商业模式则是以形象与高端为核心。

(6) 复合式商业模式。由于市场环境异常复杂，中国很多快速消费品企业在营销策略上也选择了复合式商业模式。复合式商业模式是一种基于企业发展阶段而做出的策略性选择。

(二) 互联网经济及衍生经济的商业模式

(1) 电子商务。曾经的网络界的四大名旦——AOL、Yahoo、Amazon 及 eBay，纷纷开展电子商务，并带来整个互联网经济的繁荣。实际上，网络经济带来的利益并不是只由这些网络公司独享的。当网络公司在资本市场上接受欢呼的同时，Intel、Cisco 和 Dell 等卖硬件的传统企业也通过电子商务获得了令人震惊的实际利益。IT 行业应该是电子商务最肥沃的土壤：顾客都有一定的网络知识，最先接受电子商务的理念，企业内部的计算机管理系统完善，可谓万事俱备。卖硬件的传统企业成功开展电子商务，就在于它们在一定的时机、一定的环境下率先做了必须做的事情。

此外，电子商务还带来了快递创新模式。网络经济如日中天，传统企业一定要遭淘汰吗？不一定！有些传统企业不仅活得挺好，而且更加欣欣向荣，快递公司就是一类。经过脱胎换骨的改造，快递公司已经摆脱了“傻大黑粗”的印象，甚至成了网络经济中第一批赢家。大家都在网上卖东西，能将商品及时送到顾客家门的配送系统当然就是网络新生活中的有机组成部分。美国联合货运公司(UPS)、联邦快运(FedEx)业务的 80%都是通过网络开展的，它们在全国范围内建立了仓储和包装系统，可以在顾客需要的时间内送货上门。配送单也是在网上流通，顾客能在网上看到配送过程中自己的商品到达了什么地方，可以随时查看货物的流动状况，所以快递公司已经很难分清楚哪些是网上业务。中国由于电子商务的发展，快递行业的发展甚至超过了任何一个国家。

(2) O2O 模式。O2O 即 online to offline，是指将线下商务的机会与互联网结合在一起，让互联网成为线下交易的前台。这样线下服务就可以在线上揽客，消费者可以在线上筛选服务，成交后可以在线结算，很快形成规模。该模式最重要的特点是推广效果可查，每笔交易可跟踪。国内首家社区电子商务开创者九社区是 O2O 模式的鼻祖，现在类似的公司已是遍地开花。

采用 O2O 模式经营的网站目前有很多，团购网就是其中一类，另外还有为消费者提供信息和服务的网站。

O2O 模式的核心很简单，就是把线上的消费者带到现实的商店中去——线上购买线下的商品和服务，再到线下去享受服务。与之相关的商业模式有 B2C 模式、C2C 模式。

(3) BNC 模式。BNC(business name consumer)智能商城，如阿里巴巴、京东，具有 B2C、C2C、O2O 等模式的优势，同时避免了以上模式避免不了的弊端，做到了快速、免费的推广企业和产品，每个人拥有自己姓名的商城，从而最大限度地挖掘出每个人的资源和潜力。智能商城是一个集高端云技术和独特裂变技术为一体的网络平台，是一个超越所有传统商业模式和电子商务模式的新型商务模式，是互联网及电子商务时代伟大的创举，是一个真正使广大消费者零起步创业的舞台。

第四节　商业模式创新

由商业模式的发展可以看出，商业模式在不断创新，更直观地体现在规模壮大和盈利大幅度提升上。商业模式建立在对外部环境、自身的资源和能力的假设之上，不同规模的企业、不同状态的企业、不同行业的企业、不同类型的企业有着不一样的商业模式，但这些商业模式又遵守着许多共同的商业规律。因此没有一个商业模式适用于任何企业，也没有一个商业模式永不过时。当前市场竞争日趋激烈，行业内的企业为避免对成功的相互模仿造成的“趋同”现象等，都要求企业对商业模式不断进行创新。

一、商业模式创新的类型

德布林咨询公司在研究了近2000个最佳创新案例后，发现所有伟大的创新都是10种基本创新类型的某种组合。这10种创新类型如下。

(1) 盈利模式创新。盈利模式创新指的是企业寻找全新的方式将产品和其他有价值的资源转变为现金。这种创新常常会挑战一个行业关于生产什么产品、确定怎样的价格、如何实现收入等问题的传统解答。溢价和竞拍是盈利模式创新的典型例子。

(2) 网络创新。在当今高度互联的世界上，没有哪家企业能够独自完成所有事情。网络创新让企业可以充分利用其他企业的流程、技术、产品渠道和品牌。悬赏或众包等开放式创新方式是网络创新的典型例子。

(3) 结构创新。结构创新是通过采用独特的方式组织企业的资产(包括硬件、人力或无形资产)来创造价值，它可能涉及从人才管理系统到重型固定设备配置等方方面面。结构创新的例子包括建立激励机制，鼓励员工朝某个特定目标努力，实现资产标准化从而降低运营成本和复杂性，甚至创建企业大学以提供持续的高端培训。

(4) 流程创新。流程创新涉及企业主要产品或服务的各项生产活动。这类创新需要彻底改变以往的业务经营方式，使企业具备独特的能力，能够高效运转，迅速适应新环境，并获得领先市场的利润率。

(5) 产品性能创新。产品性能创新指的是企业在产品或服务的价值、特性和质量方面进行的创新。这类创新既涉及全新的产品，也包括能带来巨大增值的产品升级和产品线延伸。产品性能创新常常是竞争对手最容易效仿的商业模式创新类型。

(6) 产品系统创新。产品系统创新是将单个产品和服务联系或捆绑起来，创造出一个可扩展的强大系统。产品系统创新可以帮助创业者建立一个能够吸引并取悦顾客的生态环境，并且抵御竞争者的侵袭。典型案例是宝洁公司。

(7) 服务创新。服务创新保证并提高了产品的功用、性能和价值。它能使一个产品更容易被试用和享用，为顾客展现了他们可能会忽视的产品特性和功用，能够解决顾客遇到的问题并弥补产品体验中的不愉快。海底捞火锅是服务创新的典型案例。

(8) 渠道创新。渠道创新包含了将产品与顾客和用户联系在一起的所有手段。虽然电子商务在近年来成了主要渠道，但实体店等传统渠道还是很重要，特别是在创造身临其境的体验方面。这方面有经验的创新者常常能发掘出多种互补方式将他们的产品和服务呈现给顾客。

(9) 品牌创新。品牌创新有助于保证顾客和用户能够识别、记住企业的产品，并在面对企业和竞争对手的产品或替代品时选择企业的产品。好的品牌创新能够提炼一种“承诺”，吸引顾客并传递一种与众不同的身份感。

(10) 顾客契合创新。顾客契合创新是指要理解顾客和用户的深层愿望，并利用这些来发展顾客与企业之间富有意义的联系。顾客契合创新开辟了广阔的探索空间，帮助人们找到合适的方式把自己生活的一部分变得更加难忘、富有成效并充满喜悦。

只包含一两种创新类型的简单创新组合不足以获得持久的成功，尤其是单纯的产品性能创新很容易被模仿、被超越。企业需要综合应用上述多种创新类型，才能打造可持续的竞争优势。下面重点介绍盈利模式创新。

拓展阅读 8-6

聚美优品

二、盈利模式创新

(一) B2B 电子商务模式

代表：阿里巴巴

关键词：在线贸易、信用分析、商务平台

模式概述：阿里巴巴被誉为全球最大的网上贸易市场，不仅推动了中国商业信用的建立，也为广大的中小企业在激烈的国际竞争中带来更多的可能性。阿里巴巴汇聚了大量的市场供求信息，同时通过增值服务为会员提供了市场服务。

难题：中国电子商务整体环境始终困扰着 B2B 电子商务模式的发展，信用管理问题也同样突出。

(二) 娱乐经济模式

代表：湖南卫视“超级女声”(现已停播)

关键词：娱乐营销、整合营销、事件营销

模式概述：“超级女声”构建了独特的价值链条和品牌内涵。从 2004 年起，“超级女声”通过全国海选的方式吸引能歌善舞、渴望创新的女孩子参赛，突破了原有电视节目单纯依靠收视率和广告盈利的商业模式，植入了网络投票、短信、声讯台电话投票等多个盈利点，并整合了大量媒体资源。赞助商、电信厂商和组织机构成为最大赢家。而在节目结束后，电视台所属的经纪公司又开始对“超女”进行包装、运作，进行品牌延伸营销。

难题：与所有电视节目的规律一样，海选节目很容易进入疲劳期。消费者喜好的转移和市场的千变万化是这类商业模式的“死穴”。

(三) 新直销模式

代表：玫琳凯

关键词：多层次直销

模式概述：多层次人力直销网络是直销模式的根基，这张庞大的销售网上的每一个节点——每一个直销员，都具备经销商和消费者的双重身份。与面向终端消费者、以产品消费价值招徕顾客的常规企业不同，这种销售模式是面向小型投资主体——个人与家庭，招募他们为经销商。

难题：政策约束和道德风险是直销企业在中国发展的主要瓶颈。

(四) 国美模式

代表：国美

关键词：资本运作、专业连锁、低价取胜

模式概述：家电在我国是成长性较好的商品之一，低价连锁的销售模式深得消费者的青睐。国美依靠资金的高周转率以惊人的速度扩张，至今国美电器在多个城市拥有几百家直营门店。国美的扩张速度是世界知名的家电连锁巨擘百思买公司的 4 倍，利润主要来自供应商的返利和通道费。

难题：低价之外还需要更多的精细化管理，凭借供应商的应收账款维持高速运转不是长久之计。

(五) C2C 电子商务模式

代表：淘宝网、易趣网

关键词：网上支付、安全交易、免费模式、网络营销

模式概述：淘宝网以连续数年免费开店的模式，将最大的竞争对手置于被动地位，并吸引了众多网上交易的爱好者到淘宝开店。淘宝网还打造了国内先进的网上支付平台——支付宝，以支付宝为信用中介，在买家确认收到商品前，由支付宝替买卖双方暂时保管货款。

难题：易趣网被淘宝网的免费战略打败，说明中国的消费环境尚不成熟。另外，网络支付的安全性也是挑战。

(六) 分众模式

代表：分众传媒

关键词：新媒体、新蓝海、眼球经济

模式概述：分众模式的商业价值来源于让等电梯的写字楼白领观看液晶屏广告，为广告主提供精准的广告投放。这种媒体有效地结合了网络、电视、视频通话技术，可谓是最先进的技术手段相互融合造就的高品质的即时互动多媒体整合平台，是架构在企业网站上的最新的媒体广告方式。它能够在企业网站上将宣传片等内容通过视频窗口在线播放，让企业可以轻松地通过声、影像及文字随时随地享受与世界互动互通。网民通过搜索引擎找到企业网站，并观看企业电视，了解企业文化、产品介绍等资讯，受众完全是自主选择的，不带有任何强制性，这种主动寻求而非被动接受使得受众更易产生兴趣及购买欲望。无论是对政府网站、城市门户网站还是数以千万的企业网站，分众模式的电视都是一个极佳的广告宣传方式。

(七) 虚拟经营模式

代表：耐克

关键词：虚拟经营、外包

模式概述：美国耐克公司是服装业虚拟经营的典范。耐克公司把精力主要放在设计上，具体生产则承包给劳动力成本低廉的国家和地区的厂家，以此降低生产成本。这种虚拟制造模式使耐克得以迅速在全球拓展市场。近年来，耐克试图转变既有的产品驱动型的商业模式，进而发展成为通过全球核心业务部门的品类管理，推动利润增长的、以客户为中心的组织。

难题：由于中国各地 OEM 厂商产能有限，供货商队伍过于庞大分散，导致品牌企业的经营和管理成本上升，对创业企业的管理能力提出了挑战。

(八) 经济型连锁酒店模式

代表：如家快捷酒店

关键词：酒店连锁、低价

模式概述：如家未必是中国经济型酒店的“第一人”，却是迅速地将连锁业态的模式运用于经济型酒店的革命者。由于快速地加盟、复制、扩张，如家快捷酒店及时地占据了区位优势，在众多的同行业竞争者中率先赢得华尔街的青睐，于 2006 年 10 月 26 日成功登陆纳斯达克。

难题：中国的不同城市差异巨大，如何在维持低成本运作的前提下，保持相对统一的服务品质，保证在各个城市均获得成功是个难题。而加盟店众多，如果管理不善也会影响品牌形象。

(九) 网络游戏模式

代表：盛大

关键词：免费模式、互动娱乐

模式概述：盛大独自开创了在线游戏的商业模式。2005 年 12 月，盛大主动宣布转变商业模式，将自己创造的按时间收费的点卡收费模式改为实施道具增值服务的计费模式。盛大希望以一种有效的运转模式发现和满足用户需求，延长游戏的生命期，并为公司的互动娱乐战略提供更持久的现金流。

难题：无论是收费还是免费，只有依靠好的游戏产品才能在市场上长期立足。

(十) 网络搜索模式

代表：百度

关键词：竞价排名、网络广告、搜索营销

模式概述：搜索引擎已彻底改变了人们的生活方式，其中竞价排名是搜索引擎最主要的收入来源。百度的收入对竞价排名的依赖程度很高，即客户通过购买关键词搜索排名来推广自己的网页，并按点击量进行付费。由于网页左右两边都包含竞价排名的结果，搜索者很难清晰地辨别哪些搜索结果是付费的。

难题：单一搜索门户所采用的竞价排名商业模式很容易影响搜索结果的客观性，造成用户的忠诚度下降。另外，如何识别无效点击或欺骗性点击的技术也是竞价排名搜索模式需要解决的问题。

思考与练习

1. 简述商业模式的含义、类型和设计方法。
2. 以小组为单位：
(1) 依据商业模式画布，对小组项目进行商业模式的设计，鼓励大胆创新。
(2) 结合拓展材料和学习实践，谈谈对商业模式创新的理解。
3. 谈谈你对各种商业模式的认识。

第九章

创业计划书与路演

将创业的想法以书面形式体现，可起到帮助创业者厘清思路、建设团队、融资路演等作用。本章重点介绍创业计划书的撰写，以及路演创业计划书的撰写与路演注意事项。

本章学习目标

- 掌握创业计划书的作用和分类
- 熟练掌握创业计划书的撰写原则和内容
- 熟练掌握路演创业计划书的内容

第一节　认识创业计划书

本节重点是了解创业计划书，初步掌握将创业想法向实体化、项目化方向转化的方法，为形成整体创业计划及撰写创业计划书提供思路。

一、创业计划书概述

创业计划书是创业者将有关创业的想法最终落实在书面上的内容，是对构建一个企业的基本思想以及对与企业创建有关的各种事项进行总体安排的文件。创业计划书是吸引投资者以获得资金的基本性文件，是为了达到融资的目的或者其他的发展目标，在经过前期项目调研、项目分析、盈利模式设计后，搜集与整理有关资料，全面展示企业和项目目前状况、未来发展潜力及投入产出计划的书面材料。创业计划书的质量往往会直接影响创业发起人能否找到合作伙伴、获得资金及其他政策的支持。创业计划书是创业者叩响投资者大门的“敲门砖”，一份优秀的创业计划书往往会使创业者达到事半功倍的效果。

创业计划书主要探讨以下问题：

(1) 分析创业环境，确定创业所面临的主要机遇。

(2) 分析和确定企业发展目标，明确相关的营销发展策略和商业模式。

(3) 分析和确定企业产品或服务相比竞争者所具有的优势。

(4) 确定企业实现发展目标所需的资源及其获取方式。

(5) 确定企业的财务管理和资本运营模式，分析企业控制经营风险的主要措施。

(6) 展示出色的管理团队和优秀的企业文化。

创业计划书有别于项目建议书或者项目可行性报告，它要求对项目进行全面阐述，更具有操作可能性，更需要突出市场空间和投资回报。

二、创业计划书的作用

创业计划书具有两个最基本的作用：一是为创业者、创业管理团队和企业雇员提供一份清晰的关于新创企业发展目标和发展战略的说明书；二是为潜在顾客、商业银行和风险投资者提供一份推销新创企业的报告。在撰写创业计划书的过程中，创业者会对产品(或服务)、市场、财务、管理团队等进行详细分析和调研，这有助于创业者及早发现问题，进行事前控制，帮助创业者找出那些影响新创企业成败的关键因素，这是创业者对新创企业进行再认识的一个重要过程。创业计划书发展至今，已经由单纯的面向投资者转变为企业向外部推销、宣传自己的工具和企业加强对外宣传管理的依据。创业计划书的作用具体表现在以下几个方面。

(1) 帮助创业者整体把握创业思路、明确经营理念。创业计划书是创业者为自己开拓事业而量身定制的一面镜子，在撰写过程中，创业者必须理性分析和全面审视自己的创业计划与思路，明确经营理念，以避免因企业破产或失败而可能导致的巨大损失。另外，在研究和撰写创业计划书的过程中，经常会发现经营机会并不完全与所期望的一样，此时，创业者会根据实际情况采用不同的策略，使创业活动更加可行。只有对创业前景拥有清晰认识，才能更好地开展创业活动。

(2) 实现创业计划的融资需求。创业计划书是创业者寻求资金来源的名片，一份准备充分的创业计划书能够帮助新创企业获得商业银行的信任，从而有助于新创企业得到优厚的信贷条件。各类投资者和债权人通过创业计划书能够了解新创企业的产品(或服务)、管理策略、市场规划、盈利预测等，增进对新创企业产品或服务的类型、市场性质，以及对创业者及其管理团队素质的认同，从而决定是否有必要进行合作。因此，创业计划书对于在新创企业与各类投资者及商业银行之间建立良好的关系具有重要作用，创业者须在新创企业项目启动的初期使用创业计划书来激起投资者的兴趣。

(3) 宣传本企业，聚集人才。书面的创业计划是新创企业的象征和代表，它使创业者与外部企业的组织及人员得以良好的沟通，是企业进行对外宣传的重要工具。通过一份优秀的计划书，能让投资者看到企业发展潜力，也能吸引志同道合的人一起加入创业团队。

(4) 帮助创业者有效管理新创企业。在创业过程中，各种生产要素是分散的，信息是凌乱的，创业者在撰写创业计划书的过程中，可以厘清思路，更好地找到企业运行过程中的连接点，实现资源的有效整合和利用，形成完整、流畅的商业运作计划。创业计划书既展示了企业全部现状及其发展方向，又提供了良好的效益评价体系及管理监控标准，使创业者在管理企业的过程中对企业发展的每一步都能做出客观的评价，并及时根据具体的经营情况调整经营目标，完善管理方法，最终实现创造商业利润的目标。

三、创业计划书的分类

(一) 根据创业目标分类

根据创业目标的不同，可以将创业计划书分为个体经营创业计划书和企业创业计划书。

个体经营创业计划书的内容构成可相对简要一些，侧重于介绍产品或服务、分析区域内的市场需求、厘清经营思路、确定竞争战略、制订店铺经营发展规划等。它不以融资为主要目的，而是用于帮助自主经营店铺或加盟连锁店铺的创业者科学、理智地投资，提高创业成功的概率。

企业创业计划书重点介绍产品或服务的创新性和团队创业基因。分析产品的优缺点，制订发展规划、商业模式、融资计划等。这既是实现融资目的的需要，也是法律的要求。按照《中华人民共和国证券法》等相关法律规定，企业必须以书面形式披露与企业业务有关的全部重要信息，如果披露不完全或不客观，当投资失败时，风险投资人就有权收回其全部投资并起诉创业者。企业创业计划书的首要作用是用于获得风险投资，因此，其内容构成应该详尽、真实、完备。

(二) 根据创业计划书的受理对象分类

根据创业计划书的受理对象，可以将创业计划书分为以下 4 类。

1. 申请银行贷款类

如果撰写创业计划书是为了申请到银行贷款，那么在撰写此类创业计划书时，内容除了要涵盖普通创业计划书的基本内容之外，还要重点介绍以下几点。

(1) 说明产品和服务具有良好的市场前景，企业的经营管理制度规范。

(2) 明确创业项目具有较高的盈利水平，资金运营是安全的，风险是可控的。

(3) 强化说明创业者具有较好的还款能力，并制订详细的还款计划。

2. 寻求风险投资类

目前，国内外风投资金充裕，寻求风险投资一直是大学生创业者寻求资金援助的最佳途径。在撰写此类创业计划书时，首先要了解风险投资人的重点投资领域，了解风险投资基金的具体内容。在撰写创业计划书时，最主要的是要让风险投资人通过创业计划书看到创业者的项目具有良好的市场前景。

3. 参加创业计划竞赛类

目前，为了提高大学生的创业意识，培养大学生的创业精神，国家和地方政府、企业往往会举办各种创业计划竞赛，重点是考察大学生的创新精神。这类创业计划书首先条理要清楚，结构要规范，内容要丰富，产品必须具有良好的创新性，最好有专利技术，市场调查要很翔实，市场分析与预测要精准。当然，从目前创业计划竞赛来看，也有很多风投关注，因此在写此类创业计划书时，也要有良好的市场竞争意识，争取得到风投的支持，从而在创业计划竞赛中得到更多的收获。

4. 自主创业类

对于自己创业、自己投资的创业者来说，在撰写创业计划书时，可以把自己的所有设想写到计划书里。为了便于实践，这类创业计划书往往会借助各种各样的表格，使创业步骤一目了然，成为创业者今后创业的依据和蓝本。

四、创业计划书的撰写

(一) 创业计划书的撰写原则

一份好的创业计划书必须呈现竞争优势与投资者的利益，同时也要具体可行，并引用尽可能多的客观数据来加以佐证。创业者想要避免创业计划书“石沉大海”，需要掌握和运用一些必要的原则。

(1) 市场导向。创业计划书应该以市场导向的观点来写，并充分体现对市场现状的掌控和对未来发展趋势的预测能力。没有对市场进行深入的调查和分析，所撰写的创业计划书将会是空泛的。

(2) 开门见山。创业计划书应该避免那些与主题无关的内容，要开门见山、直切主题。风险投资者没有时间，也不愿意花过多的时间来阅读一些对他来说毫无意义的东西。这种开门见山的写法比较容易引起投资者的注意和兴趣，提高融资成功的概率。

(3) 清晰明了。创业计划书应该把自己的观点清晰明了地表达出来。如果读完全部计划书都没有发现创业者明确的观点，整个方案模糊不清，那么别人是不可能产生兴趣的。

(4) 观点客观。不要用大量的形容词来吹嘘，创业计划书中所有内容必须实事求是，特别是财务计划，不能夸大其词，必须事先进行大量的调查和科学分析。

(5) 通俗易懂。创业计划书中应该尽量避免技术性很强的专业术语，毕竟专业术语不是谁都可以看得明白的，而且风险投资者更关心企业能创造多少价值。过多的专业术语会影响读者的兴趣，让他们觉得太深奥。即使不得已要使用专业术语，也应该在附录中加以解释和说明。

(6) 突出优势。突出优势即突出创业计划书的卖点，这就需要在创业计划书中呈现企业的竞争优势、创业者强烈的企图心、目标一致的管理团队、独一无二的技术优势、对市场的清晰认识等，但同时也应该说明可能遇到的风险或威胁，不能只是强调优势和机遇而忽略不足与风险。

(7) 循序渐进。创业计划书不是一个简单的计划书，它是指导企业运营的管理工具。在创业初期，创业计划书主要的功能是吸引投资者和顾客，但这并不是说创业计划书只要吸引到投资者和顾客就行了，还要在创业计划书中确定企业的目标和具体措施，以指导企业未来的工作。创业计划书的内容繁多，撰写时应该注意逻辑性，遵循循序渐进的原则，不能奢求一气呵成，更不能杂乱无章。

(二) 创业计划书的撰写注意事项

那些既不能给投资者以充分的信息，也不能使投资者产生投资想法的创业计划书，其最终结果只能是被扔进垃圾箱。为了确保创业计划书能“击中目标”，撰写创业计划书应注意以下事项：

(1) 创业计划书的语言要简练、规范、专业；财务分析要形象直观，尽可能采用图标描述；创业计划书要有索引和目录，使投资者可以很容易地查阅每个章节。

(2) 每一份创业计划书都应有自己的特点，要突出创业项目的独特优势及竞争力。另外，要注意创业计划书中所使用资料的时效，制订周期长的创业计划应及时更新有关资料。

(3) 创业计划书包含内容多、涉及面广，因此，创业团队要分工协作，最后由组长统一定稿，以免在创业计划书中出现零散、不连贯、风格不一致等问题。

(三) 创业计划书的关键要素

创业者提供的产品和服务千差万别，创业环境也变幻莫测，因此创业计划书不可能一成不变，但出色的计划书有相似的核心内容，以便投资者和其他创业者快速获得有效信息。一般来说，出色的创业计划书主要有以下 6 个关键要素，可以用 6C 概括。

(1) 概念(concept)。说明自己创业的主体是什么，明确企业所提供的产品或服务的特性以及未来的市场发展前景。

(2) 顾客(customers)。明确企业产品或服务所适合的客户群体类型，了解客户的需求和购买特点，并对潜在的客户群体特征做出判断，预测市场销售情况。

(3) 竞争者(competitors)。明确所选择的创业项目有哪些竞争者，如该项目是否有人从事。若有从事者，要充分了解其情况，做到知己知彼，百战不殆。

(4) 能力(capabilities)。创业者本人的能力从根本上决定了企业的发展态势，因此在创业初期，创业者必须进行深入、客观的自我分析，以便构建互补型的团队，弥补个人能力的欠缺，同时设定能力成长目标，通过自身的进步带动企业的良性发展。

(5) 资本(capital)。资本可以是现金，也可以是资产，或者是可以换成现金的东西。资本在哪里，有多少，自有的部分有多少，可以借贷的有多少，创业者要很清楚。当拥有充足的启动资金时，要合理使用这些资源，以最大限度地发挥资源的整合效益。

(6) 持续经营(continuation)。当事业在起步阶段良性发展时，创业者要为进一步的持续发展做出规划，同时，也要学会处理和面对风险，避免将过多的经历耗散在非关键风险上面。

(四) 创业计划书的撰写步骤

1. 资料准备

以创业计划书总体的框架为指导，针对创业目的和宗旨，搜寻内部与外部资料，包括创业企业所在行业的发展趋势、产品市场信息、产品测试和实验资料、竞争对手信息、行业同类企业财务报表等。资料收集分为实地调查和二手资料收集两种方式。与此同时，也要搜集和整理其他创业成功者的创业计划书案例，借鉴他人的成功经验，有针对性地准备自己的创业计划书。

2. 创业构思

在分析自身条件和了解创业计划的基础上，创业者可对创业项目做初步的构思和选择，即选择创业的切入点。

(1) 环境分析。环境分析主要包括宏观环境分析和微观环境分析。宏观环境指的是能对企业活动产生强制性、不确定性和不可控因素的影响因素，如要充分了解国家政策是鼓励发展还是限制发展。微观环境就是直接制约和影响企业活动的力量和因素，如供应商、企业内的各个部门。创业者必须学会规避风险，找到发展机遇，获得创业先机。

(2) 产品和服务定位。好的企业建立在好的创业构思基础上，而好的创业构思则建立在市场需求和服务开发基础上，所以创业者在开拓自己的事业前，需要明确产品或服务的定位，根据市场的需求设计、开发具有价值的产品或服务，才能牢牢把握住市场的发展趋势。

3. 市场调研

确定创业构思之后，要详细调查和论证产品或服务是否符合市场需求，从而明确市场需求和自我定位。可以尝试思考并回答如下问题：

(1) 如何向顾客提供有价值的产品或服务？

(2) 给顾客提供的商品会被其他商品轻易代替吗？

(3) 市场上确定有这种需求吗？竞争对手的情况如何？

(4) 产品或服务处于什么样的阶段？市场前景如何？

(5) 本企业是最适合的产品或服务的提供者吗？

4. 方案起草

根据创业构思和市场调研的结果，对企业信息、产品或服务信息、管理团队、商业模式、营销策略、市场分析、风险管理、发展规划、财务规划、融资需求及资金用途等内容进行全面介绍，初步形成比较完整的创业计划方案。

5. 检查更新

对创业计划书的格式、文字、内容进行检查和修改，使其更加符合创业计划书的规范，从而进一步帮助创业者厘清创业思路，夯实创业准备工作。

完成一份创业计划书并不意味着一劳永逸，在实际操作过程中，由于环境、市场的变动，要经常对创业计划书进行更新，确保创业计划书的时效性、真实性和完备性，以备不时之需。

(五) 创业计划书的内容

对于一个新创企业来说，创业计划书所反映的是企业的现实需要和需求，体现的是创业者及其经营团队的创业理念和创业目标，表明的是企业的发展方向和产品或服务的市场潜力等。因此，创业计划书是汇集整个经营团队的思想和智慧而写出的真实想法，对创业企业将来的发展起指导作用。创业计划书一般包括如下内容。

1. 封面

封面中包括创办企业的名称、地点、性质，以及创办者的姓名、电话等内容。封面是客户或投资者最先看到的，因此要从审美和艺术的角度去设计，力求达到最佳的视觉冲击效果。当然也要兼顾内容，不能因为漂亮的封面而忽视了封面上的文字。好的封面会使阅读者产生亲近感，使其有兴趣继续看下去。

一般封面的排版格式如下：

编号：××-××-××

密级：秘密(或机密、绝密)

标题：××××创业计划书

创业团队及分工：略(一般来说，创业团队包括总负责人、技术人员、市场营销人员、财务人员等)

时间：××××年××月××日

编号体现档案管理水平，密级体现项目的保密程度和策划者的保密意识，标题体现核心主体。建议封面单独成页。根据项目的内容和对象不同，封面可适当包装一下(如选择硬皮面、塑料皮封面等)，以体现创业计划书的质量和创业者的实力与风格。一般来讲，封面上无图案是比较好的。但对于承接工程建设项目的路演创业计划书，也可把设计的造型或已有的成果作为背景，以突出主题。

2. 目录

创业计划书中有必要做一个目录，这样可以使创业计划书的条理更清晰，也便于阅读者查找相关内容。当做好创业计划书以后，要重新编排页码，使这些信息资料的编排顺序一目了然。

3. 摘要

摘要是整个创业计划书最前面的部分，它浓缩了整个创业计划书的精华，是阅读者了解整个创业计划书最直接的部分。所以，它必须涵盖创业计划书的全部要点，内容要简洁、一目了然，使阅读者在最短的时间内完成评审并做出判断。

摘要一般包括以下内容：企业介绍、产品或服务范围、市场概貌、营销策略、生产管理计划、管理者及管理方式、财务计划、资金需求状况等。

在摘要中，创业者必须回答以下问题：

(1) 企业所处的行业、企业经营的性质和范围是什么？

(2) 企业主要产品的内容是什么？

(3) 企业的市场在哪里？谁是企业的顾客，他们有哪些需求？

(4) 企业的合伙人、投资人是谁？

(5) 企业的竞争对手是谁？竞争对手对企业的发展有何影响？

大学生创业计划书的摘要内容应有鲜明的特点。例如，在介绍企业时，首先要介绍创办企业的思路、思想等，要让阅读者感受到大学生创业的独特之处，并通过对市场的调查，说明企业产品或服务的市场价值及潜在市场，结合现有市场产品或服务的市场环境，用自己的创新思想使阅读者对产品或服务感兴趣。摘要内容还应尽量简明、生动，特别要说明本企业的不同之处以及企业获取成功的市场因素。

4. 产品或服务介绍

在进行投资项目评估时，投资人最关心的问题之一就是企业的产品、技术或服务能否以及在多大程度上解决现实生活中的问题，或者企业的产品或服务能否帮助顾客节约开支、增加收入。因此，产品介绍是创业计划书中不可缺少的一项内容。

一般而言，产品介绍应包括以下内容：产品的概念、性能及特性，产品的市场竞争力，产品的研究和开发过程，发展新产品的计划和成本分析，产品的市场前景预测，产品的品牌和专利。在这一部分，创业者要对产品或服务进行详细、准确的说明，文字要通俗易懂，使非专业的投资者也能明白。一般产品介绍都要附上产品原型、照片或其他介绍，可以主要围绕以下问题展开：

(1) 企业的产品或服务能为顾客解决什么问题？

(2) 与竞争对手的产品或服务相比，企业的产品或服务具有哪些优劣势？顾客为什么要选择本企业的产品或服务？

(3) 企业为自己的产品采取了哪些保护措施？企业拥有哪些专利、许可证，或已与申请专利的厂家达成了哪些协议？

(4) 企业的产品或服务定价如何保证企业的利润？

(5) 企业采取何种方式去改进产品的质量、性能？企业对开发新产品有哪些计划？

5. 市场分析

这部分是创业计划书中比较重要的内容，也是阅读者比较关注的内容，一般情况下，要占据较大的篇幅。市场分析重点要做好以下工作。

(1) 市场环境分析。市场环境分析主要明确产品或服务市场的现有情况及态势，详细了解竞争对手情况及顾客和供应商特征等。

① 市场情况分析。市场情况分析主要是通过对目标市场的调查，明确这一市场的规模、增长趋势和特点，确定新创企业在这一市场是否有足够大的发展潜力、发展空间，是否会吸引其他企业大批加入而导致竞争进一步加剧。

② 竞争情况分析。通过竞争对手的现状，包括数量、构成等数据，显示新创企业在这一行业立足的可能性以及通过何种途径闯出立足之地。分析自己的优劣势分别在哪里，如何保持优势和弥补劣势，保持优势的资本是什么。

③ 顾客分析。确定企业产品或服务的目标市场顾客，即分析企业的产品或服务会被哪些人所接受，这些人的数量有多少，潜在消费群有多大，这些分析将为企业制订营销计划

提供依据。

④ 供应商分析。这里的供应商是指与新创企业有联系的关系单位或长期合作单位，要对其进行实力、信用、价格等方面的评估，在此基础上选择合适的供应商。

在介绍市场环境时，要充分体现大学生对市场调查结果的综合运用，不但要分析调查数据，更要从数据中分析出自己企业的潜在优势，让数据为企业服务。

(2) 企业的市场定位、目标市场及市场细分分析。企业必须了解自身和产品，清楚企业的市场定位，知道企业将要达到什么高度，树立一定的目标才能激发自己更好地前进。

(3) 企业自身的优势、劣势、机会、威胁分析。为了便于理解，一般情况下使用 SWOT 分析法进行企业优势、劣势、机会、威胁分析，以便企业制定发展策略，也使得创业计划书更具有实践操作性。

(4) 消费者购买行为分析。明确消费者的主要特点以及他们的购买动机、购买方式和购买渠道，这有利于企业开发相应的产品或服务与制定相应的营销策略。

6. 企业和团队介绍

这部分主要包括企业的目标及形态、经营团队、创建后企业的基本情况等。

(1) 企业目标及形态。企业目标即通过对市场的了解，确定新创企业的市场目标，也就是产品或服务的领域、目标顾客、企业所要达到的预期目标等。企业形态也就是企业的法律形态，如合伙制、股份制或个体工商户。

(2) 经营团队。创业计划书中对经营团队的介绍要包括团队的构成(包括成员的年龄、学历、经历、业绩和专业特长等)、各自承担的任务、每个成员对自己的客观评价、如何弥补团队中可能存在的不足等。

对团队成员的介绍一定要真实、客观，特别要突出各成员在前期市场调查中所做出的成绩，以表明个人和团队的工作能力。创业者的素质和技能是投资者评价创业计划的一个重要内容，因为创业者是新创企业能否在市场竞争中生存的关键。

(3) 创建后企业的基本情况。企业的基本情况包括名称、法律形式、注册资本、经营场所、资本结构等内容，这些内容旨在使阅读者对成立后的企业有个基本了解。除此之外，还有以下三个方面值得注意。

① 明确企业生产目的之后，将各部门的职权划分及负责人基本情况通过一定方式(如组织结构图)描绘出来，并表明其相互关系，应尽可能明确研发、生产、营销、财务等职能部门的划分及其职权与职责。

② 制定企业组织制度、建设企业文化。企业组织制度和企业文化可以规范企业员工的行为，明确相互之间的分工合作关系。特别是在市场经济环境下成长起来的企业，更应特别注重对企业文化的培养，好的企业文化对于企业的发展方向和企业员工的凝聚力，以及保持创新、创业的精神都具有十分重要的作用。

③ 明确企业人力资源管理和发展计划。人力资源是企业的生存之本，企业要为其提供良好的发展空间，为其能力的发展提供广阔的平台，为其进一步深造提供机会。这一切都要在创业计划书中体现出来，既要为吸引优秀人才打下坚实的基础，又要为留住优秀人才

做好充分的准备。

7. 营销策略

确定了产品或服务的目标市场和目标顾客之后，创业者就要制订营销计划。营销是企业最富挑战性的环节，现代社会中，制订营销计划是在对市场进行全面分析的情况下完成的，一般采用态势分析法，即 SWOT 分析法。

SWOT 分析法是指将与研究对象密切相关的各种内部优势、劣势和外部的机会、威胁等，通过调查列举出来进行分析。优势和劣势是针对企业及其产品而言的，而机会和威胁则通常指企业难以控制的外部因素。SWOT 分析法主要是把握企业及其产品或服务的优势和劣势，明确存在的威胁及在市场上获取成功的机会。在此基础上，考虑如何努力发扬优势，克服劣势，把握机会，规避威胁。

一般而言，营销策略主要包括以下几个方面的内容。

(1) 营销环境分析，进行 SWOT 分析。

(2) 确定目标市场客户，进行 STP 战略分析。

(3) 制定产品决策，包括相应的服务策略。

(4) 制定价格决策。

(5) 制定销售渠道决策。

(6) 制订促销计划和广告策略。

8. 生产运作计划

生产运作计划应该包括以下内容：产品制造和技术设备现状，原材料、工艺、人力等安排，新产品投产计划，技术提升和设备更新要求，质量控制和质量改进计划等。这些内容主要体现在以下几方面。

(1) 生产资源需求。确定创办企业的相关资源，如土地、厂房、设备、技术、管理团队等，并且根据实际情况的改变进行追加或者减少，需要列出拟创企业的生产资源需求计划以及相应的资金需要计划。

(2) 生产活动过程。创业计划书需要对整个生产流程进行介绍，并明确企业的着重点——拟创企业是包揽所有环节还是只从事部分环节，员工是否具备生产所需的技能以及拟创企业是否已经掌握成熟的生产工艺。

(3) 生产目标控制。生产目标不仅包括产量目标，还包括企业为保持竞争优势应达到的质量控制目标和成本控制目标。

9. 财务计划

财务计划是创业计划书中最重要的内容之一，一份好的经营计划概括地提出了创业者在筹资过程中需要做的事情，而财务计划是对经营计划的支持和说明。在创业初期，资金的筹措是非常关键的，也是验证创业计划可行性的关键步骤。创业项目的经济效益是衡量投资回报的重要依据，同时还要对企业未来的财务状况做出分析与预测，并提供足够的证据对所做的计划和分析予以支持。

财务计划需要花费大量的时间和精力做具体分析，包括现金流量表、资产负债表及损益表等。对于创业企业，现金流量表是投资者最为看重的，因为资产负债表和损益表都是企业创办并经营一段时间后的运营情况反映。一般来说，财务计划主要包括以下内容。

(1) 成本项目构成及预测。对大学生来说，预测成本不是一件容易的事。最好的办法就是参照同类企业的成本，再根据自己企业的实际情况计算。一般来说，新创企业都要把成本分为不变成本和可变成本两大类，其中不变成本是指在一定时期，一定业务量范围内固定不变的成本，包括固定场所的租金、企业的开办费、保险费、工商管理费、折旧费等。可变成本是指随着生产或销售量的变动而变动的成本，包括原材料费、水电费、燃料费、销售费用等。预测成本时，可以先按类别分别进行预算，然后相加求得总成本。

(2) 预测现金流量计划。现金流量计划是以收付实现制为原则，综合反映一定期间内企业的现金流入、流出和结余情况的一种财务计划。预测现金流量计划，搞好资金调度，可以最大限度地提高资金使用效率，避免出现现金短缺的威胁。在市场经济条件下，现金流量情况在很大程度上决定着企业的生存和发展能力。预测现金流量计划还可以使潜在投资人据以评价新创企业或拟投资项目未来的现金生成能力、偿还债务能力和支付投资报酬的能力。投资者最为关心的是资金如何使用，企业经营一段时间后，是否有足够的流动资金支付日常生产经营和扩大生产规模所需的费用，是否有资金支付投资者的股利等。现金流量计划提供的信息恰好能满足潜在投资人的这些需求。

着眼于一项新技术或创新产品的企业不可能参考现有市场的数据、价格和营销方式。因此，企业要自己预测所进入市场的成长速度和可能获得的纯利，并把设想、管理队伍和财务模型推销给投资者。而准备进入一个已有市场的企业则可以很容易地说明整个市场的规模和改进方式，企业可以在获得目标市场信息的基础上，对企业第一年的销售规模进行规划。

企业的财务规划应保证和创业计划书的假设相一致。事实上，财务规划和企业的生产计划、人力资源计划、营销计划等都是密不可分的。要完成财务规划，必须要明确下列问题：①产品在每一段时期的销售量有多少；②什么时候开始产品线扩张；③每件产品的生产费用是多少；④每件产品的定价是多少；⑤使用什么分销渠道，所预期的成本和利润是多少；⑥需要雇用哪几种类型的人；⑦雇用何时开始，工资预算是多少等。

10. 风险与风险管理

创业是一项风险活动，良好的风险管理是创业初期能否成功和创业能否成熟的重要保证。风险管理中包括对风险的度量、评估和应变策略。理想的风险管理，使可以引致最大损失及最可能发生的事情优先处理，而相对风险较低的则押后处理。

创业计划书通常从市场风险、管理风险、技术风险和财务风险这 4 个方面展开，最常见的风险因素经营期限短、资源不足、管理经营的不足、市场的不确定因素、生产的不确定因素、清偿能力不足、对企业核心人物的依赖和其他可能出现的问题。

一般来说，投资者最关心的问题主要有两点：一是创业者的商业创意、产品或服务是否具有唯一性；二是企业的管理层能否胜任。因此，创业者在撰写创业计划书的时候，一定要从这两方面着力分析。另外，获取利益是投资者的根本目的，及早收回资金是投资的前提，所以未来收益的财务预测及风险资金的退出之路也是创业计划书分析的重点。

11. 附件

创业计划书的附件是创业计划书非常重要的组成部分，其内容往往关系到创业计划书是否真实、可信。完备且具有说服力的附件是支持创业计划书观点的重要论据，也是增强投资者信心的重要武器。一般而言，附件主要包括以下内容。

(1) 专利及专利授权书，专利可以反映企业产品或服务具有的技术上的优势。

(2) 市场调查表和调查报告，可以证明企业产品或服务是具有市场前途的。

(3) 获奖证书，反映企业产品和服务在市场上具有良好的形象和口碑。

(4) 订货合同书，反映企业产品和服务已经具有了一定的客户基础。

(5) 支持本团队创业证明，反映创业环境对企业而言是非常有利的。

(六) 创业计划书的撰写技巧

一台戏如果情节生动、有趣，剧本却拙劣苦涩，那么这台戏真正上演时也会索然无味。创业计划书的写作也是如此，唯有形象、有趣才能吸引更多的人的参与和支持。

要使创业计划书引人入胜，在写作时可以想象一下剧本所采用的有关写作手法。剧本为了使读者一开始就进入入迷的状态，常常开始就制造一个悬念或描述一件使读者感兴趣的事件，一气呵成地提高读者的情绪，并且将这种气氛贯穿全剧。在这种气氛中，随着故事情节的进展，将剧情蕴含的意义及主题传达给读者。

可信性、可操作性及说服力是创业计划书的生命力所在，也是创业计划所追求的目标。因此，撰写创业计划书时应十分注重可信性、可操作性及说服力。下面介绍创业计划书撰写过程中常用的一些基本技巧。

1. 要有一个精彩的开头

好的创业计划书都有一个共同的特点，就是有一个精彩的开头。在创业实践中，一个风险投资公司往往会收到数以百计的各式各样的创业计划书，其中只有几份能够激发他们继续读下去的兴趣，所以，创业计划书的开头部分必须要引人注目。对整个计划书而言，最重要的是摘要部分，具体到每一章，最重要的是引言部分，要用简洁的语言对本章所写内容做精彩的概述。

2. 合理使用理论依据

要提高创业计划书的可信性，更好地说服阅读者，就要为创业计划书的观点寻找理论依据。在适当的时候使用理论依据可以显示出创业者良好的理论知识储备，以及将理论知识应用于实践的能力，会给阅读者留下非常专业的印象，这是一个事半功倍的有效办法，但在实践中要防止纯粹的理论堆砌。

3. 适当举例说明

在创业计划书中加入适当的成功与失败的例子既可以充实内容，又能增强说服力。在具体使用时，一般以多举成功的例子为宜，多选择一些与本创业项目类似的创业事例，以印证自己的观点，效果非常明显。

为了说明自己的产品具有良好的市场发展前景和良好的口碑，建议在创业计划书的附件上多提供一些产品的用户使用情况证明材料。

4. 充分利用数字说明问题

撰写创业计划书的目的是指导企业创业实践，必须保证其内容具有高度的可靠性。创业计划书的内容应有理有据，最好任何一个论点都有依据，而数字就是最好的依据。在创业计划书中利用各种绝对数和相对数来进行比较、对照是绝对不可少的，而且要使各种数字都有可靠的出处。因此，建议在创业计划书中尽可能多地注明数据的具体来源。

5. 运用图表，使内容视觉化

图表有着强烈的直观效果，并且比较美观，有助于阅读者理解策划的内容。用其进行比较分析、概括归纳、辅助说明等非常有效。创业计划书要形象生动，最好还应视觉化。所谓视觉化，就是尽量用各种图表、实物照片将创业计划书中的内容表示出来，从而给读者以直观的印象。读者可能对整段整篇的文字没什么印象，却容易理解各种图案、流程图和带有图片的简短说明，而且印象深刻。

6. 突出重点，切勿面面俱到

在撰写创业计划书的过程中，过分贪求是要不得的，那样往往使一个创业计划书中包含太多的构想，目标过多。对于一个善于思考的人来说，就某个问题产生很多的想法是个优点，但如果把这些想法全部纳入创业计划书中，则是一件十分危险的事情。创业计划书中的观点和想法太多，容易分不清创业策划的焦点和主体。同时，创业计划书中对市场规模的描绘不能过于宽泛，企业想做市场规模的时候，一定要想到只有小的地方做好，将来才有拓展的可能。因此，一个优秀的创业策划书撰写人员一定不会贪心，他们会把构想浓缩。即使有很好的方案，只要与主题无关，就要删除。要记住：适当的舍弃是重要的技巧。

7. 准备若干方案，未雨绸缪

撰写创业计划书时，并没有硬性规定一次只能做一个方案。对于同一个主题，同时做出两个或三个创业计划书也是可以的。当然，有时创业者会过于自信，认为自己的工作是完美无缺的，但从企业的实践角度而言，在对创业计划书进行审查时，一定会有多种意见，所以事先准备替代方案是明智的。

有经验的创业计划书撰写者会预测审查者可能提出的反对意见，或者准备第二方案、第三方案。首先提出第一方案，当反对意见出现时，可做出应对："事实上我也认为这有缺点，所以我还准备了第二方案。"由于第二方案已经包含了对第一方案的批评，所以审查人员不得不赞成。更周到的撰写者还会准备第三方案，以防万一。总之，与其因第一方案遭否决而使自己全军覆没，倒不如事先准备好后备方案，使成功的概率大为提高。

8. 站在读者的角度思考问题

撰写创业计划书的一个重要目的就是得到投资者的青睐，这就要考虑别人阅读创业计划书的心理，过于自我或者没有经过市场论证的创业计划书不容易打动投资者。

创业者的创业计划书要打动投资者，首先要给投资者留下一个自己对创业企业非常有信心的印象。创业团队在创业计划中应该占有一定的出资比例，如果连创业者自己都不出钱，很难得到投资者的好感，这也是为什么提倡大学生创业者选择低成本或零成本创业的重要原因。

考虑到投资者非常关注商业模式和投资期的问题，在撰写创业计划书时，应对商业模式和投资期有一个明确的介绍。

9. 有效利用版面设计，增强感染力

创业计划书视觉效果的优劣在一定程度上取决于版面设计，因此有效利用版面也是创业计划书撰写的技巧之一。版面设计的内容包括字体、字号、字与字的空隙、行与行的间隔、黑体字的采用以及插图和颜色等。优秀的版面设计能使创业计划书有生气、重点突出、层次分明、严谨而又不失活泼。下面就为大家介绍几个版面设计时常用的技巧。

(1) 标题可以分为主标题、副标题、小标题、标题解说等。通过简练的标题，可使创业计划书的内容与层次一目了然。

(2) 用空白突出重点。用空白将某一部分与其他内容分隔开以示强调，这是使创业计划书易懂的常用版面设计方法之一。可以在正文中调整段落的长度，使用列举等方法留出更多的空白。

(3) 限制同一版面出现字体的数目。绝大多数的文案只使用 3 种或更少的字体，因为过于纷繁的字体会使版面显得过于花哨、喧宾夺主，且影响阅读速度。通常中文文字使用宋体、黑体、楷体等，英文文字使用 Times Roman、Palatino、Elite 等。字号使用五号、小四号、11 号等。

(4) 使用阴影、适度着色和其他点缀方式。色彩可以有效地突出重点，蓝色、绿色、紫色深受年轻读者的喜爱，而 50 岁以上的读者对蓝色的接受程度渐渐消失。但如果创业计划书只在普通打印机上输出，就不必着色，因为无法看出效果。另外，着色过多也会适得其反。

(5) 若使用识别符号来增加创业计划书版面的美感，最好在标题前加上统一的识别符号或图案，以免给人以杂乱的感觉。

(6) 版面的排列、设计不能一成不变。为了防止版面刻板、老套，可以多运用图表、图片、插图、曲线图及统计图表等，并辅之以文字说明，增加可读性。

(7) 重视细节，完善创业计划书。细节往往被人忽视，但是对于创业计划书来说，这些细节却十分重要。

(8) 创业计划书中的错字、漏字会影响阅读者对创业者的印象。企业的名称、专业术语尤其不能出现错误。

(9) 一些英文单词的差错率往往是很高的，在检查时要特别予以注意。如果出现差错，阅读者往往以为是创业者本身的知识水平不高所致，这就影响了对创业计划书内容的信任度。

拓展阅读 9-1

麻省理工学院斯隆管理学院在创业方案大赛中积累的取胜诀窍

第二节　创业计划书路演

已经完成了一份几十页，甚至上百页的完美的创业计划书，下一步怎么办？接下来就要联系潜在投资人，安排见面会谈了。将厚厚的一本完整的创业计划书发送给投资人，他们仔细阅读后就会投资吗？事实上，基本上没有哪个投资人有兴趣将创业计划书读完，更不用说投资了。如果创业计划书的摘要部分打动了投资人，他们通常会要求与创业者见面，进一步了解项目情况。这个时候，必须准备进行创业计划书路演。

一、创业计划书路演的意义

世人不患问题，而患不真实。路演相比文字、静态 BP(PPT)传递、表格交互，来得更为真实。一个好的项目通过路演来呈现，能够极大提升融资成功的概率。

路演是一种信批方式。从展现形式来看，路演包括文字、图片、视频、PPT 演讲、互动回答；从展现内容来看，路演包括项目市场分析、竞争分析、产品和技术介绍、商业模式、团队成员、财务指标、融资计划等。这种多种媒体相结合的信息披露方式，可以让投资者更充分地了解创业项目。

路演是一种增强信任的手段。任何交易都建立在信用和信任的基础之上，资本市场上的交易更是如此。信息披露的本质就是建立信任，但文字沟通有距离感，因为文字可以包装，路演使投融双方面对面、零距离接触，增强彼此信任度，这在信用体系不够完善的市场显得更为重要。而在中国，传统的商业文化讲究眼缘儿，面对面沟通不仅是礼仪需要，更是信用加强的需要。

路演是一种即时沟通的方式。路演特别强调现场感，必须由项目主要创始人现场发挥，从这个角度来看，事先录好并剪辑的视频可以作为媒体宣传材料，但路演时只能作为辅助材料。路演特别强调即时沟通，没有经过深思熟虑的斟酌而直接进行问题的解答，往往更能反映项目真实的情况。尤其在问答环节，项目方和投资方通过交流，可以将彼此的了解提升到新高度。

创业计划书路演简称商业路演，是国内诸多企业实现融资的高速公路。通过路演，实现创业者与投资人的零距离对话、平等交流、专业切磋，促进创业者与投资人的充分沟通并加深了解，最终推动融资进程。在融资路演中，一旦获得投资人的青睐，就能帮助企业腾飞；相反，如果路演失败，会给创业者留下遗憾。

二、路演创业计划书的撰写

(一) 编写原则

创业计划书不是学术论文，它可能的阅读者是非技术背景但对计划有兴趣的人，如可能的团队成员、可能的投资人和合作伙伴、供应商、顾客、政策机构等，因此，一份好的创业计划书应避免使用过多的专业词汇，应当聚焦于特定的策略、目标、计划和行动。创业计划的篇幅要适当，太简短，容易让人感觉不严肃性并对项目的可行性产生怀疑；太冗长，则会被认为太啰唆，表达不清楚。合适的篇幅一般为 15 页左右 PPT(包括附件在内)。从总体来看，撰写路演创业计划书的原则如下。

(1) 放弃专业术语。不要用专业术语来讲述关键问题，只有极少数的投资人愿意阅读包含太多专业术语的文字，他们只关心项目的商业价值，不会对知识结构感兴趣。坚持用简单的语言表达复杂、专业的问题，尤其是在介绍商业模式、产品、行业等重要环节。

(2) 直截了当。讲述任何环节的内容时，都尽量不要使用形容词。过多的修饰语会让创业计划书变得模糊，反而会掩盖其商业价值。

(3) 简洁大气。简洁不是指页面上的内容越少越好，那是简陋。简洁指的是布局符合逻辑，主次分明。大气是一种感觉，让读者不感到压抑，就是做到了大气。

(4) 少用 PPT 的效果模式。PPT 软件里有很多效果，看起来很美，实践中要少用或不用那些复杂的效果，如旋转、爆炸等。制作 PPT 文件的时候，要选择那种简洁、明快的效果，推荐使用淡出效果。另外，如果使用了效果，请不要在同一个文件里使用超过两种特效，那样会干扰演示。

(二) 主要内容

路演创业计划书需要有一个完整的逻辑，整体应采用自顶向下的逻辑，先介绍市场，再介绍项目模式，然后细化项目的竞争和团队情况，最后讲融资计划。这种循序渐进的逻辑，优点在于如果每个环节都清晰，能说服投资者，那么投资者就有耐心读完，进而建立投资人对项目的信心。

1. 封面：一句话让人记住项目

封面是创业计划书的门面，要从审美和艺术的角度进行设计，同时兼顾内容的表述。封面的主要内容包括项目名称和一句话简介。

2. 项目简介：痛点和方案

项目简介主要介绍企业的产品或服务，重点介绍项目解决的痛点和方案。如果是一个创新的模式，需要让投资人迅速了解企业的产品或服务到底是什么，否则直接讲盈利模式、市场、竞争，投资人就完全看不懂了。

3. 市场空间和规模：界定清晰

这一部分主要介绍目标市场和市场规模。清晰界定自己的目标市场非常重要，这几乎是创业者最重要的战略思考之一。很多人写创业计划书都喜欢写万亿市场、千亿市场，其实稍微想一想，这个市场跟你没什么关系。创业者需要想清楚自己的目标市场到底是什么，想清楚怎么计算市场天花板才能说服投资人。

4. 介绍商业模式：产品+运营+盈利

商业模式的定义差别很大，其中一种定义是：商业模式 = 产品模式+运营模式+盈利模式。抛开怎么起名字，先来看怎么介绍业务，核心就是回答以下三个问题：

(1) 企业的服务到底是什么？

(2) 企业靠什么赚钱？

(3) 企业的推广计划是什么？

5. 竞争分析：分析外部竞争条件

分析外部竞争条件时应做到以下几点。

(1) 清晰地介绍竞争对手。

(2) 找到差异化的方式。

(3) 认清有能力获得的竞争优势。

竞争分析往往不是寻找完全相同的业务，而是寻找解决同类问题的业务。例如煎饼摊的竞争对手不仅是煎饼摊，还包括旁边的包子铺和肯德基早餐，因为解决的问题是一样的。

6. 团队分析：分析团队能力

注意，如果团队有优势的话，一定把亮点提炼出来；如果团队特别优秀的话，建议把这一页放在前面，可以吸引投资者关注。

7. 产品进展：媒体宣传+用户反馈

主要介绍产品的进展，包括媒体宣传和用户反馈等情况。

8. 融资需求：需要钱+下一步计划

最后一个模块是融资需求，通常这一部分介绍需要融资多少，出让多少比例，以及这些钱打算怎么花。通常，对于投资者来说，每轮稀释的股份为 10%～20%，这也是一个行业默认的潜规则。这相当于是一个很简单、明确的业务计划，而且是定量的，如果前后逻辑自洽的话，会给投资者一种准备充足的印象。为了支持刚才提出的雄心勃勃的企业发展策略，创业者需要提出融资需求，整个路演都是为了这一时刻。此时创业者应回答以下问题。

(1) 你需要多少资金来进一步验证你的商业模式？

(2) 你手上的钱还能花多久？你还要花多少钱？

(3) 资金将如何分配？钱会花在什么方面？

(4) 成本是多少？你有多大的信心能够让它保持在一定范围内？

(三) 路演创业计划书的排版设计

(1) 文字原则。准备一份清晰、简洁的路演材料，避免出现密密麻麻的文字。复杂的文字容易吸引投资者过多的注意力，应尽量用简单的图表代替文字。在路演创业计划书中，所有的文字和图片都是为演讲者服务的，因而在制作创业计划书时一定要遵循简洁、清晰的原则。

(2) 图片使用原则。制作路演创业计划书时，图片尽量铺满屏幕，也就是大量使用全图型 PPT。图片铺满屏幕好在哪里？首先，非常明显的一点是好看、大气，给观众一种震撼感。其次，可以带动观众的情绪，帮助观众更好地理解内容。

(3) 字体使用原则。字体的种类有很多，相较于其他创业计划书，路演创业计划书中的字体通常选用无衬线字体，1～2 种字体即可。如果创业计划书内容没有明确的主题或者偏向的风格，可以采用一些常见字体(注意版权问题)。

(4) 排版基本原则。排版四原则：亲密、对齐、对比、重复。

三、路演前准备和路演时注意事项

(一) 路演前准备

(1) 注重形象。演讲者尽量着正装，男士着衬衣、西裤，女士着衬衣、短裙，适当化淡妆。

(2) 反复练习。正常人语速为 200 字/分钟，提前准备话术。不要让自己随着 PPT 的思路走，而是让 PPT 随着你的思路走。重要的东西在前面讲，不要太在意次序。

(3) 要有备选方案。提前想好投资者可能会问的问题并准备好答案，做最坏的打算，路演中一旦出现事故或者发生变化，应随机应变。

(二) 路演时注意事项

(1) 自始至终都以积极的态度对待。优秀的创业者应对自己和自己的创业计划书充满信心。保持礼貌，面带笑容，态度认真专注，表情平静，训练有素。

(2) 重点注意事项。路演时，不要原原本本地读内容；面对投资者，而不是大屏幕；避免使用假大空的语言，多用数据说话；多用金融学专业术语进行财务预测；诚实，不知道的就是不知道，不要试图欺瞒投资者。

(3) 避免一些不好的习惯。不要重复同一种姿势，不管哪一种姿势，重复了就令人感觉乏味。过火的动作或姿势会分散听众的注意力。避免随地吐痰、挖鼻孔或掏耳朵、当众挠头皮等，避免当众打哈欠。

(4) 准确理解和解答投资人提问。投资人提出的疑问或异议的背后可能有多个原因。如果在了解其原因之前就予以回答，很可能答非所问，既没有给投资人以准确解答，也容易失去投资人的信任。听清投资人的疑问或异议，必要时确认一下自己的理解是否正确。礼貌地向投资人询问其提出疑问或异议的原因，针对投资人提出疑问或异议的原因予以回答。对于因误解或怀疑造成的疑问或异议，可予以解释、澄清，并向投资人请教。

四、路演创业计划书的模板

路演创业计划书时，应秉持重点讲清、亮点突出的原则。这里列出创业计划书 5 个重点部分的模板。

第一部分，即封面，要给人留下印象，让人记住项目，如图 9-1 所示。

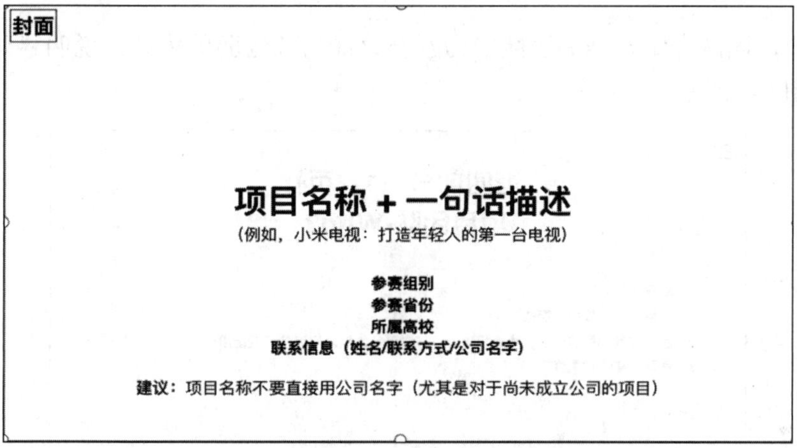

图 9-1　路演创业计划书封面模板

第二部分，介绍产品或服务是什么，分析行业背景和市场现状、创新点等，如图 9-2 所示。

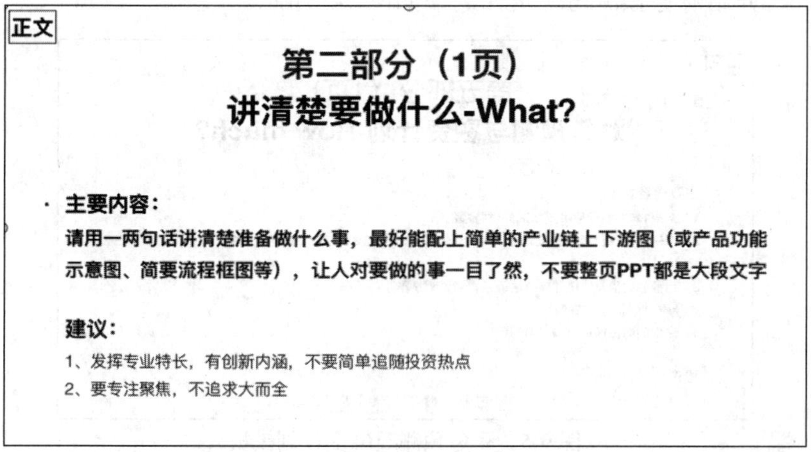

图 9-2　产品或服务介绍的模板

第三部分，明确客户人群，竞品分析、营销模式和盈利模式等，如图 9-3 所示。

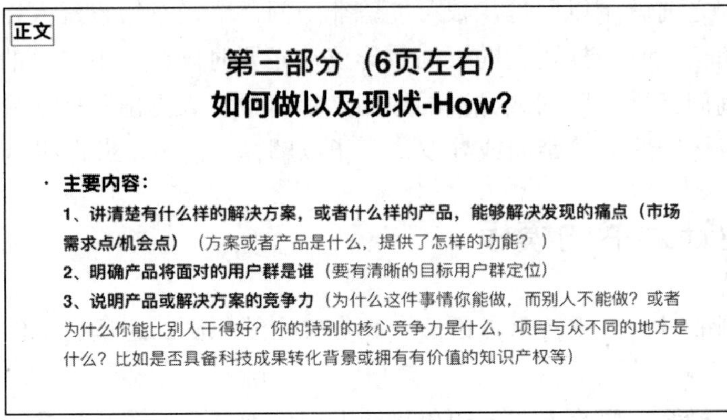

图 9-3　介绍商业模式的模板

第四部分，团队介绍，强调团队能力互补、能力或经验的佐证，说明科研成果与团队的关系，如图 9-4 所示。

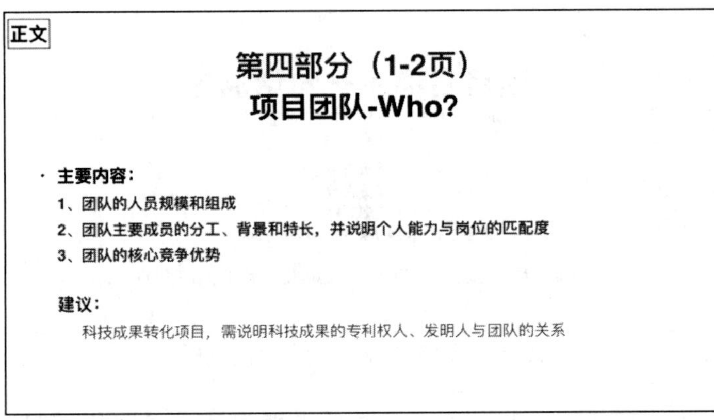

图 9-4　团队介绍的模板

第五部分，介绍财务预测与融资计划，如图 9-5 所示。

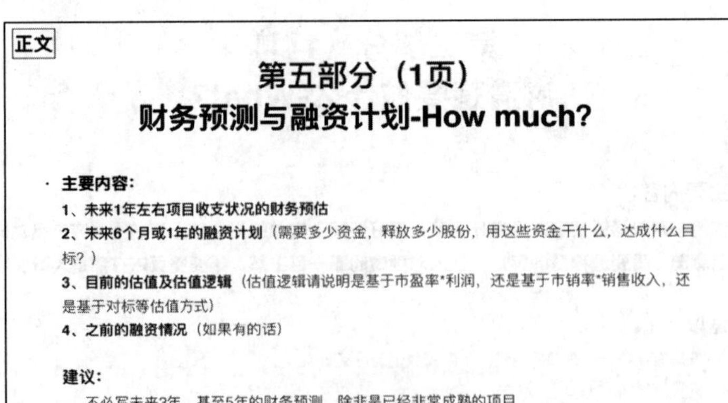

图 9-5　账务预测及融资计划模板

思考与练习

1. 简述创业计划书的分类、意义和主要内容。
2. 以小组为单位，撰写创业计划书，撰写路演创业计划书。
3. 请简述创业计划书路演时的注意事项。
4. 组织每个小组进行项目路演。

第十章

企业的创办与管理

无论基于何种动机创业，有着多么完美的创业计划和愿景，关键都在行动，要有合适的载体去实施，最常见且正规的方式就是创办自己的企业。创办企业要做相当多的准备，学习相关的法律知识，了解注册申请的流程和要求。企业开办起来后，管理更为重要。新办企业有非常高的失败率，要么是由于开办之前准备不足，要么是由于后期管理出了问题。

本章学习目标

- 了解企业的组织形式
- 掌握企业开办、注册、管理的方法、流程、技巧
- 了解适合大学生创业的模式和项目

第一节　企业的筹备

筹备创办企业，要做相应的准备，包括对企业法律组织形式的了解和选择，研判创办条件是否具备，资金是否到位，选址是否恰当，存在何种风险及如何化解。

一、企业法律组织形式

(一) 企业法律组织形式的含义

企业法律组织形式主要是指企业在法律上的体现形式，即法人制度。法人是具有民事权利能力和民事行为能力、依法独立享有民事权利和承担民事义务的组织，是社会组织在法律上的人格化。大学生自主创业分为团队创业与个人创业。可供大学生创业选择的企业法律组织形式一般包括个体工商户、个人独资企业、合伙企业、有限责任公司(含一人有限责任公司)、股份有限公司五类。个体工商户主要以个人财产对个体工商户在经营中产生的

债务承担法律责任。个体工商户在法律上属于自然人，不属于法人。股份有限公司由于成立要求高，审查标准严格，一般的创业者很难达到条件，因此采用股份有限公司的法律形式的创业者极为稀少。个人独资企业和合伙企业因创业者须承担无限责任，风险相对较大，所以选择这两种企业法律组织形式的大学生创业者也相对要少一些。有限责任公司因其承担有限责任，已成为绝大多数创业者比较乐意采用的企业法律组织形式。

1. 个体工商户

个体工商户不具有法人资格。依照相关法律规定，公民在法律允许的范围内，依法经核准登记，从事工商业经营的；为个体工商户。个体工商户是我国特有的一种公民参与生产经营活动的形式，也是个体经济的一种法律形式。个体工商户可比照自然人和法人享有民事主体资格，但个体工商户不是一个经营实体。

2. 个人独资企业

个人独资企业是依法在中国境内设立，由一个自然人投资，财产为投资人个人所有，投资人以其个人财产对企业债务承担无限责任的经营实体。个人独资企业不具有法人资格，虽然可以有字号，并可以对外以企业名义从事民事活动，但也只是自然人进行商业活动的一种特殊形态，属于自然人企业范畴。

3. 合伙企业

如果两个或两个以上的人共同创业，那么可以选择合伙制作为企业的法律组织形式。《中华人民共和国合伙企业法》规定，合伙企业是指依法在中国境内设立的由各合伙人订立合伙协议，共同出资、合伙经营、共享收益、共担风险，并对合伙企业债务承担无限连带责任的营利性组织。

合伙企业包括普通合伙企业和有限合伙企业两种形式。两者最大的区别在于有限合伙企业有两种不同的所有者：普通合伙人和有限合伙人。其中，普通合伙人对合伙企业的债务和义务负责；而有限合伙人仅以投资额为限承担有限责任，且一般不享有对组织的控制权。另外，普通合伙企业合伙人可以用货币、实物、知识产权、土地使用权或者其他财产权利出资，也可以用劳务出资，但有限合伙企业的有限合伙人不得以劳务出资。以下主要介绍普通合伙企业。

除要有合伙企业的名称、经营场所以及从事合伙经营的必要条件之外，设立普通合伙企业还应当具备以下几个条件。

(1) 合伙企业必须有两个以上合伙人，合伙人应当具备完全民事行为能力，且能够依法承担无限责任。

(2) 合伙人应当遵循自愿、平等、公平、诚实信用原则订立合伙协议，合伙协议应载明合伙企业的名称、地点、经营范围、合伙人出资额权责情况等基本事项。

(3) 合伙人应当按照合伙协议约定的出资方式、数额和缴付出资的期限，履行出资义务。合伙人出资可以用货币、实物、土地使用权、知识产权或者其他财产权利，上述出资应当是合伙人的合法财产及财产权利。合伙人以劳务出资的，其评估办法由全体合伙人协商确定。

4. 有限责任公司(含一人有限责任公司)

公司是现代社会中最主要的企业形式。它是以营利为目的，由股东出资形成，拥有独立的财产，享有法人财产权，独立从事生产经营活动，依法享有民事权利，承担民事责任，并以其全部财产对公司的债务承担责任的企业法人。所有权与经营权分离是公司制的重要产权基础。与传统“两权合一”的业主制、合伙制相比，创业者选择公司制作为企业法律组织形式的一个重要原因就是仅以其所持股份或出资额为限对公司承担有限责任。另外，公司制存在双重纳税问题，即公司盈利要上缴公司所得税，创业者作为股东还要上缴企业投资所得税或个人所得税。《中华人民共和国公司法》(以下简称《公司法》)规定，我国的公司分为有限责任公司(包括一人有限责任公司)和股份有限公司两种类型。

(1) 一人有限责任公司。一人有限责任公司是指只有一个自然人股东或者一个法人股东的有限责任公司。一人有限责任公司的本质特征与公司相同，即股东仅以其出资额为限对公司债务承担责任，公司以其全部财产独立承担责任，当公司财产不足以清偿其债务时，股东不承担连带责任。此系一人有限责任公司与个人独资企业的本质区别。

(2) 有限责任公司。有限责任公司的股东以其认缴的出资额为限对公司承担责任，公司以其全部资产对公司的债务承担责任。创业者设立有限责任公司，除了要有固定的生产经营场所和必要的生产经营条件之外，还应当具备下列条件。

① 股东符合法定人数。《公司法》第二十四条规定：有限责任公司由50位以下股东出资设立。

② 股东出资。自2014年3月1日起，公司登记实行注册资本认缴制。除法律、行政法规以及国务院决定对特定行业注册资本最低限额另有规定的外，取消有限责任公司最低注册资本的限制，也就是说理论上可以“一元钱办公司”。不再限制公司设立时全体股东(发起人)的首次出资比例，不再限制公司全体股东(发起人)的货币出资金额占注册资本的比例，不再规定公司股东(发起人)缴足出资的期限，也就是说理论上可以“零首付”，股东可自主约定出资方式和货币出资比例。高科技、文化创意、现代服务业等创新型企业可以选择灵活的出资方式。

③ 股东共同制定公司章程。法律对有限责任公司章程有明确的要求，要求应当载明的事项包括：公司名称和住所，公司经营范围，公司注册资本，股东的姓名或者名称，股东的权利和义务，股东的出资方式和出资额，股东转让出资的条件，公司的机构及其产生的办法、职权、议事规则，公司的法定代表人，公司的解散事由与清算办法，股东认为需要规定的其他事项。

④ 有公司名称，建立符合有限责任公司要求的组织机构。

5. 股份有限公司

股份有限公司的全部资本分为等额股份，股东以其认购的股份为限对公司承担责任，公司以其全部资产对公司的债务承担责任，设立股份有限公司要有公司名称，要建立符合股份有限公司要求的组织机构，要有固定的生产经营场所以及必要的生产经营条件，股份发行、筹办事项要符合法律规定。除此之外，根据我国《公司法》规定，设立股份有限公司还应当具备下列条件。

(1) 发起人符合法定人数。设立股份有限公司，应当有 2 人以上 200 人以下为发起人，其中须有半数以上的发起人在中国境内有住所。

(2) 发起人认缴和募集的股本达到法定资本最低限额。股份有限公司的注册资本为在公司登记机关登记的全体发起人认购的股本总额。自 2014 年 3 月 1 日起，不再限制公司全体股东(发起人)的货币出资金额占注册资本的比例，除法律、行政法规以及国务院决定对特定行业注册资本最低限额另有规定的外，取消股份有限公司最低注册资本 500 万元的限制。

(3) 股份发行、筹办事项符合法律规定。

(4) 发起人制定公司章程。

总之，不同法律组织形式的企业具有不同的成立条件、承担不同的责任形式等特征。

(二) 企业不同法律组织形式对照

在创业实践中，常见的企业的法律组织形式有个人独资企业、合伙企业和有限责任公司三种，这三种法律组织形式的对比如表 10-1 所示。

表 10-1 企业不同法律组织形式对照表

企业法律形式	法律依据	优 点	缺 点
个人独资企业	个人独资企业依据《中华人民共和国个人独资企业法》设立，受该法调整，由一个自然人投资设立	一般规模较小，设立条件较宽松，设立程序较简便，进入或退出市场也较灵活，保密性好	由于受个人出资的限制，企业规模往往较小；承担无限责任，经营风险较大；往往只适用于小型超市、餐饮、理发、咨询、花店、报刊零售等行业
合伙企业	合伙企业依据《中华人民共和国合伙企业法》设立，受该法调整，由两个或两个以上合伙人共同出资设立，合伙人一般为自然人	合伙人对执行合伙企业事务享有同等的权利，可以由全体合伙人执行合伙企业事务，也可以由合伙协议约定委托一名或者数名合伙人执行合伙企业事务；合伙企业相对公司来说最主要的优点是避免双重纳税	合伙人以其投入合伙企业的财产以外的其他财产对合伙企业债务连带清偿责任，风险大；合伙人之间配合的紧密程度直接影响企业生产运营，有时候决策很难达成一致
有限责任公司	公司制企业依据《公司法》设立，受该法调整，由一个以上投资人共同出资设立，投资人可以是自然人，也可以是法人	股东以其出资额为限，对公司承担责任，即负有限责任；有利于募集资本，扩大生产规模；所有权与经营权可以分离，可以聘请专家对企业实施经营管理决策	税负相对较重，往往需要缴纳双重所得税；组建程序复杂，费用较高；保密性较差；公司会有一系列的政府监管、程序等要求

（三）企业法律组织形式选择依据

创业者尤其是大学生创业者在创业之初总会遇到注册什么公司，选择什么法律组织形式的问题。以上各种企业法律组织形式没有好坏之分，只有恰当与不恰当之分，必须根据实际情况选择。一般来说，选择企业法律组织形式应当考虑以下几个因素：拟创办企业的规模大小，所拥有的资金多少，准备创业的行业发展前景如何，共同创业的人数有多少，能够承受风险能力的强弱程度。

(1) 如果准备开办的企业规模较小，投资人较少，没有合伙人，资金较少，市场规模不大且比较集中，风险小且易于控制，那么就可以选择比较简单的法律组织形式，如个体工商户或个人独资企业。

(2) 如果准备开办的企业市场前景较好，需要大量的投资，投资人比较多，且经营目标一致，为避免较大的债务风险，可以选择有限责任公司这种形式。

(3) 如果企业本身债务不多，在预期时间内企业确保能够实现盈利，财务风险不高，就可以采取以一种灵活的形式办企业，这样也有利于企业快速做出决策，如个人独资企业、合伙企业。若企业负债很多，则必须限制承担责任，选择有限责任公司较为合适。

(4) 如果企业启动资金不足，技术上也不够成熟，但有志同道合的朋友愿意一起干，合伙企业或有限责任公司是不错的选择。若不喜欢与他人合作，希望对企业有完全控制权，可选择个人独资企业。

(5) 如果所选择的是市场竞争激烈、需要大量投资的企业，为了降低创业者的经营风险，则可以选择有限责任公司或股份有限公司等形式。

(6) 若从事的创业活动主要是以本人或家庭成员的劳动为基础的小商品零售、餐饮、理发、花店、报刊零售等社会服务业，可以考虑申请登记为个体工商户。个体工商户的资金没有法定要求，其经营收入归公民个人或家庭所有。但个体工商户不属于经济组织，不具有法人资格，要对自身债务负无限连带责任。其中，个人经营的，以个人财产偿还；家庭经营的，以家庭财产偿还。

（四）企业及其类型

企业是从事生产、流通或服务性活动的独立核算经济单位，是社会发展的产物，因社会分工的发展而成长壮大。企业是依法设立的经济组织，是在商品经济范畴中，按照一定的组织规律，有机构成的经济实体，一般以营利为目的，以实现投资人、客户、员工、社会大众的利益最大化为使命，通过提供产品或服务满足社会需求，以换取收入和盈利。

企业根据不同的标准也可以分为不同的类型。

(1) 根据企业规模划分，可分为大型企业、中型企业、小型企业。

(2) 根据企业法律组织形式划分，可分为个体企业、合伙制企业、股份制企业。

(3) 根据企业的经济成分划分，可分为国有企业、集体企业和私营企业。

(4) 根据资源密集程度划分，可分为劳动密集型企业、资金密集型企业和技术密集型企业。

(5) 根据经营性质划分，可以分为工业企业、商业企业、农业企业、金融保险企业、互联网企业、房地产开发企业、交通运输企业、旅游服务企业、餐饮娱乐企业、邮电企业、中介服务企业等。

二、企业的五种设立方式

创业者决心开启创业活动时，需要考虑采取何种创业方式，是自己独创、家族创业，还是找人合伙，或是收购。为此，要将自己的经营能力、可动用的经营资源与可选择的创业方式做一番慎重评估，才能最后做出合适的决定。

(一) 独创

独创是指创业者独立创办自己的企业。在现代社会，个人独立创业成为一种很平常的现象，创业者往往通过工艺创新、市场营销创新等非技术创新而成功地创建企业。

独创企业的特点在于产权是创业者个人独有的，产权相对独立而且清晰，不会与其他个人或团体产生产权纠纷。企业由创业者自由掌控，创业者可按自己的思路来经营和发展自己的企业，可以最大限度地发挥个人的智慧与才能；企业利润归创业者独有，无须担心他人分利；同时也不存在其他所有者，无须迎合其他持股者的利益要求，避免其他人对企业经营的干扰，这是十分有利的。

但是，独创企业也存在着不利的一面，主要表现在以下方面。

(1) 创业者需要独自承担风险。虽然创业者个人的利益是独立的，但其风险也是独立的，创业者需要独立承担创业中的任何风险，这在激烈竞争的市场环境中往往是极为危险的。

(2) 创业资金筹备比较困难。这类企业往往很难得到金融机构的信贷支持。

(3) 财务压力大。设立和经营企业的一切费用必须由创业者个人独立承担，创业者将面对较大的财务压力。

(4) 个人因素限制。创业者个人的智慧和才能终究是有限的，独创企业设立、运营和发展过程必然会受到个人智慧、才能和理性等因素的限制。

(5) 难有优秀的管理团队。独创企业很难有优秀的管理团队。一个好汉三个帮，任何具有较强创新与创业精神的员工都不会心甘情愿地长期服务于这样的企业。而且由于核心员工不是企业的股东，他们极易与创业者离心离德。

(二) 合伙

合伙是指与他人共同创办企业或加入他人现有企业。创业者需仔细考虑采用这种方式发展企业的可行性。合伙企业可以被看作是弥补企业扩张时的资源不足，对市场竞争和市场机会更快地做出反应的众多方法之一。作为一种扩张策略，有效地利用合伙战略需要创业者认真地评估形势和考察合作者。

与独创企业相比，合伙企业具有共担风险、优势互补、融资较容易的优势。同时，合伙企业也存在一些问题，主要表现在以下方面。

(1) 产权关系不明晰，关系难处理。在我国有关创业的法律体系不完善的情况下，合伙企业往往会遇到产权关系难以处理的问题。特别是合伙创业起步之初，往往需要某些无形资产持有者的加入，但无形资产的股份难以合理确认，且当企业发展到一定程度，无形资产提供者在企业中的地位和利益往往会遇到挑战。

(2) 易产生利益冲突。合伙意味着数个人的利益交织在一起，团队成员之间的利益关系需要反复磨合，在企业设立、运营、发展过程中不免会产生这样或那样的利益矛盾。一旦利益关系出现了较大的不协调，就可能导致企业存续和运营的危机。

(3) 易出现中途退场者。当团队内部出现了较大的利益矛盾、某些团队成员遇到了更好的盈利机会、某些团队成员已有能力独立创业，或者某些团队成员畏惧创业中出现的困难时，这些成员就可能退出现有的创业团队，以致影响新创企业的发展。

(4) 企业内部管理成本较高。企业设立、运营和发展都需要由集体决策，如果团队内部沟通不好，关系不协调，往往会形成大事小事皆议而不决的局面。

(5) 企业发展目标不统一。由于各合伙人的商业目的不一致，可能导致企业发展方向不统一。

(三) 收购

投资收购现成的企业，包括既有企业并购(经营成功企业并购、待起死回生企业收购)和购买他人智能(知识产权的收购、特许加盟)等方式。客观地看，创业不外乎是为了培育某种财富生产能力、为自己创造利润、为社会提供福利。因此，投入资金，通过产权交易直接变他人的财富制造能力为自己所有，也不失为创业的可行途径。

1. 收购企业的益处

新创企业面临产品、市场、人才、渠道等多方面的挑战。通过收购企业可以快速进入市场，消除或绕过许多障碍，诸如技术壁垒、规模壁垒、市场分割壁垒、政府许可壁垒等，从而大大缩短投资回收年限。利用原有的管理制度和管理人员、技术，迅速扩大产品种类、增加分销渠道，还可以获得被收购企业的商标和廉价资产，迅速形成自己的财富生产能力，有利于抓住机会，实现财富倍增。

2. 收购企业存在的缺点和注意事项

收购企业主要是价值评估困难，有的目标企业为逃税漏税而伪造财务报表，存在各种错误和遗漏：有的目标企业不愿意透露某些关键性的商业机密，加大了评估难度。对收购后企业的销售潜力和远期利润的估计困难较大，企业的无形资产的价值也不容易估算准确。此外，有时候改造转换成本更高，特别是技术改造成本、原有某些设备提前报废的损失、原有人员进入新岗位的培训费用等，都有可能比新建企业花费更高。原有企业的包袱也要考虑，收购某个企业，常常也不得不随之收购企业原本承担的债务和某些社会义务，如由于企业的收购整顿而产生大量的剩余人员的安置和赔偿问题，会给企业在经济效益上或道义和法律上带来麻烦。

(四) 团队创业

团队创业也称集团创业或法人创业，是适应新的更高的创业要求而诞生的新的创业形态。在硅谷流传着这样一条“规则”：由两个 MBA(工商管理硕士)和 MIT(麻省理工学院)博士组成的创业团队，几乎就是得到风险投资的保证。虽然有些夸大其词，却蕴含着这样的事实：如今，创业已非纯粹地追求个人英雄主义的行为，团队创业成功的概率要远高于个人独自创业。一个由研发、技术、市场、融资等各领域人才组成的优势互补的创业团队是创业成功的法宝，对科技企业来说更是如此。

具体来说，团队创业是创业者集体以一定章程和组织形式组织起来的，以独立法人形式从事企业经营活动的创业模式。它依靠团队的力量凝聚社会的资金、技术，按照现代企业制度开展经营，凭借企业的规模获取效益。它代表了当今时代创业的发展方向，在我国大力推广市场经济的今天具有非常广阔的发展前景。

团队创业是现代社会最为普遍的经济现象，主要以公司的形态出现，可以选择有限责任公司和股份有限公司两种组织形式。

1. 团队创业的特点

与其他创业模式相比，团队创业有如下四大特点。

(1) 创业主体团队化。一般由优势互补的若干人构成核心创业团队。

(2) 投资主体多元化。除了创业团队成员的出资，还可以各种融资方式吸引社会闲散资金或风险投资资金的投入，扩大经营规模。

(3) 经营管理科学化。团队创业一般都实行现代企业制度，在企业中建立责权利分明、管理科学、激励和约束相结合的管理机制。

(4) 组织形式现代化。团队创业最普遍的组织形式是公司制，这是现代社会较为科学的组织形式，具有强烈的时代气息。

2. 团队创业的优势与劣势

团队创业的优势主要有以下四点。

(1) 集合了团队甚至是社会的财力、人力和物力，使企业的规模得到空前的发展，可以最大限度地发挥规模效应。

(2) 高起点经营，可以承担较大的市场压力与风险。

(3) 投资多元化，特别是股份有限公司，使企业避免了艰苦的原始积累阶段，直接进入经营状态。

(4) 可以发挥团队的优势，创业者没有孤军作战之感。

团队创业的劣势主要有以下四方面。

(1) 创业历史短，多数企业尚在探索、试验中，没有成熟的经验。

(2) 容易造成依赖思想，创业者个人的作用难以充分发挥。

(3) 经营过程中容易发生矛盾，在取得成功时，常会出现利益冲突。

(4) 企业经营费用开支较大，有时会抵消规模效益。

(五) 家族创业

家族创业是依靠血缘、亲情关系将创业成员团结起来，共同创建并经营运作企业活动的创业形态。这是一个古老而又常新的创业形态，古往今来、古今中外的“夫妻店”“父子工厂”“兄弟公司”等层出不穷、屡见不鲜，现在许多大型企业仍然是家族企业。

1. 家族创业的特点

(1) 成员关系的伦理性。家族创业过程中的主创人员关系，既非独立创业中的单一性、同一性，也非合伙创业中的平等合作关系，而是充满了血肉相连的伦理关系。

(2) 企业关系的非确定性。家族创业中，主创人员彼此间的血缘、亲情关系是明确而固定的，而彼此在创业过程中的责、权、利关系，即彼此的企业关系则是模糊而不确定的，并会随着时间的推移和形势的变化，根据家族利益的需要而经常变更。

(3) 创业动机的非功利性。一般创业行为主要是以实现个人致富、达到特定经济指标为原动力。家族创业过程中，一个重要的甚至是主要的经营观念就是一切为了家庭。在家族创业的思维方式中，企业约等于家业。

2. 家族创业的形式

(1) 夫妻创业。家族创业模式中，夫妻创业是最为理想的模式。他们在做出种种行为决策、迈向创业之路时，能够做到同心同德，这使他们在企业创意、经营运行过程中，能做到快速、及时，灵活、机动。同时，夫妻之间权利义务同体关系，彼此地位平等，对企业财产有共同的所有权和处理权。

(2) 父子创业。这是家族创业中最具典型意义的创业形式。父子之间既是血缘传承的父子关系，又是共同创业的成员关系。父亲与儿子之间亲密的感情，以及“留下家业给儿孙”的期盼，促成了父子，进而是祖孙“愚公移山”式的艰苦创业。父子创业模式在利益关系上没有大的矛盾冲突，因为子对父的财产继承关系注定了父子共同创造的家业最后都是儿子的。但在具体的创业思路、经营理念上，则可能因两代人的经验、阅历不同和观念差异而产生分歧。

父(母)子(女)创业或共同经营的成名企业不在少数，国内具有代表性的企业如步长集团的赵步长和赵涛父子，红豆集团的周耀庭和周海江父子，老干妈公司的陶华碧和大儿子李贵山、小儿子李辉母子，以及碧桂园公司的杨国强和杨惠妍父女，方太厨具的茅理翔和茅忠群父子，娃哈哈集团的宗庆后和宗馥莉父女等。

(3) 兄弟姐妹创业。兄弟姐妹创业是家族创业中另一种别具特色的创业形式，具有合作创业的某些特征。兄弟姐妹之间作为各自独立的利益实体，各自有自己的小家庭。为了彼此利益，兄弟姐妹间会进行一番认真的筹划，彼此间有相应的责、权、利划分，甚至有成文的约定。常言道："亲兄弟，明算账。"但兄弟姐妹又是一脉相承的手足，彼此有血浓于水的亲情，在确定各自的责任后，能做到责任共担；在权力划分后，会根据实际需要适时进行位置转换；而在利益分割过程中，又会做到互谅互让；在经营运作中，既服从科学原则，又彼此监督、相互扶助。当然，如果感情破裂，兄弟姐妹反目，则会在创业过程中争权夺利、相互拆台。总体说来，这是一种效果相对较差的家族经营方式，经营效果远不如夫妻创业和父子创业。

兄弟姐妹创业成功的案例很多，如大名鼎鼎的刘永行、刘永好四兄弟，远大空调的张剑、张跃兄弟，吉利集团的李书福四兄弟，他们的企业都得到了蓬勃发展。

3. 家族创业的优越性与局限性

(1) 家族创业的优越性主要表现在以下方面。

① 家族创业最大的优势在于以情感的力量团结人、鼓励人。家就是企业，企业就是家，它可以直接达到管理的最高境界：使员工做到爱企业如家。

② 不必雇用大量固定员工，初期大量工作可以自己加班完成。

③ 员工队伍稳定。创业初期往往因陋就简，工作条件相对较差，同时，也很难给员工较高的待遇，一般企业员工队伍很难稳定，而家族创业就不会担心员工在困难时期跳槽而去。

(2) 家族创业的局限性主要表现在以下方面。

① 创业风险与家庭命运紧密联系在一起。由于将家庭所有的资源与人力都投入事业中，事业的成败直接决定了家庭的命运，创业者面临双重压力。

② 家族成员之间缺乏明确的责任、权利与义务的明文约定，各行其是，往往造成企业经营的低效率和高风险。

③ 伦理关系与企业关系在家族成员身上不断转换，使经营过程中的企业成员角色常常被家庭成员角色替代，品质不好的家庭成员滥用权力，以老板自居，大手大脚，甚至大量偷窃，由于家庭关系影响企业正常经营。

4. 家族创业的适用性

家族创业具有非常强的生命力，但是并非所有的创业都适合家族创业模式。家族创业比较适合以下四种情况。

(1) 小企业。小企业用工少，对管理水平要求不高，近乎家庭作坊，推动业务更多地依靠特殊的信任关系与责任心，而不是管理经验。因此，创办小企业，家族经营是一种理想的创业模式，至少在创业初期如此，现代的许多大中型企业往往是从家族创业开始起步的。

(2) 农村环境创业。一般来说，农村人的家庭伦理观念最强，血缘关系在各种社会关系中占有明显的优势，有着非常丰富的家族资源。在农村环境中采取家族创业，往往是一种比较合理、可行的经营模式。

(3)中老年人创业。人过中年才开始创业，最适合的模式就是家族创业。这是因为，一方面，中老年创业者有得天独厚的年龄优势，他们往往是家庭或家族中的父母和长辈，在家庭或家族中享有权威地位，能发动自己的子女和晚辈共同参与创业；另一方面，中老年创业者的创业动机基本上是造福下一代，这本身就需要“子承父业”的创业模式。

(4) 异地创业。采用异地创业模式的创业者往往是以四海为家的。为了创业，许多人不得不背井离乡，他们不但要面对艰苦、险恶的环境，还要饱受思念家乡的煎熬，可以说极其辛苦。采用家族创业模式，与亲人在一起，特别是与妻子或丈夫在一起，既免除了他乡异客的孤单之感，又可使创业者坚定在他乡安家落户的决心。

三、创办企业的准备工作和注意事项

对于投身商海的人来说，创业是一个梦想，更是冒险。为了提高创业成功的概率，应提前做好准备。对于大学生创业而言，什么时候设立企业，设立什么样的企业，有哪些要准备、要注意的事情，是必须搞清楚的。

(一) 创办企业的前提条件

(1) 有合适的外部环境。创业要顺势而为，需要有适当的制度环境、政策环境、金融环境、市场环境、科技环境和人文环境，良好的外部环境是创业的良机和大背景。

(2) 有强烈的老板意识和心理准备。创业者一般都是在强烈的老板意识下开始创立自己企业的，他们喜欢为自己工作，喜欢挑战和掌控。大多数喜欢按部就班工作的人是不适合创业做老板的，做老板必须有应对机遇、困难、烦恼等挑战的心理准备。

(3) 掌握独特的资源或整合了资源。资源有很多种，掌握一种到几种独特资源，具有整合现有资源的能力，竞争者就会少，甚至没有强有力的竞争者，可以快速做强做大，成功的概率也会大大提高。

(4) 抓住了有利的市场机会。有的人一直在做准备，因为政策或其他重大原因机会导致突然出现，好多人还无法反应或准备时，这类有准备的人就可以大展身手，先人一步取得成功。更多的机会是自己寻找的，发现空白市场是一种能力，有人总能比别人先发现空白市场，等到别人发现时，自己已赚得盆满钵满，又去开发下一个空白市场了。

(5) 好的团队。创业团队是由少数具有技能、资源优势互补，具体共同理念，为实现共同目标团结在一起的人组成。“一个篱笆三个帮”，团队奋斗的效果远胜个人单打独斗。

(6) 充足的资金。创业前期的资金准备，特别是保证正现金流非常重要，那么筹款能力，以及开业前的资金准备就显得很重要。很多非常有前景的团队和项目都是因为资金跟不上而失败。

(二) 创办企业的准备

(1) 确认公司股东和公司框架。股东即公司的出资人，也称为投资者，成立一家公司首先要组织一定数量的投资者。除国家有禁止或限制的特别规定外，有权代表国家投资的政府部门或机构、企业法人、具有法人资格的事业单位和社会团体，自然人都可以成为公司的股东。股东根据发展需要确定公司框架和模式。

(2) 确定公司经营范围。经营范围是指国家允许企业法人生产和经营的商品类别、品种及服务项目，企业设立前要先讨论和商定经营范围，特别是主营业务。

(3) 公司起名。公司要起一个响亮、好记的名字，最好能体现公司所属行业或主营业务，而且要符合起名规则，一般要准备 3 个左右的名字，用于工商注册申请。

(4) 确定公司地址，包括以下方面。

① 公司的地址必须与递交申请的注册机构的级别相一致。

② 公司地址所在地必须具备完整的产权证明文件。产权证明文件证明该所在地归谁所有，一般是房产证。公司地址所在地产权可以是自有的，也可以是租赁的。

③ 地址或经营场所要符合经营条件，特别是有些行业对场所有限制的，更要严格按要求选择或改造。

(三) 企业选址要考察的因素

创业者选择企业的注册与经营地点选择包括两个层面：一是选择地区，包括不同国家或地区、一个国家内的不同地理区域或城市；二是选择具体地址，包括商业中心、住宅区、路段、市郊等。前者主要考虑国家、地区、城市的经济、技术、文化、政治等总体发展状况；后者重点考察交通、资源、消费群体、社区环境商业环境等。例如，肯德基当年进入中国市场时，面临的一大难题就是选择哪个城市作为投资目标地。通过分析人口状况、商业、文化、政治及城市影响力，比较了北京、上海、广州、天津的整体环境，最后选择北京作为开拓中国市场的基地。家乐福开门店除了考虑国家和城市外，还要考虑商业区、生活区和街道十字中心等因素。

选址对企业的重要性不言而喻，选址是企业创立初期必须面对的几个问题之一，它与企业的成长和发展息息相关。地址选择得好，可以节约成本、提高效益，提高知名度；地址选择得不好，会浪费成本，甚至导致一个有前途的企业失败。选址要考察的因素主要有 8 个，即政治(政策)因素、经济因素、技术因素、社会和文化因素、自然因素、市场因素、交通因素、价格因素。

(1) 政治(政策)因素。政府对市场的支持程度是值得创业者重视的一个方面，创业者要评价现在已经存在的及将来有可能出现的影响到产品或服务、分销渠道、价格及促销策略等的法律和法规问题，将企业建在政府支持该产业的地区。各地招商引资部门也出台不同的优惠政策，选择合适的地区，对大学生创业也有很大的帮助。

(2) 经济因素。在关联企业和关联机构相对集中地区的企业容易获得成功。若一家企业建在一个成熟的企业聚集区，区内的各家企业间就会产生一种竞争与合作的关系。一方面，竞争对手之间展开激烈的竞争以求在竞争中胜出并保住市场；另一方面，在相关行业的企业及地方机构间还存在着广泛的合作关系，一群具有竞争力的企业和一系列高效运转的机构共同实现该地区的繁荣。具体来说，接近原料供应地区或能源动力供应充足地区的企业具有相对成本优势；接近产品消费市场的地区具有客户优势；劳动力充足且费用低、劳动生产率高的地区具有人力优势。

(3) 技术因素。为了能够了解和把握技术变化的趋势，许多企业在创业选址时，常常考虑将企业建在技术研发中心附近，或者建在新技术信息传递比较迅速、频繁的地区，可以节约成本，还能加强技术上的合作。

(4) 社会和文化因素。由于人们生活态度的不同，人们对安全、健康、营养及环境的关心程度都会影响创业者所生产产品的市场需求，当创业者准备生产的产品与健康或环境等有密切关系时更是如此。此时，应优先考虑将企业建在其企业文化与所生产产品得到较大认同的地区。

(5) 自然因素。选址也需要考虑自然环境、水资源的可利用性、气候的变化等自然因素，而且企业的生产和经营不能违反国家的环保规定。

(6) 市场因素。选址时应站在顾客角度，考虑经营场所是否接近顾客，是否便于服务顾客，周围顾客是否有足够的购买力。

(7) 交通因素。交通是否方便，停车是否方便，是否有相应的物流和仓储条件。便利的交通，对于制造业企业，甚至对于服务型、零售型、批发型企业也都至关重要。

(8) 价格因素。购买商铺或租赁房屋时，要充分考虑价格及支付方式。经营场所不是越高档、价格越高越好，也不是越偏僻简陋、价格越低越好。选址要根据自己的经济实力，和自己的需要，适合自己最好。

(四) 企业创办应注意的伦理问题

诚信是立身之本，创业伦理是创业者在开拓市场、资本积累、互惠互利、协同合作、个人品德、后天修养等方面的行为准则。创业者创办一个新企业后，势必要进入市场竞争的圈子，相应地，也要遵守这一圈子所共同维护的行为规范。当一个创业者成长为一个企业家时，他会越来越重视自己在社会中的形象，并开始重视自身和自己企业的伦理建设。毕竟，没有哪个企业愿意和一个臭名在外、不讲诚信的公司进行合作。

1. 创业者与原雇主之间的伦理问题

不少新企业是创业者辞职后创建的。一些辞职进行创业的创业者出乎意料地发现，自己已置身于被原雇主公司敌对的境地。以下是辞职进行创业时必须遵循的两个重要原则。

(1) 职业化行事。雇员恰当地表露离职意图十分重要，按规定提出离职申请，同时在离职当天，雇员应处理完先前分配的所有工作，做好各方面的交接，办理完毕离职手续。急不可耐地离职会让雇主十分恼火，而且雇员不应该在最后几天的工作中忙于安排创办企业事宜，这些并非职业化的行事风格，也是对当前雇主的时间与资源的不恰当使用。如果雇员打算离职后在同一产业内创业，至关重要的是，不能带走属于当前雇主的资料信息。雇主有权利防止商业机密失窃(如客户清单、营销计划、产品原型和并购战略等)，或者阻止商业机密从办公室向雇员家里的非正当转移。根据所谓公司机会原则，关键雇员(如高级职员、董事和经理)和技术型雇员(如软件工程师、会计和营销专家)负有对雇主忠诚的特殊责任。当雇员把属于雇主的机会占为己有时，公司机会原则经常会直接出面干预。在职期间，雇员可以利用下班时间策划如何与雇主竞争，但绝不允许窃取雇主机会；只有当雇佣关系终止后，雇员才能说服其他同事到新企业工作，或者真正开创一家与雇主竞争的企业。

(2) 尊重之前的雇佣协议。对准备创业的雇员来说，充分了解并尊重自己曾签署的雇佣协议至关重要。在一般情况下，关键雇员都签署了保密协议和非竞争协议。保密协议是雇员或其他当事人(如供应商)所做的不泄露企业商业秘密的承诺，要求雇员在职期间甚至离开公司之后，都必须严格遵守该协议。非竞争协议则规定了在特定时段内，个人禁止与前雇主相竞争。如果签署了非竞争协议，要合理地离开公司，雇员就必须遵守相关协议。

2. 创业团队成员之间的伦理问题

创业团队成员之间就新企业的利益分配以及对新企业未来的信心达成一致非常重要。对创业团队来说，易犯的错误就是因沉迷于开办企业的兴奋之中而忘记订立有关企业所有权分配的最初协议。创建者协议(或称股东协议)是处理企业创建者间相对的权益分配、创业团队成员如何因向企业投入技术或现金而获得补偿、创业团队成员必须持有企业股份多长时间才能被完全授予该股份等事务的书面文件。

3. 创业者和其他利益相关者之间的伦理问题

创业者和其他利益相关者之间的伦理问题涉及以下方面。

(1) 人事伦理。人事伦理方面的问题与公正、公平对待现有员工和未来员工有关。不符合伦理的行为范围非常广泛，从招聘面试中询问不恰当问题到不公平对待员工的方方面面，其根源可能是因为每个人对性别、肤色、道德背景、宗教信仰等问题的认识有所不同。

(2) 利益冲突。利益冲突方面的问题与那些挑战雇员忠诚的情境相关。例如，如果公司员工出于私人关系以非正当商业理由将合同交给其朋友或家庭成员，这就是不恰当的行动。

(3) 顾客欺诈。顾客欺诈方面的问题通常出现在公司忽视尊重顾客或公众安全的时候，如做误导性广告、销售明知不安全的产品等。

第二节 开办企业

要开办一家新企业，就要按相关法律法规要求准备材料，在相应部门进行申请。企业的申办和经营一定要守法、诚信。国家为鼓励创业，出台了诸多政策，大学生创业借助合理的政策支持，可以更好地开创企业。

一、企业登记注册流程

对新办企业，首先得给它一个明确的法律地位，如同办理户口。根据我国法律规定，新办企业必须到市场监管部门办理登记手续，领取营业执照。如果从事特定行业的经营活动，还须事先取得相关主管部门颁发的经营许可证(如卫生、环保、特种行业许可证等)。

营业执照是企业主依照法定程序申请的、规定企业经营范围等内容的书面凭证。企业只有领取了营业执照，拥有了正式的合法身份，才可以开展各项法定的经营业务。企业设立后，还需要进行税务登记，需要会计人员做财务，这其中涉及税法和财务知识，创业者需要了解企业的税项。

企业办理注册登记手续一般包括以下几个步骤：

(1) 核准企业名称。注册公司的第一步就是企业名称审核，即查名。创业者需要通过市场监管局进行企业名称注册申请，由市场监管局查名科注册官进行综合审定，给予注册核准，并发放盖有市场监管局名称登记专用章的“企业名称预先核准通知书”。

申办人需提供法人和股东的身份证复印件，并提供3个左右企业名称，写明经营范围、出资比例。企业名称要符合规范，格式如下：行政区划+字号(2个字以上)+行业+法律组织形式。

例如河南平原众创知识产权管理有限公司，“河南”就是行政区划，指代企业所在地的省(自治区、直辖市)或县(市辖区)的行政区划名称。企业名称应当冠以企业所在地的省(自治区、直辖市)、市(包括州)或者县(包括市辖区)的行政区划名称。“平原众创”就是字号，字号是该企业区别于其他企业的标志，是企业形象的一种代表。“知识产权管理”就是行业，行业特征要求能够依照国家行业分类标准划分的类别，判断该企业生产、经营或服务的范围或特点。“有限公司”就是该企业的法律组织形式。

(2) 编写公司章程。公司章程是指公司依法制定的，规定公司名称、住所、经营范围、经营管理制度等重大事项的基本文件，也是公司必备的规定公司组织及活动基本规则的书面文件。公司章程是股东共同一致的意思表示，载明了公司组织和活动的基本准则，是公司的宪章。公司章程具有法定性、真实性、自治性和公开性的基本特征。公司章程与《公司法》一样共同肩负着调整公司活动的责任。作为公司组织与行为的基本准则，公司章程对公司的成立及运营具有十分重要的意义，它既是公司成立的基础，也是公司赖以生存的灵魂。

(3) 生产经营场所的获得。注册企业时都要求有自己的实际经营场所或办公场地，这种场所可以是创业者所有的，也可以是租用的。现在网店或网上的个体工商户很大程度上没有实际意义上的实体店，不需要租房。

(4) 经营项目审批。如果新创企业的经营范围涉及特种行业许可经营项目，则需要提前办理特行申请并获准后，才可以继续工商注册程序。例如，要开设一家书店，就需要向辖区的文化部门申请“出版物经营许可证”。特种许可项目涉及旅馆、印铸刻字、旧货、典当、拍卖、信托寄卖等行业，需要消防、治安、环保、科学技术委员会等行政部门审批。特种行业许可证的办理，根据行业情况及相关部门规定不同，分为前置审批和后置审批。

(5) 公司公章备案。工商注册登记过程中需要使用的图章，由公安部门或定点单位刻制。公司用章包括公章、财务章、法人章、全体股东章、公司名称章等。

(6) 申领营业执照。市场监管局对企业提交的材料进行审查，以确定其符合企业登记申请。市场监管局核定后，即向企业发放工商企业营业执照，并公告企业成立。相关材料包括公司章程、名称预先核准通知书、法人和全体股东的身份证、公司住所证明复印件(房产证及租赁合同)、前置审批文件或证件、生产性企业的环境评估报告等。

(7) 办理税务登记证。税务登记证应到当地税务局办理。办理税务登记证应提供的材料包括企业营业执照副本、经营场所产权证及租赁合同复印件、法人身份证、公司章程及公章。

(8)银行开户。新创企业需设立基本账户，企业可根据自己的具体情况选择开户银行。银行开户应提供的材料包括营业执照正本、公司公章/法人章/财务专用章、法人身份证、税务登记证正本等。

为全面推进法人和其他组织统一社会信用代码制度建设，国家质监局于 2016 年全面取消组织机构代码证的办理，这意味着国家机关事业单位、社会团体及其他依法成立的机构将无须再申领和更换组织机构代码证。

二、与企业相关的法律法规

法律规定了公民能做什么或不能做什么，并建立了一个框架。这个法律框架同样在一定程度上允许或禁止创业者所做的某些决策和采取的部分行动。显然，创建新企业会受当地法律的影响，创业者必须了解并处理好一些重要的法律和伦理问题。创业涉及的法律和伦理问题相当复杂，创业者需要认识到这些问题，以免由于早期的法律和伦理失误而给新企业带来沉重代价，甚至使其夭折。创业者一般不会有意触犯法律，但往往高估他们所掌握的与创建和经营新企业相关的法律知识，或者缺乏伦理意识。

在企业的创建阶段，创业者面临的法律问题包括：确定企业的组织形式，设立适当的税收记录，协调租赁和融资问题，起草合同，以及申请专利、商标或版权的保护。在每一个创建阶段，都有特定的法律和规定决定创业者能做什么和不能做什么，创业者必须熟悉相关法律法规。但是法律环境对创业的影响并没有到此为止，新企业创建起来并开始运营后，仍然有与经营相关的法律问题。例如，人力资源或劳动法规可能会影响员工的雇用、报酬以及工作评定；安全法规可能会影响产品的设计和包装、工作场所和机器设备的设计与使用、环境污染的控制，以及物种的保护。尽管许多法规可能在某一企业达到一定规模时才适用，但事实是，新企业都追求发展，这意味着创业者很快就会面临这些法律问题。

(一) 与知识产权相关的法律法规

知识产权是人们对自己通过智力活动创造的成果所依法享有的权利。知识产权包括专利、商标、版权等，是企业的重要资产。知识产权可通过许可证经营或出售，带来许可经营收入。

(1) 专利与专利法。专利是指某个政府机构根据申请颁发的文件，它被用来记述一项发明，并且创造一种法律状况。在这种情况下，专利发明通常只有经过专利权所有人的许可才可以被利用。专利制度主要是为了解决发明创造的权利归属与发明创造的利用问题。专利法可以有效地保护专利拥有者的合法权益。创业者对其个人或企业的发明创造应及时申请专利，以寻求法律保护，使自己的利益不受侵犯，或者在受到侵犯时，有法律依据提出诉讼，要求侵害方予以赔偿。我国于 1984 年 3 月 12 日颁布了《中华人民共和国专利法》，并于 1992 年 9 月 4 日进行了修订。2001 年 6 月 15 日，国务院颁布《中华人民共和国专利法实施细则》，自 2001 年 7 月 1 日起施行。

(2) 商标与商标法。商标是指在商品或者服务项目上所使用的，由文字、图形、字母、数字、三维标志和颜色组合，以及上述要素的组合构成的显著标志。它用于识别不同经营者所生产、制造、加工、拣选、经销的商品或者提供的服务。商标是企业的一种无形资产，具有很高的价值，这种价值体现在独特性和所产生的经济利益上。保护和提高商标的价值，可以为企业带来巨大的收益。商标包括注册商标和未注册商标，目前我国只对人用药品和烟草制品实行强制注册，通常所讲商标均指注册商标。注册商标包括商品商标、服务商标、集体商标、证明商标。注册商标的有效期为 10 年，可以申请续展，每次续展注册的有效期也为 10 年。商标注册申请人必须是依法成立的企业、事业单位、社会团体、个体工商户、个人合伙以及符合《中华人民共和国商标法》第九条规定的外国人或者外国企业。我国于 1982 年 8 月 23 日颁布了《中华人民共和国商标法》，并于 1993 年 2 月 22 日进行了第一次修正，于 2001 年 10 月 27 日进行了第二次修正，现行的规定是 2019 年 4 月 23 日修订的。

(3) 著作权与著作权法。著作权也称版权，是指作者对其创作的文学艺术和科学作品依法享有的权利。著作权包括发表权、署名权、修改权、保护作品完整权、复制权、发行权、出租权、展览权、表演权、放映权、广播权、信息网络传播权、摄制权、改编权、翻译权、汇编权以及应当由著作权人享有的其他权利等 17 项权利。对著作权的保护是对作者原始工作的保护。著作权的保护期限为作者有生之年加上去世后 50 年。我国实行作品自动保护原则和自愿登记原则，即作品一旦产生，作者便享有版权，无论登记与否都受法律保护，自愿登记后可以起证据作用。国家版权局认定中国版权保护中心为软件登记机构，其他作品的登记机构为所在省的省级版权局。我国于 1990 年 9 月 7 日颁布了《中华人民共和国著作权法》(以下简称《著作权法》)，2001 年 10 月 27 日进行了修正。现行《著作权法》于 2010 年 2 月 26 日修正。计算机软件属于版权保护的作品范畴。我国根据《著作权法》制定了《计算机软件保护条例》并于 1991 年 6 月 4 日发布，于 2013 年 1 月 30 日修订。在该条例中，计算机软件是指计算机程序及其有关文档。

(二) 其他法律法规

除了与知识产权相关的法律法规外，反不正当竞争法、合同法、产品质量法、劳动法等法律法规也是创业者及其新创企业所应当了解和关注的。

(1) 反不正常竞争法。《中华人民共和国反不正当竞争法》是为保障社会主义市场经济健康发展，鼓励和保护公平竞争，制止不正当竞争行为，保护经营者和消费者的合法权益而制定的法律。1993 年 9 月 2 日，第八届全国人民代表大会常务委员会第三次会议通过，自 1993 年 12 月 1 日起施行，2017 年 11 月 4 日修订。法律明确规定经营者在市场竞争中的哪些行为是不正当竞争，应予以制止。

(2) 劳动法。《中华人民共和国劳动法》是为了保护劳动者的合法权益，调整劳动关系，建立和维护适应社会主义市场经济的劳动制度，促进经济发展和社会进步而制定的。1994 年 7 月 5 日第八届全国人民代表大会常务委员会第八次会议通过，2009 年 8 月 27 日和 2018 年 12 月 29 两次修订。

(3) 劳动合同法。《中华人民共和国劳动合同法》是为了完善劳动合同制度，明确劳动合同双方当事人的权利和义务，保护劳动者的合法权益，以及构建与发展和谐、稳定的劳动关系而制定的。该法由第十届全国人民代表大会常务委员会第二十八次会议于 2007 年 6 月 29 日修订通过，自 2008 年 1 月 1 日起施行。2013 年 6 月 29 日，第十二届全国人民代表大会常务委员会第三次会议通过。《中华人民共和国劳动合同法》规定，用人单位必须与劳动者签订劳动合同。

(4) 产品质量法。《中华人民共和国产品质量法》是为了加强对产品质量的监督管理，提高产品质量水平，明确产品质量责任，保护消费者的合法权益，维护社会经济秩序而制定。1993 年 2 月 22 日，第七届全国人民代表大会常务委员会第三十次会议通过，自 1993 年 9 月 1 日起施行。现行的条文于 2018 年 12 月 29 日修订。该法规定生产经营者必须保证产品质量，对产品负责，否则不但受到行政处罚，还可能承担民事赔偿责任。

三、大学生创业扶持政策

近年来，我国出台了一系列鼓励创业创新措施和配套政策，许多省市也落实并相应出台了一些地方扶持办法。特别是 2015 年国家提出“大众创业、万众创新”，采取了很多措施使广大大学生创业者受益。例如，2015 年国务院发布的《关于进一步做好新形势下就业创业工作的意见》《关于发展众创空间推进大众创新创业的指导意见》明确提出：推进实施大学生创业引领计划，鼓励高校开发开设创新创业教育课程，建立健全大学生创业指导服务专门机构，加强大学生创业培训，整合发展国家和省级高校毕业生就业创业基金，为大学生创业提供场所、公共服务和资金支持。

大学生在创业时，除了要了解国家的一些关于大学生创业的政策性文件外，还要重点关注注册地的省级、市级或者县级的创业扶持政策，各地因实际情况不同，创业政策、创业扶持力度也不尽相同。

这些政策可以通过以下渠道来了解。

(1) 全国大学生创业服务网(http://cy.ncss.org.cn)、各地大学生创业网等网站。

(2) 创业企业注册地省级、市级或县级的政府网站，政府人力资源与社会保障局部门网站，这些网站中往往有一些当地关于大学生创业扶持政策的宣讲。

(3) 咨询创业所在地的就业部门，这些部门都会有当地的大学生创业扶持政策的宣讲材料。

(4) 到所在学校的创新创业服务中心咨询。现在许多高校都设立专门负责大学生创业的机构和部门，鼓励大学生创业，为大学生提供政策解读，为大学生创业提供项目咨询、资金、场地等帮助。

（一）国家出台的鼓励大学生创业的政策

国家为了鼓励大学生创业，相继出台了《关于进一步做好新形势下就业创业工作的意见》《关于深化高等学校创新创业教育改革的实施意见》《关于大力推进大众创业万众创新若干政策措施的意见》《关于发展众创空间推进大众创新创业的指导意见》等一系列的文件，这些文件中提出的政策及措施包括以下几个方面。

(1) 优化工商登记制度，降低创业创新门槛。实行“五证合一”登记制度，在全国全面推行“一照一码”登记模式。

深化商事制度改革，针对众创空间等新型孵化机构集中办公等特点，鼓励各地结合实际，简化住所登记手续。有条件的地方政府可对众创空间等新型孵化机构的房租、宽带接入费用和用于创业服务的公共软件、开发工具给予适当财政补贴。

(2) 拓宽大学生创业融资渠道。运用财税政策，支持风险投资、创业投资、天使投资等发展；运用市场机制，引导社会资金和金融资本支持创业活动，壮大创业投资规模；设立国家中小企业发展基金和国家新兴产业创业投资引导基金，鼓励地方设立创业投资引导基金；开展股权众筹融资试点，推动多渠道股权融资，积极探索和规范发展互联网金融，发展新型金融机构和融资服务机构，促进大众创业。

(3) 培育创业创新公共平台。总结推广创客空间、创业咖啡、创新工场等新型孵化模式，落实科技企业孵化器、大学科技园的税收优惠政策，对符合条件的众创空间等新型孵化机构适用科技企业孵化器税收优惠政策。有条件的地方可对众创空间的房租、宽带网络、公共软件等给予适当补贴，或者通过盘活商业用房、闲置厂房等资源提供成本较低的场所。

(4) 支持创业担保贷款发展。将小额担保贷款调整为创业担保贷款，并将额度调整为10万元，由财政给予贴息。简化程序，细化措施，健全贷款发放考核办法和财政贴息资金规范管理约束机制，提高效率，完善担保基金呆坏账核销办法。

(5) 加大减税降费力度。实施更加积极的促进就业、创业的税收优惠政策，将企业吸纳就业税收优惠的人员范围由失业一年以上人员调整为失业半年以上人员。高校毕业生、登记失业人员等重点群体创办个体工商户、个人独资企业的，可依法享受税收减免政策。

(6) 完善创新创业资金支持和政策保障体系。各地区、各有关部门要整合发展财政和社会资金，支持高校学生创新创业活动。各高校要优化经费支出结构，多渠道统筹安排资金，支持创新创业教育教学，资助学生创新创业项目。部委属高校应按规定使用中央高校基本科研业务费，积极支持品学兼优且具有较强科研潜质的在校学生开展创新科研工作。中国教育发展基金会设立大学生创新创业教育奖励基金，用于奖励对创新创业教育做出贡献的单位。鼓励社会组织、公益团体、企事业单位和个人设立大学生创业风险基金，采用多种形式向自主创业大学生提供资金支持，提高扶持资金使用效益。深入实施新一轮大学生创业引领计划，落实各项扶持政策和服务措施，重点支持大学生到新兴产业创业。有关部门要加快制定有利于互联网创业的扶持政策。

(7) 强化公共就业创业服务。为创业者提供项目开发、开业指导、融资服务、跟踪扶持等服务，创新服务内容和方式。健全公共就业创业服务经费保障机制，切实将县级以上公共就业创业服务机构和县级以下(不含县级)基层公共就业创业服务平台经费纳入同级财政预算。将职业介绍补贴和扶持公共就业服务补助合并调整为就业创业服务补贴，支持各地按照精准发力、绩效管理的原则，加强公共就业创业服务能力建设，向社会力量购买基本就业创业服务成果。创新就业创业服务供给模式，提高服务质量和效率。

(8) 优化财税政策，强化创业扶持。各级财政统筹安排支持小微企业和创业创新的各类资金，加大对创业创新支持力度，减轻创业者负担。落实扶持小微企业发展的各项税收优惠政策。落实科技企业孵化器、大学科技园、研发费用加计扣除、固定资产加速折旧等税收优惠政策。对符合条件的众创空间等新型孵化机构适用科技企业孵化器税收优惠政策。修订、完善高新技术企业认定办法，完善创业投资企业享受70%应纳税所得额税收抵免政策。落实促进高校毕业生、残疾人、退役军人、登记失业人员等创业就业税收政策。加大创新产品和服务的采购力度，把政府采购与支持创业发展紧密结合起来。

(9) 普及和完善创新创业教育，实现新一轮大学生创业引领计划。将高校、各类研究基地、重点实验室、大学科技园、大学生创业园、创业孵化基地和小微企业创业基地作为创业教育实践平台，完善国家、地方、高校三级创新创业实训教学体系，深入实施大学生创新创业训练计划和创业实践，扩大覆盖面，促进项目落地转化。改革教学和学籍管理制度，设立创新创业奖学金。各地区、各高校要建立健全学生创业指导服务专门机构，做到机构、人员、场地、经费四到位，对自主创业学生实行持续帮扶、全程指导、一站式服务。

此外，国务院相关部门(人力资源与社会保障部、科技部、财政部、教育部、税务总局、工商总局等)出台了一系列的大学生创业扶持政策文件，共青团中央、全国妇联等部门也出台有相关政策文件。正是有了党和政府的高度重视，以及社会各部门的大力支持，我国的大学生创业才迎来了最好的时期，大学生创业也有了坚强的制度保障和支持。

(二) 河南省大学生创业政策

河南省也先后出台了多种办法和措施，从培训支持、资金支持、项目支持、运营支持等方面为大学生自主创业提供了诸多帮助。

1. 鼓励参加创业培训

(1) 政策内容。普通高校、职业学校、技工院校在校学生在校期间可以参加创业培训，并享受相应的培训补贴。创业培训旨在帮助具有创业愿望、创业能力、创业条件的人员学习创业技能、树立创业意识和市场竞争意识，掌握和了解企业创办及管理的基本知识。创业培训分为三个模块：创业意识培训、创办(改善)企业培训、创业实训。创业意识培训补贴标准为每人200元、创办(改善)企业培训补贴标准为每人1000元，创业实训补贴标准为每人300元。

(2) 办理渠道。申请人到当地就业创业培训定点机构参加培训。

2. 提供资金支持——创业担保贷款

(1) 政策内容。符合条件的高校毕业生可以申请创业担保贷款。

(2) 具体要求。就业创业证、全日制大专以上(含大专)毕业证书，处于自主创业状态，且自主创业时不在机关企事业单位就业的毕业 5 年内的高校毕业生(除助学贷款、扶贫贷款、首套住房贷款、购车贷款以外，本人及配偶没有其他贷款)可以申请创业担保贷款。个人创业贷款最高额度 10 万元，合伙创业贷款最高额度 50 万，小微企业创业贷款最高为额度 200 万元。

(3) 办理渠道。符合条件的申请人到当地人力资源与社会保障部门申请。

3. 大众创业项目扶持

(1) 政策内容。鼓励高校毕业生在“互联网+”十大领域、战略性新兴产业、先进制造业和现代服务业等领域创业，每年从各地推荐的创业项目中评选一批优秀项目，每个项目给予 2～15 万元的资金扶持。

(2) 办理渠道。符合条件的创业者在网上申报，再到当地人力资源与社会保障部门递交纸质材料，省辖市初审后提交至省人社厅。

4. 给予开业补贴

(1) 政策内容。首次创业并正常经营 1 年以上的大中专学生(含毕业 5 年内的普通高校、职业学校、技工院校毕业生及在校学生，毕业 5 年内留学回国人员)，可凭创业者身份证明及工商营业执照、员工花名册、工资支付凭证等资料，申请 5000 元的一次性开业补贴。

(2) 办理渠道。符合条件的申请人到当地人力资源与社会保障部门申请。

5. 给予运营补贴

(1) 政策内容。大中专学生创办的实体在创业孵化基地内发生的物管、卫生、房租、水电等费用，3 年内给予不超过当月实际费用 50%的补贴，年补贴最高限额 10 000 元。

(2) 办理渠道。符合条件的申请人到当地人力资源与社会保障部门申请。

6. 开展创业交流和创业专家指导服务

(1) 政策内容。鼓励高校毕业生参加创业大赛、创业讲座或创业技能培训等活动，实现创业信息交流。组织河南省大众创业导师为高校毕业生提供开业指导、企业诊断等综合性创业服务。

(2) 办理渠道。依照相关活动通知申请参加；向当地人力资源与社会保障部门申请，邀请创业导师开展创业服务。

此外，有些部门、地市政府或高校还出台了相应的扶持政策或引导资金。例如教育厅每年对通过申请的大学生创业项目给予 3～10 万元扶持引导资金；地市政府有专项资金补贴；不同的学校根据自身能力，除了对好的创业项目提供场地租金减免服务外，还可以提供咨询服务和一定金额的创业资金供大学生创业项目申请。

第三节　新创企业的运营管理

新创办的企业与成熟企业有很大差别，特别是大学生创业企业，创办人一般是首次创业，了解企业的生命周期，学习企业管理知识，更新管理观念，提升管理能力，才能减少失误，带领企业发展；否则，企业不仅可能运转不畅，严重的还会倒闭破产。

一、企业的生命周期

成长和发展是生命的永恒主题。就像任何一个生命一样，企业从诞生之初就有追求成长和发展的内在冲动。企业生命周期理论构成了经济学和管理学对企业成长问题最基本的假设之一。企业在成长过程中会经历若干发展阶段，每个阶段具有相应的特点和驱动因素，这要求企业在各个方面不断变革，与其发展阶段相适应。

大多数生命周期理论认为企业一般要经历培育期、成长期、成熟期、衰退期几个阶段。较好地理解生命周期理论可以帮助企业更好地对未来可能发生的危机进行规避。

(1) 培育期。初创企业处于培育期。这个阶段的企业生存能力弱，抵抗力很低，风险性高，很容易受到产业中原有企业的威胁。此时新创企业处于学习阶段，市场份额低，管理水平低，固定成本高，管理费用高，产品方向尚不稳定，企业波动较大，失败率也很高。这是一个由产品创意转变为实际的、有效的产品和服务的时期。一般情况下，新创企业具有创新精神，产品具有特色和竞争力。初创企业成功与否，在很大程度上取决于创建初期的可行性分析，与市场预测和投资决策的关系很大。培育期重点需要解决企业的生存问题。

(2) 成长期。在培育期生存下来的企业很快进入成长期，处于这一时期的企业称为成长企业。一般把成长期分为两个阶段：迅速成长期和稳步成长期。在这一阶段，企业年龄和规模都在增长，企业全面成长，经济实力增强，市场份额逐步提高，竞争能力增强，已能在产业中立住脚跟；企业素质得到全面提高，创新能力也很强，企业已经形成了自己的配套产品。成长期的主要特点在于，该企业在产业中已经成为骨干企业，是中型企业的延伸，但尚未发展为大企业。并不是所有中小企业都能进入稳步成长期。只有那些由优秀创业者领导、积极承担风险、开展创造性新事业活动的企业才有可能进入成长的快车道。

(3) 成熟期。考察企业的演变史，可以发现能够进入成长期的企业本来就为数不多，而能够成长为成熟企业并得以留存的则更是凤毛麟角，许多企业在成长过程中已经被淘汰。这一时期分为两个阶段：第一个阶段称为成熟前期，即骨干企业向大型或较大型企业的演变和发展时期，企业内部大多还是单一单位，但已建立起庞大的采购和销售组织，此时的企业前后延伸取得了原料采购和产品销售的控制权，企业经济效益很高，具有较强的生存能力；第二阶段称为成熟后期或蜕变期，是大企业向现代巨型公司或超级大企业演变的重要时期，此时已经走向内部单位的多元化和集团化，能够更有效地进行日常的产品流程的协调和未来资源的分配，从而促进了企业的低速、持续成长，并形成了管理工作的职业化。此时企业会出现各种各样的问题，如增长缓慢、效益下降、成本上升、士气受到影响、官僚主义加剧等。

(4) 衰退期。成熟期的企业如果未实现后期成熟化或蜕变演变，则进入衰退期。企业的衰退存在两种情况：一方面是受到产业寿命周期的影响，如果该产业已到了衰退期，自然影响到企业，使企业跟着衰退；另一方面可能是该企业患了衰退症。处于衰退期的企业大多是大企业，很容易患大企业病，主要表现在官职增多、官僚主义横行、妨碍联系的本位主义加剧、企业家精神的泯灭、部门之间责任的推诿、士气低落、满足现状、应变能力下降等。

二、新创企业管理的特殊性

新创企业成长和现有企业成长具有明显的不同。激烈的市场竞争对已经建立一定竞争优势的强大的竞争者有利，它们已经建立了自己的优势，包括品牌、服务、渠道等。作为新入行的企业，只有打破原有竞争格局才能够扭转不利局面。在核心竞争力尚未形成的时候，新创企业应该对自身有清醒的认识，采用合适的方式与对手周旋，争取生存机会，然后不断积累实力，加强自身的地位。

（一）生存第一，活下来为首要目标

在创业初期，企业的首要任务是从无到有，把产品或服务卖出去，掘到第一桶金，在市场上找到立足点，使自己生存下来。此时，生存是第一位的，一切围绕生存运作，一切危及生存的做法都应避免。

“别再跟我谈对新产品的构想，告诉我你能推销出去多少现有的产品”，是这一时期的典型独白。重要的不在于想什么，而在于做什么，一切以结果为导向。企业里的大多数人，包括创业者在内，都要出去销售产品。正因如此，企业往往缺乏明确的方针和制度，也没有严格的程序或预算，企业的决策权高度集中，不存在授权，是创业者的独角戏。此时企业不清楚自己的能力和弱点，只是开足马力全速前进。在创业初期，企业是机会导向的，有机会就做出反应，而不是有计划、有组织、定位明确地开发、利用自己所创造的机会，这往往使企业被环境所左右而不是去左右环境，被机会所驱使而不是创造和驾驭机会，会导致企业不可避免地犯很多错误。此时，企业应制定一套规章制度以明确该做什么不该做什么，逐渐规范起来。

拓展阅读 10-1

迅雷公司起步

（二）现金为王，依靠自有资金创造自由现金流

现金对企业来说就像是人的血液，企业可以承受暂时的亏损，但不能承受现金流的中断。现金流中断即资金链断裂，可能使新企业受到重创甚至导致企业破产倒闭。所谓企业的自由现金流，就是不包括融资，不包括资本支出以及纳税和利息支出的经营活动的净现

金流。自由现金流一旦出现赤字，企业将发生偿债危机，可能导致破产。自由现金流的大小直接反映企业的赚钱能力。现金流的管理不仅是创业初期，也是成长阶段的重点，区别在于对创业初期来说，由于融资条件苛刻，只能依靠自有资金运作来创造自由现金流，导致管理难度更大。创业初期的现金流管理要求经理人必须千方百计增收节支、加速周转、控制发展节奏，像花自己的钱那样花企业的钱。“现金为王”是初创企业的现金流管理原则。

(三) 分工协作，所有的人做所有的事

企业在初创时，尽管建立了正式的部门结构，但很少能按正式组织方式运作。通常是虽然有名义上的分工，但运作起来是哪里需要就往哪里去。这种状态看似“混乱”，实际是一种高度“有序”的状态。创业初期的企业很有人情味，相互之间都直呼其名，职位没有高低之分。每个人都清楚组织的目标和自己应当如何为组织目标做贡献，没有人计较得失，没有人计较越权或越级，相互之间只有角色的划分，没有职位的区别。这种在企业初创时期锻炼出来的团队领导能力，是经理人将来领导大企业高层管理班子的基础。

(四) 事必躬亲，创业者亲自深入运作细节

创业初期的创业者不能当大老板、“甩手掌柜”，而是大都有过这样的体验：曾经直接向顾客推销产品，亲自与供应商谈判折扣，亲自到车间追踪顾客急需的订单，在库房里卸货、装车，跑银行、催账，策划新产品方案，制订工资计划，被经销商欺骗，遭受顾客当面训斥等。创业者对经营全过程的细节了如指掌才使得生意越做越精，企业越做越大。随着企业的逐渐发展，创业者不可能再深入企业运营的各个环节，去亲自贯彻落实企业的制度，授权和分权成为必然，企业管理最终转变为职业化的专业管理。

三、新创企业普遍存在的问题

在初创阶段，企业往往只瞄准某一市场空白点，如果推销工作做得好，企业的成长性会很好，投资回报率相对于其他阶段要高许多，企业销售收入能够获得快速增长。由于已有资源不多，企业觉得承担风险的代价不大，勇于冒险，创业者充满了探索精神。创业者充满对未来的期望，往往能够容忍暂时的失误，因此这一时期的创业者对未来的期望值大于已有成就。内部结构简单、办事效率较高等，都是企业在创业初期的典型优势。但也正因为以上优势，当企业由小到大快速成长之后，随着人员的膨胀、市场的扩展等，一些管理问题随之而来。

(一) 资金不足

低估对现金和经营资金的需要是较普遍的现象，这源于创业初期创业者典型的热情心态。对于所要承担的义务而言，热情起到一定作用，不可或缺，而对资金需要的客观看法却与这种富有幻想的热情不相容。这种倾向实际上就是把成功的目标定得很高，而低估了

对资金的需求。并且，企业的产品销量越大，出现资金不足问题的可能性越大。一个企业的平均年销售增长率若超过 35%，企业的自有资金一般就不足以支撑这种增长，此时就会遇到资金周转的困难。

为获得资金，企业常常犯一些基本的错误：把短期贷款用于较长时间才能产生效益的投资项目；开始用折扣刺激现金流的产生，有时折扣太大以至于不足以弥补变动成本，结果是卖得越多、亏得越多；不计成本地把股份转让给风险资本家等。创业者应该逐渐重视企业的现金流量、贷款结构和融资成本等，制订符合实际的经营计划，而且要以“周”为单位来监控现金流量。记账的重点是现金流量，权责发生制虽有利于纳税和盈利分析，但对于及时监控企业生存却帮助不大。严格监控应收账目周转率和存贷周转率也是防止经营资金不必要增加的基本手段。

(二) 制度不完善

创业初期，企业要不断面对各种意外问题，如顾客投诉、供货商令人不满、银行不愿贷款、工人磨洋工等。由于没有先例规章、政策或经验可资借鉴，产生了企业的行动导向和机会驱动，这也意味着给规章制度和企业政策所留的空间很小。此时的企业正在试验、探寻成功的含义，一旦把成功的内涵搞清楚了，就会通过制定规章制度和政策来保证今后能取得同样的成功。这一阶段制定规章制度和政策有可能扼杀满足顾客需求的机会，但缺乏规章制度和政策，为了获取现金而过于灵活或采取权宜之计，又会使企业养成“坏习惯”。习惯成自然，而且这种习惯会持续到未来，对将来造成影响。

对于初创期的企业而言，这类“坏习惯”的代价不高、收益不小。但随着企业员工和客户的增加，“坏习惯”的价值下降了，代价却直线上升。这样的例子比比皆是。例如，为争取到订单，企业会千方百计去满足客户的需要，但随后却可能造成创业者对企业失控。在这种情况下，签订风险很高的大宗合同之后，结果可能是巨大的损失。虽然这对初创期的企业而言是正常的，但却使企业非常脆弱、易受挫折，问题常常演变成危机，这种状况把管理人员变成了“消防队员”。

(三) 因人设岗

初创期的企业，人们所承担的责任和义务是重叠或交叉的。例如，总经理可能既管采购，又管销售，还兼管设计；销售人员可能要承担一部分采买工作；会计人员有时又是办公室主任。这时的企业是围绕人来组织，而不是围绕工作本身进行组织。企业以缺乏规划的方式成长，它只是对各种机会做出反应，而不是有计划、有组织、定位明确地去开发、利用自己所创造的机会。

对于初创期的企业而言，事事优先是正常状态，当企业不断成长，不可避免地犯了一些错误之后，就逐渐学会了哪些事不能去做。这是一个不断试错的学习过程，当初创期的企业出现了大的失误，如损失了市场份额、丢了大的客户或赔了一大笔钱时，企业就被推入了下一个生命阶段。

爱迪思认为，企业初创期成就越大，自满程度越高，所出现的危机就越大，推动企业变革的作用力也就越大。企业终会认识到，自己需要一整套规章制度来明确该做与不该做的事情。规章制度的完善表明企业强调管理子系统的急迫性，这时企业过渡到下一个发展阶段。如果没有出现这种强调管理制度的情况，企业就会陷入被称为“创业者陷阱”或“家族陷阱”的病态发展之中。爱迪思认为，企业初创期出现的问题有些属于正常现象，可以随着企业的成长慢慢解决；而有些问题则属于不正常现象，需要尽力避免。

四、新创企业管理技巧

新创企业成立之初往往都是从零开始。可以通过规模、资金、员工人数等数量指标区分小企业和大企业，但这些指标并不能从本质上揭示两者之间的区别，两者的关键差异在于计划性、创新能力、控制系统和竞争优势来源。新创企业通常缺乏制订计划的能力，也不存在大量数据资料作为决策参考。因此，小企业往往没有像大企业一样的长远计划。但小企业经营者为了提高企业生命力，可能更加关注市场变化，更加贴近顾客，更加注重短期的快速反应能力和适应外部动荡的商业环境的能力。

大企业具备创新所需的资金和人才，但由于时滞等问题的困扰，创新能力并不一定强于小企业。相反，如果小企业的创新工作做得好，它们把最新科研成果实现产业化的周期明显比大企业要短。小企业把绩效作为工作的唯一标准，产品出现偏差时会及时纠正，员工安排出现漏洞时会适时调整，无论是对外部市场还是对内部管理，都能有较强的控制能力。大企业由于组织机构复杂、等级层次多，从而影响信息传递速度和决策效率，经常会出现控制能力不足。

所以，小企业并不是规模小的大企业，简单地把大企业成功的管理经验应用于小企业，未必就能保证小企业经营获得成功。创业初期的系统相对集权，有可能使子系统之间严重失衡，缺乏计划和控制系统下高度的灵活性，没有实施专业化管理的土壤。如果各个部门之间协调不好就会降低工作效率，解决办法是有意识地加强和平衡各方面的管理。

(一) 创业初期的营销管理

有别于成熟企业，创业初期的企业拥有的资源极其有限，往往市场份额很小，地理分布也十分狭小，难以形成规模经济。企业急切需要将创造的产品或服务出售，获得收入，如此才能体现企业的价值，同时也对企业进一步的成长奠定基础。卖出产品，换回收入，销售是此时最重要的任务。创业初期的销售有时甚至是不赚钱的，为了吸引顾客使其从消费其他公司的产品和服务转移到消费自己的产品和服务上，即使不赚钱甚至赔钱也卖。所以创业初期的销售收入增长很快，但由于成本增加更快，加上价格往往在成本附近，所以会出现销量很大但却没有利润的困境。随着企业逐渐成熟，开始对已有的销售行为进行规范，对客户进行筛选和细化管理，对产品售前、售中、售后的整个过程进行监控，整合所有销售相关的资源，把销售工作当成经营来做，逐步使销售收入与利润实现同步增长。

1. 营销经典理论

常用的营销经典理论的概念主要有以下几个。

(1) 4P：产品(product)、价格(price)、分销(place)、促销(promotion)。

(2) 7P：产品(product)、价格(price)、分销(place)、促销(promotion)、人员(people)、过程(process)、有形展示(physical evidence)。

(3) 4V：差异化(variation)、功能化(versatility)、附加价值(value)、共鸣(vibration)。

2. 构建营销渠道

美国研究营销渠道的权威路易斯·斯特恩教授将营销渠道定义为：“促使产品或服务顺利地被使用或被消费的一整套相互依存的组织。”产品制造商都会面临营销渠道的问题，但若企业本身是中间商或零售商，那么它自己就是渠道成员。创业企业的营销渠道建设需要从整体上来布局，对所有可能的渠道进行调研和综合评估，逐步构建渠道价值网络。创业企业的渠道是一张白纸，但在白纸上画图比修改图画可能要容易。

(1) 领悟渠道思维。创业企业的营销管理者必须建立正确的渠道管理思维。

① 营销渠道不仅要解决客户买得到产品的问题，更重要的是要与品牌定位和产品特点相匹配，相得益彰，发挥协同效应。品牌所定位的层次也要与营销渠道层次相吻合，建设渠道和打造品牌双管齐下。

② 渠道是合作伙伴，而不是最终消费者，创业企业需要帮助渠道伙伴顺利分销产品，直至产品被最终客户购买和使用，这才算渠道工作的真正完成。以往有些新企业常常误以为把产品销售给渠道成员即可，渠道能否卖出去不关制造企业的事情，企业收回货款就完事了，这种狭隘的做法是完全错误的，最终会导致渠道销售不畅通。

③ 建立渠道影响力。渠道是独立的企业，必然会因为利益上的分歧带来管理的冲突：对待渠道成员应该恩威并施，尽量成为渠道的领导者，通过建设品牌、掌握渠道核心工作和建立后备梯队等方式来获得渠道权力。

(2) 渠道战略决策。企业要考虑是自建营销渠道还是借用成熟营销渠道。绝大多数新企业都会考虑借用营销中介机构和零售机构的成熟渠道，只有少数工业品企业会在企业创立之初就自建营销渠道。几乎所有快速消费品和部分耐用消费品行业的企业都是借用外部渠道(加盟连锁店也算是外部渠道)而不是自建渠道。工业品企业一般既有外部渠道也有自建渠道，通常自建的销售队伍专门开发大客户，传统的代理或经销渠道则满足中小客户的需求或提供服务支持。

因此，对于借助外部渠道资源的快速消费品企业，其自有销售人员主要开展渠道服务和促销工作；耐用消费品通常也借用外部渠道资源，但企业会有服务于渠道的销售队伍和外聘的终端促销人员队伍支持，品牌发展到一定程度可能会自建销售公司和品牌专卖店；工业品企业则可以先使用外部代理或经销商渠道，然后自建销售队伍。当然，渠道本身也是一种企业形态，创业者可以创办自己的营销公司、加盟店、超市等。

(3) 渠道系统设计。渠道系统设计分为以下三个步骤。

① 分析顾客的服务需求，了解顾客对于批量大小、空间便利、产品品种、等候时间、

服务支持等方面的需求水平。

② 识别出主要的渠道选择方案。

③ 对渠道方案进行评估，从经济性、可控性和适应性三个方面来评价和选择最合适的方案。创业型企业需要设计一套适合自身情况的渠道方案，考虑的要点是渠道资源是否优质和渠道合作意愿如何。

创业者常常会发现优质渠道商的合作意愿不强烈，不太愿意与新企业合作，如日化行业最优质的渠道资源肯定被宝洁和联合利华等大品牌占据了，如果创业者在这个行业创业就很难找到宝洁公司的经销商合作，即使经销商愿意合作也不会重视新创企业的产品，新创企业只能另外开拓属于自己的渠道资源。新创企业的渠道设计应该把握两个关键思想：品牌先行和渠道创新。

向一般的渠道拓展，与主流品牌进行同台竞技。例如，食品企业开发休闲娱乐消费终端甚至医药零售终端，像金丝猴奶糖就开拓了连锁药店渠道，采乐洗发水为了突出其中草药特色而选择先进入医药连锁终端。

(4) 管理营销渠道。营销渠道建立之后需要进行长期的管理和维护，持续改进渠道绩效。

① 渠道成员的选择上，需要对渠道成员的资源能力、合作意愿和行业口碑等方面进行综合评价，选择资源能力符合要求、合作意愿强烈和口碑不错的渠道合作伙伴。

② 对渠道成员进行培训，包括产品知识和营销技巧的培训，这种培训能直接提高渠道成员的销售能力和意愿，是很有必要做的渠道服务工作。

③ 激励渠道成员，要制定一套激励措施，定期给予渠道成员一定的激励，如年终返点、销售竞赛等活动。

④ 对渠道成员的绩效进行评估，包括销售指标完成情况、合作水平、特别贡献等方面的综合评估，对业绩优异的渠道成员进行奖励和经验推广，对于业绩不理想的渠道成员则寻找原因甚至予以更换。

创业企业在稳定了现有渠道的基础上，要适时关注渠道的发展趋势，保持对新兴渠道的密切关注，努力通过新兴渠道延伸市场，如开辟网上渠道、增加专卖店等，扩大市场覆盖面。企业增加新渠道通常会受到现有渠道成员的反对，但只要新渠道瞄准的目标消费者和现有的消费者有区别，就可以建立多渠道系统，关键是解决渠道冲突问题。例如，耐克公司在现有的经销渠道基础上，增加了直营的耐克城专卖店渠道，这一新渠道的建立开始遭到了众多原有经销商的反对，但真正建立起来之后反而提高了其他经销商的销售业绩。

(二) 创业初期的人力资源管理

人力资源管理是指在经济学与人本思想指导下，通过招聘、甄选、培训、报酬等管理形式对组织内外相关人力资源进行有效运用，满足组织当前及未来发展的需要，保证组织目标实现与成员发展的最大化的一系列活动的总称。人力资源管理是预测组织人力资源需求并做出人力需求计划、招聘选择人员并进行有效组织、考核绩效支付报酬并进行有效激励、结合组织与个人需要进行有效开发以便实现最优组织绩效的全过程。

学术界一般把人力资源管理分为6大模块：人力资源规划、招聘与配置、培训与开发、绩效管理、薪酬福利管理、劳动关系管理。

企业创业初期人力资源管理的主要特点体现在：由于企业规模小，组织结构层次简单，决策权在主要创业者手中，决策过程简单，只要经营班子制订出可行性方案，就可迅速执行；决策与执行环节少，使得决策集中高效，执行快速有力，对于市场变化能够迅速做出反应；企业人财物、产供销、机构设置、生产方式、经营形式、利益分配、规章制度以及人员使用都由企业自主决定，机构精简、决策自主、反应灵敏、工作效率高，尤其是在用人机制上，创业企业有充分的用人自主权，能够吸引大批的人才加盟。创业型人才和创业型企业有勇气和信心、冲劲，但却缺乏经验，往往是创业前什么事都好办，创业时什么事都难办，创业后什么事都办不好。创业型人才一般年轻人居多，处事不够稳重，欠考虑，在创业初期热情高涨，情绪很能影响合伙人。他们考虑最多的是如何多拉业务、如何扩大业务圈、如何尽快提升销量、如何多进账。于是他们把更多的精力放在跑业务上，放在“钱”“利”“财”上，忽视了企业内部管理，如销售管理、生产管理、技术管理、采购管理、财务管理、后勤管理等，特别是忽视了人员管理的重要性。

初创企业一般都是中小企业，人员配置少、身兼数职，所以不能忽视每一个人对企业的影响力。创业者不能把做企业想象得过于简单，更不能忽视人员管理。企业的发展离不开每一个员工在其中发挥的作用，企业管理人员与基层人员决定了企业的方方面面。人安定，则企业安定；人复杂，则企业复杂。管理好人是企业第一要素，而人又是最复杂的动物，如果不加以管理，往往容易失控，甚至会波及身边人或更多人。一个小企业中，一个员工的情绪常常会不同程度地影响集体情绪甚至整个公司的情绪，不良情绪的出现往往会妨碍工作，扰乱管理，在一定程度上加速了不成熟公司的瓦解。

大学生创业在人力资源方面，有很多外部资源可以供挖掘和利用。例如，可以考虑从一些企业、公益组织、中介和教育机构乃至政府部门获取帮助、信息、咨询意见和培训，企业顾问和大学导师是最常见的、低成本的人力资源顾问。

(三) 创业初期的战略管理

企业战略管理是从全局和长远的观点研究企业在竞争环境下，生存与发展的重大问题，是现代企业高层领导人最主要的职能。企业战略管理在现代企业管理中处于核心地位，新企业的战略管理更是决定企业经营成败的关键。

1. 战略管理的三个层次

理论上认为企业战略可分为三个层次：公司战略、业务战略或竞争战略和职能战略。三个层次的战略都是企业战略管理的重要组成部分，但侧重点和影响的范围有所不同。

(1) 公司战略又称总体战略，是企业最高层次的战略。它需要根据企业的目标选择企业可以竞争的经营领域，合理配置企业经营所必需的资源，使各项经营业务相互支持、相互协调。例如在海外建厂、在劳动成本低的国家建立海外制造业务的决策。

(2) 业务战略或竞争战略是二级战略。业务战略涉及各业务单位的主管及辅助人员。这些主管人员的主要任务是将公司战略所包括的企业目标、发展方向和措施具体化，形成本业务单位具体的竞争与经营战略。例如推出新产品或服务、建立研究与开发设施等。

(3) 职能战略又称职能层战略，是三级战略，主要涉及企业内各职能部门，如营销、财务和生产等部门。

2. 战略管理步骤

企业在不断地发展壮大，在其发展过程中的不同发展阶段及外部环境，资源的价值和控制力度是不同的。因此，组织在不同的发展阶段，不同的外部条件下，所采用的战略、战术是不一样的，企业战略也会不断地做出调整。战略管理方法要有以下四个步骤。

(1) 战略分析。战略分析的主要目的是评价影响企业发展的关键因素，并确定在战略选择步骤中的具体影响因素。战略分析包括以下三个主要方面。

① 确定企业的使命和目标。它们是企业战略制定和评估的依据。

② 外部环境分析。战略分析要了解企业所处的环境(包括宏观环境、微观环境)正在发生哪些变化，这些变化给企业将带来更多的机会还是更多的威胁。

③ 内部条件分析。战略分析还要了解企业自身所处的相对地位，具有哪些资源以及战略能力；还需要了解与企业有关的利益和相关者的利益期望，在战略制定、评价和实施过程中，这些利益相关者会有哪些反应，这些反应又会对组织行为产生怎样的影响和制约。

(2) 战略选择。战略分析阶段明确了企业目前状况，战略选择阶段所要回答的问题是“企业走向何处”。

(3) 战略实施。战略实施就是将战略转化为行动。

战略实施主要涉及以下问题：如何在企业内部各部门和各层次间分配及使用现有的资源；为了实现企业目标，还需要获得哪些外部资源以及如何使用；为了实现既定的战略目标，需要对组织结构做哪些调整；如何处理可能出现的利益再分配与企业文化的适应问题，如何进行企业文化管理，以保证企业战略的成功实施等。

(4) 战略评价。战略评价就是通过评价企业的经营业绩，审视战略的科学性和有效性。战略调整就是根据企业情况的发展变化，即参照实际的经营事实、变化的经营环境、新的思维和新的机会，及时对所制定的战略进行调整，以保证战略对企业经营管理进行指导的有效性。战略调整包括调整公司的战略展望、公司的长期发展方向、公司的目标体系、公司的战略及公司战略的执行等内容。

企业战略管理的实践表明，战略制定固然重要，战略实施也同样重要。一个良好的战略仅仅是战略成功的前提，有效的企业战略实施才是企业战略目标顺利实现的保证。另外，如果企业没能制定出合适的战略，但是能够在战略实施中克服原有战略的不足之处，那也有可能最终获得战略的成功。当然，对于一个不完善的战略选择，如果在实施中不能将其扭转到正确的轨道上，就只能得到失败的结果。

(四) 创业初期的财务管理

1. 加强财务管理专业基础知识的学习

加强财务管理专业基础知识的学习是十分重要的。进行创业的大学生只有了解了企业运作过程中的筹资、投资、营运及利润分配等内容，才能正确处理企业的财务关系并进行有效的财务管理工作。目前，各高校纷纷开展不同形式的创业培训活动，旨在使大学生了解创业，促进大学生的创业活动，减少大学生的创业风险。例如，华中科技大学的"创业精英训练营"、河南师范大学的"SYB 创业培训班"、河南科技大学的"创新创业教育实验班"等，都为有意愿创业的大学生提供了创业学习平台。非财务专业的大学生可以在培训班中学习财务管理知识，为创业做好准备。

2. 树立财务管理意识

大学生初创企业要发展就需要大学生重视财务管理问题，建立完善的企业财务管理制度。此外，大学生不仅需要提高自己的企业财务管理意识，更应该将财务管理意识融入企业每一个员工的意识当中。组织员工学习、定期召开财务会议都能有效促进企业财务管理意识的树立。大学生创业之初，既然很难从无到有地建立一套较为完整的财务管理系统，何不去学习并借鉴其他类似的中小企业的财务管理制度呢？虽然情况可能不尽相同，面对的问题也各有差异，但类似的经验还是可以学习的。例如，资金管理、成本核算、销售收入管理等财务管理制度，可以先借鉴类似的经验再依据自身情况加以修改，从而逐步建立、完善企业的财务管理制度。

3. 规范财务基础工作

对于大学生初创企业而言，没有规范化的财务基础工作，财务管理也只能是空谈。原始凭证的收集与保管、记账凭证的审核与编制、财务报表的编报与审核等工作都是财务基础工作的重中之重。重视财务基础工作是大学生初创企业财务管理的基础。在大学生初创企业发展过程中，应尽快摆脱财务人员一人身兼数职的尴尬局面。对大学生初创企业而言，聘请专业的财务人员虽然会增加相关费用，但行之有效的财务管理工作更是大学生初创企业财务管理必不可少的。规范化的财务基础工作要求同时建立监督审核制度，财务基础工作如果没有监督审核，往往会造成很大风险。

4. 提高融资能力

对于大学生创业，国家和地方都出台了一系列优惠政策，大学生创业时要充分了解国家政策、利用优惠政策。目前，专门针对大学生创业的国家优惠政策主要包括：注册资金允许分期到位，毕业生创办国家指定行业企业可以享受一到两年的减免税，各银行、信用机构简化小额贷款程序，政府所属的人事机构免费为毕业生保管人事档案等。与此同时，地方政府也出台了一些优惠政策，这些优惠政策有助于大学生创业的资金筹集和企业发展。另外，融资的多元化也可以解决大学生初创企业资金紧张的问题。目前，我国的资本市场日益开放，很多外资也进入我国资本市场，大学生应该充分利用外资解决融资困难的处境。

初创企业如果能够增强财务管理意识、加强财务基础规范工作，就可以建立良好的企业信用，从而更方便地从金融机构获得贷款。

5. 建立投资风险机制

理性的投资可以减少投资风险，确保投资收益，促进大学生初创企业的发展。理性投资需要做到以下几点。

(1) 树立投资风险意识，明确投资风险。大学生应该将对投资风险的管理上升到一定高度，真正地重视投资风险，定期开展培训与自我培训，将风险意识融入企业全体员工的意识中去，形成企业文化。建立投资风险评估机制可以有效防范风险的产生，运用阿尔曼模型、概率模型等建立预警机制，运用净现值法、差额投资内部收益率比较法等方法计算投资项目的可行性。在投资项目实施前充分了解投资项目，明确投资收益，避免盲目投资、跟风投资。

(2) 建立风险应对机制。投资风险不能完全避免，因此，如何将风险降低到可以接受的范围也是大学生所必须掌握的。大学生初创企业应该建立一个总体的投资风险应对机制，并在不同投资项目实施前制订相应的、明确的风险应对措施，以明确投资风险发生后大学生初创企业的对策，避免因风险产生而造成的混乱。

(3) 扩展信息获取渠道。信息获取的准确性、有效性和及时性是大学生初创企业合理投资的关键因素。目前，大学生获取信息的渠道众多但如何获取有效的信息仍是许多大学生所迷茫的问题。信息的获取是多方面的，关注国家实时的经济政策，加强与其他企业的合作，加强与行业内部的交流，关注国际经济动向等都有助于大学生初创企业获取投资信息。

(4) 建立监督机制。投资风险的产生可能源自外部，也可能是由于内部问题引发的，建立投资风险监督机制，将投资绩效与权责挂钩，明确奖惩制度，可以避免盲目投资和不理性的投资。总之，大学生创办企业可以解决就业难的问题，也可以将新的创意或者新的技术等转化为生产力。但是，创业之路是曲折的，企业管理工作是艰辛的，特别是大学生初创企业的管理工作更艰辛。企业创业初期，首先要做好财务管理这项工作，这将为企业的发展壮大奠定良好的基础。

6. 做好税务筹划

税务筹划又称税收筹划，是指在纳税行为发生之前，在不违反法律、法规(税法及其他相关法律、法规)的前提下，通过对纳税主体(法人或自然人)的经营活动或投资行为等涉税事项做出事先安排，以达到少缴税或递延纳税目标的一系列谋划活动。

税务筹划在西方国家的研究与实践起步较早，在 20 世纪 30 年代就引起社会的关注，并得到法律的认可。1935 年，英国上议院议员汤姆林提出：“任何一个人都有权安排自己的事业。如果依据法律所做的某些安排可以少缴税，那就不能强迫他多缴税。”这一观点得到了法律界的认同。英国、澳大利亚、美国等国家在税收判例中经常援引这一原则精神。经过半个多世纪的发展，当前税务筹划的规范定义为“在法律规定许可范围内，通过对经营、投资、理财活动的事先筹划和安排，尽可能取得节税的经济利益”。

从税务筹划的起源和定义可以看出，税务筹划不仅是企业利润最大化的重要途径，也是促进企业提高经营管理水平的一种方式，更是企业领导决策的重要内容，这也正是税务筹划活动在西方发达国家得以迅速发展、普及的根本原因。

事实上，税务筹划是纳税人的一项基本权利，纳税人在法律允许或不违反税法的前提下，所取得的收益应属合法收益。所以初创企业应做好税务筹划以增加企业收益。

(五) 创业初期的产品管理

企业的产品管理实际上就是产品的创新、目标市场定位和定价三个方面的管理。

1. 产品的创新

现代企业所销售的产品的概念和以往已经有了很大不同，不再是传统的“物品”，而是涵盖服务、产品、个性等多方面的内容。菲利普·科特勒提出“整体产品”的观点，认为整体产品分为五个层次：核心产品、形式产品、期望产品、附加产品、潜在产品，每个层次都增加了更多的顾客价值及创新性。

(1) 核心产品是产品为顾客带来的基本效用和利益。例如，消费者购买口红的目的不是得到某种颜色、某种形状的实体，而是为了通过使用口红提高自身的形象和气质。

(2) 形式产品是指核心产品借以实现的形式或目标市场对需求的特定满足方式。形式产品一般由五个特征构成，即品质、式样、特征、商标及包装。

(3) 期望产品是指购买者在购买产品时期望得到的与产品密切相关的一整套属性和条件。例如，旅馆的客人期望得到清洁的床位、浴巾、电视等服务。

(4) 附加产品是指顾客购买形式产品和期望产品时，附带获得的各种利益的总和，包括说明书、保证、安装、维修、送货、技术培训等。

期望产品和附加产品可以让消费者更好地享用产品，包括方便、安全、舒适等方面的保障。通常，企业的市场竞争就发生在期望产品和附加产品这两个层次。

(5) 潜在产品是指现有产品包括所有附加产品在内的，可能发展为未来最终产品的潜在状态的产品。例如，彩色电视机可发展为放映机、电脑终端机等。潜在产品意味着下一代新产品开发的方向。

创业者需要从“整体产品”的高度来看待企业生产的产品和提供的服务，以清晰地看到自己产品满足客户需求的程度，并为产品创新提供方向指导。

2. 产品的目标市场定位

面临激烈的市场竞争，企业应从实际出发，发挥优势，扬长避短，将自身优势与社会需求相结合，让产品与目标市场定位无缝对接，目标市场定位的过程一般可分目标市场细分和目标市场战略选择两个步骤。

(1)目标市场细分。目标市场细分对于企业产品定位具有重要意义，企业要想对市场进行细分就必须找到适当的、科学的依据。一般情况下，典型的影响目标市场细分的因素有地理、人口统计、心理及行为等。

(2) 目标市场战略选择。凡事都不要苛求得到所有人的认同。对于刚刚起步的创业者来说，不管前期工作做得多细致，产品有多么好，也不可能得到所有人的认同。美国普利策奖获得者赫伯特·贝亚德·斯沃普曾说过："我无法给你成功的公式，但能给你失败的公式，它就是试图让每一个人满意。"但是创业者在刚开始创业的时候，容易犯这样的错误，希望产品得到消费者的认可，甚至为了满足不同消费者的要求，反复完善和改变自己的产品。所以，选择自己的目标市场尤为重要。一般地说，有三种目标市场战略可供选择。

① 无差异市场营销，是指企业将各细分市场之间的差异忽略不计，推出一种产品，运用一种市场营销组合方案，试图吸引尽可能多的顾客，为整个市场服务。无差异市场的核心是针对市场需求中的共性开展市场营销，舍去其中的差异性。采用无差异市场营销战略的优点是可以减少品种，扩大批量，易于达到规模效益。

② 差异市场营销，是指企业针对各个细分市场的特点，分别设计不同的产品、制订不同的市场营销组合方案，满足各个细分市场的不同需要。采用差异性营销战略的优点：一方面，可以更好地满足不同消费者的需要，有利于扩大销售；另一方面，企业可以同时在几个细分市场上占有优势。

③ 集中性市场营销，也称密集性市场营销，就是企业选择一个或几个有利的细分市场作为目标市场，制订一套营销组合方案，集中力量为之服务，争取在这些目标市场上拥有较大市场份额。采用集中性市场营销战略的优点是：由于企业集中所有力量为一个或少数几个细分市场服务，企业就能比较深入地了解一个或少数几个细分市场的需要及其他情况，便于采取有针对性的市场营销战略，使之在竞争中居于有利的地位，从而提高企业的知名度。

在市场上树立起本企业产品形象并非轻而易举的，企业必须采用恰当的市场定位策略。通常，可供选择的定位策略有以下几种。

(1) 针锋相对定位。把本企业的产品定位在与竞争者相似或相近的位置上，与竞争者争夺同一细分市场。实行这种定位策略的企业，必须具备以下几个条件：能比竞争者生产出更好的产品，该市场容量足以吸纳两个以上竞争者的产品，有比竞争者更多的资源和更强的实力。

(2) 填空补缺定位。寻找新的尚未被占领的，但为许多消费者所重视的位置进行定位，即填补市场上的空白。例如，金利来进入中国内地市场时，就是填补了男士高档衣物的空位。

通常在以下两种情况下适用这种策略：一是这部分潜在市场即营销机会没有被发现，在这种情况下，企业容易取得成功；二是许多企业发现了这部分潜在市场，但无力去占领，这就需要有足够的实力才能取得成功。

(3) 另辟蹊径定位。当企业意识到自己无力与同行强大的竞争者相抗衡，从而获得绝对优势地位时，可根据自己的条件取得相对优势，即突出宣传自己与众不同的特色，在某些有价值的产品属性上取得领先地位，如美国七喜汽水突出宣传其不含咖啡因的特点，成为非可乐型饮料的领先者。

(4) 产品特色定位。产品特色定位是指企业在具体产品特色上定位。例如，迪士尼乐园可以宣称自己是世界上最大的主题游乐场。大也是一种产品特色，它间接地暗示了一种利益，即可从中享受到更多的娱乐。

(5) 属性利益定位。产品本身的属性及由此获得的利益、解决问题的方法及需求满足的程度，能使顾客感受到它的定位。例如，在汽车市场，德国的大众享有“货币价值”之美誉，日本的丰田侧重于经济可靠，瑞典的沃尔沃讲究耐用。在有些情况下，新产品更应强调某一属性。这种属性越是竞争者无暇顾及的，这种策略就越容易见效。

(6) 使用者类型定位。企业常常试图把其产品指导给适当的使用者即某个细分市场，以便根据该细分市场的看法塑造恰当的形象。我国康佳集团针对农村市场的特点，充分考虑农民消费者的特殊需求，定位为质量过硬、功能简单、价位偏低，同时根据农村市场电压不稳的现状，研制了宽频带稳压器等配件产品。

(7) 竞争需求定位。竞争需求定位即对比定位，指定位于与其相似的另一种类型的竞争者或产品的档次，以便与之对比。例如，有一种冰淇淋，该企业广告称其与奶油的味道一样。或者，通过强调与同档次的产品并不相同进行定位，特别是当这些产品是新产品或独特产品时。例如，不含阿司匹林的某种感冒药，定位时应突出与其同档次产品的不同特点。

(8) 比附定位。定位于与竞争直接有关的不同属性或利益。例如，美国的阿维斯公司将自己定位于汽车出租业的第二位，强调“我们是老二，我们将更加努力”，暗示要比第一位的企业提供更好的服务。生产七喜汽水的公司做广告说，七喜汽水是“非可乐”，强调它不是可乐型饮料，意在响应美国当时的反咖啡因运动，暗示可乐饮料中含咖啡因，对消费者健康不利。

3. 产品的定价

产品价格是直接与收入挂钩的关键因素，也是市场竞争的基本武器。创业者由于缺乏市场经验和专业知识，对于产品的定价常常是凭感觉，认知比较片面。常见的一个误区就是认为薄利多销，因此不敢定高价，其实这样会带来非常大的麻烦，很容易使企业在应对竞争与市场变化时失去灵活性，以致陷入被动。其实，产品价格的高低本身不是问题，无法向消费者证明这个价格是合理的才是最大的问题。

新产品的定价高低主要看其创新程度如何，以及竞争对手模仿的速度有多快。如果新产品创新程度非常高，引领潮流，则定高价是完全可行的，也是必要的，由此获得高额利润补偿其高投入或高风险，并支撑其营销与服务体系、后续研发所需要的高投入。如果企业的新产品能够被竞争对手快速模仿，则宜定一个相对低一点的价格来迅速扩大市场份额，以此来阻击竞争对手。

(六) 创业初期的时间管理

时间管理是指在同样的时间消耗下，为提高时间的利用率和有效率而进行的一系列活动。对时间进行管理，可以保证重要工作的顺利完成，留出足够的余地处理那些突发事件或紧急变化。时间管理对创业者个人和新创企业都很重要，创业者应重视并力行时间管理，投入更多的时间到工作中，提高效率和效能。

时间管理的要点：有明确的目标指引方向。目标与价值观契合，懂得并运用“二八法则”，把时间和精力投放到最重要的地方。时间管理的方法：设定目标，设定完成时间，检验完成效果。创业者个人可以用记事本、手机和时间管理软件等工具协助自己更好地管理时间。企业可以利用任务清单、计划进度表等管理时间。

(七) 创业初期的文化管理

李嘉诚说过：“商业的存在除了创造繁荣和就业，最大作用是服务人类的需要。企业是为股东谋取利润的，但应该坚持固定文化，这里经营的其中一项成就，是企业长远发展最好的途径。”企业文化被称作企业的灵魂和精神支柱，是企业发展的动力之源。没有真正深入人心的良好企业文化，创业就是建立在沙滩之上，随时有可能出现严重的风险事故，甚至是灭顶之灾。而企业文化精髓是创业者的创业精神，这是凝聚员工的一笔“不可复制”的财富，更是初创企业生存和发展的关键。

任正非曾说过：“资源是会枯竭的，只有文化才会生生不息。”自创业之初，任正非就亲手培育和创建了生生不息的华为文化，并以企业文化为先导来经营企业，才有了今天的华为。

(1) 着力形成比较固定的企业价值观。价值观是企业文化的基石和核心。企业价值观是指企业及其员工的价值取向，是指企业在追求经营成功的过程中所推崇的基本信念和奉行的目标，因此它对企业员工有着巨大的内聚作用。大多数快速成长的企业都有比较固定的企业价值观，创业者往往倾注全部心血使企业的价值观延续，用于支撑初创企业的生存和健康发展。

知识经济时代需要创业企业形成符合企业实际，独具特色、充满挑战性的理想与追求，并能为广大员工所接受的核心价值观。

(2) 营造浓郁的企业文化氛围。企业文化是企业的无形资产，作为一种资源，企业文化是创业初期企业的第一桶金，创业者应当用心培育和塑造。

企业文化的培育是个长期的过程，需要在企业内营造一个浓郁的文化氛围。培育创业企业文化应当突出个性，不要千篇一律的口号，既要追求时代特色，又要符合企业实际。

个性鲜明、富有特色的企业文化，对内能使员工目标明确、行动统一、行为规范、积极奋进、创新创业、勇攀高峰；对外则能使社会加深对企业的了解及理解，树立企业良好形象，增加对企业的信任度和美誉度。

拓展阅读 10-2

中星微电子公司的创业定位和发展

第四节　大学生创业的模式和项目选择

影响创业成功的因素很多，选择合适的创业模式项目是创业成功的必要条件，意义重大。

一、常见的大学生创业模式

美国戴尔电脑公司总裁麦克·戴尔曾说：“创业没有准则。”他就是说创业没有哪一种固定的模式可以保证我们一劳永逸地接近成功。生活有多种可能，成功也并非只有一种途径，邯郸学步、东施效颦从来都只能贻人笑柄。创业者只有避免盲从，根据自身的实际情况选择适当的创业模式，才有可能取得成功。下面列出几种可行的创业模式，供大学生创业者参考。

（一）互联网创业——网中自有黄金屋

没有人会否认，互联网的出现开启了一个崭新的信息时代，这个时代在深深地改变人们的生活与行为方式的同时，也提供了一种全新的创业方式。当陈天桥、张朝阳在互联网世界里“快意恩仇”时，当李想、戴志康在“后互联网”时代锋芒初露时，人们发现，原来人们可以如此便捷地接近成功。毕竟，互联网创业不同于传统的创业模式，它不需要雄厚的资金支持，也未必需要丰富的创业经验，仅凭借一种对互联网的由衷热爱、一套扎实的专业技术就可利用现成的网络资源创造一个神奇的创业神话。虽然20世纪90年代末的互联网泡沫破灭曾让整个互联网界风声鹤唳、草木皆兵，但对于拥有专业知识而缺乏足够资金与创业经验的大学生而言，互联网创业仍然具有难以抵挡的吸引力。

目前的互联网创业主要有两种形式：一是网上开店，即在网上注册成立网络商店；二是网上加盟，以某个电子商务网站门店的形式经营，利用母体网站的货源和销售渠道。

这种创业模式主要有以下优点：门槛低、成本低、风险小、方式灵活，特别适合初涉商海的创业者。像易趣、淘宝、阿里巴巴等知名商务网站，拥有较为完善的交易系统、交易规则、支付方式和成熟稳定的客户群，加盟这些网站，可谓近水楼台。此外，网络创业还得到了政府的重视和支持，会在政策和服务上给予诸多的优惠和帮助。例如，各地涌现的电子商务创业园，为创业者提供优质的创业环境和服务。

对初次尝试网络创业的大学生而言，互联网创业事先要进行多方调研，以选择既适合自己产品特点又具有较高访问量的电子商务平台。相比较来说，网上加盟的方式可能更适合大学生，这样能在较少的投入下启动创业，边熟悉规则，边依托成熟的电子商务平台发展壮大。

（二）加盟连锁创业——站在巨人的肩上

牛顿曾有句名言：“我能看得更远一些，是因为我站在巨人的肩膀上。”对于大学生创业者而言，也不妨尝试一种“站在巨人肩膀上”的创业模式——加盟创业。

加盟创业以其分享品牌、分享经营、分享资源等诸多优势逐渐成为备受青睐的创业形式。根据新技术设备的不同，加盟费从几千元至几百万元不等，可满足不同需求的创业者。

目前，连锁加盟有直营、委托加盟、特许加盟等形式，投资金额根据商品种类、店铺要求而不同。加盟创业的最大特点是利益共享、风险共担。创业者只需支付一定的加盟费，就能借用加盟商的品牌优势，利用现成的商品和市场资源，并能长期得到专业指导和配套服务，分享总部提供的支持、培训、管理、广告、促销等，不必摸着石头过河，从而大大降低了创业风险。

(1) 对初次尝试加盟创业的大学生而言，加盟创业有以下步骤：①选准行业；②找对品牌；③查看直营店业绩；④查看是否具有完善的加盟机制；⑤查看是否具有健全的培训体系；⑥对总部与加盟店进行实地考察；⑦仔细阅读合同文本；⑧提升创业能力。

(2) 初次创业的大学生选择加盟创业务必慎重，小心提防各种加盟陷阱。

一种是投身的行业“钱景”不佳。如果这个“行业”或这种加盟店的产品是民生必需而非一时流行，并且处在成长阶段，意味着目前的竞争尚不激烈，未来整个市场的成长空间不足。此外，还要考虑加盟店总部是否存在以下问题：总部过于强势；管理经验不足、缺乏应变革新能力；盈利计算设计有缺陷、财务制度不健全；加盟体系发展过快、宣传不合实际、夸大赚钱速度。

说到底经营还得依靠自己，虽然很多特许经营品牌的商业模式是现成的，品牌大小也可能对经营有一定的作用，但市场最终还是要靠自己摸爬滚打，探索出一种适合自己的经营模式，所谓“因地制宜”，也就是这个意思。

一言以蔽之，加盟创业虽然广受欢迎，但也绝非能轻易做到一本万利。总体来说，这种创业模式应注意以下三点。

第一，可以选择行业门槛低但回报高的行业，如房产中介等。

第二，可以选择新兴产品，一旦竞争产品增多，营业额下降时，应立即转向。

第三，整体投资不宜过大，尽量寻找利润高、投入少的小产品加盟，没有经验的人切忌盲目加盟大的连锁项目。

(三) 兼职创业——鱼和熊掌或可兼得

孟子曾告诉我们说：“鱼，我所欲也，熊掌，亦我所欲也，二者不可得兼，舍鱼而取熊掌者也。”但就创业而言，大学生未必不可以尝试一种鱼与熊掌兼得的方式。

大学生兼职创业可分为两个阶段：其一是大学期间通过兼职获得创业经验甚至创业资金，其二是工作后利用工作外的空余时间兼职创业。

大学生利用自己的专业经验和自身的厂商资源在上班时间外进行创业尝试并增加收入，好处是没有任何风险，但应该处理好本职工作与创业的关系。

对于大学生和上班族来说，兼职创业的优势在于既无须放弃本职工作，又能充分利用在工作中积累的商业资源和人脉关系创业，鱼和熊掌兼得，而且不必面对背水一战、进退维谷的窘境，大大降低了创业风险。但兼职创业需要在几条战线上同时作战，对创业者的精力、体力、能力、耐力都是极大的考验，因此要量力而行。此外，兼职创业者最好选择自己熟悉的领域，分清事业发展的主次，在重点做好本职工作、不损害所在单位利益的前提下开展创业活动。

(四) 团队创业——众人划桨开大船

美国硅谷流传着这样一条规则：由两个 MBA 和 MIT 博士组成的创业团队，几乎就是获得风险投资的保证。虽然这种说法有些夸大其词，却揭示了这样一种事实：创业已告别个人英雄主义时代，团队创业渐入佳境。一个由研发、技术、市场、融资等各方面人才组成的优势互补的创业团队，更有可能获得创业的成功。

另据媒体报道，团队创业因其具有将资本、人力化零为整的优势，使一些有着相似经历、背景的创业者因为某种吸引而聚集在团队创业的大旗之下，由退役军人、大学校友、下岗工人组成的创业团队迅速壮大。

发轫于清华大学的"大学生创业计划大赛"为大学生团队创业提供了一个新的创业孵化电子器，这个平台孕育了包括 Yahoo、Netscape 等知名企业，以及清华大学王科、邱虹云等组建的视美乐，上海交通大学罗水权、王虎等创建的上海捷鹏在内的一大批新兴企业。

需要注意的是，组建创业团队时，最重要的是要考虑成员在知识、资源、能力或技术等方面的互补性，充分发挥个人的知识和经验优势，这种互补将有助于强化团队成员间的相互协作。一般来说，团队成员的知识、能力结构越合理，团队创业成功的概率就越大。

(五) 概念创业——从点子中挖掘金矿

如果有人告诉你一个好点子就可以成就一项事业，你相信吗？

比尔·盖茨在总结自己的成功经验时曾说："是什么使微软从小人物一跃而起呢？我们拥有当时巨人没想到的点子。我们总是在思考，曾经遗漏过什么可以使我们保持胜利的东西。"美国视算科技公司董事长艾德·麦克肯的感触如出一辙："我觉得我真正擅长的是当我有了一个点子，然后和一个真正的企业家一起去做，在形成小团队后，越做越大，一路发展下去。"这种凭借创意、点子或想法创业的方式催生了一种新的创业模式——概念创业。当弗雷德·史密斯隔夜传递的想法成就了全球最大的快递运输公司联邦快递；当贝利把旧报纸当作礼品，出售给生日日期与报纸出版日期相同者从而改变了旧报纸的命运；当大卫·H. 克罗克"会飞的邮件"的离奇想法变成了为人们普遍利用的电子邮件；当第一家网络书店、第一个搜索引擎网站 Yahoo、第一个拍卖网站 eBay 不断刷新了人们的思维和视野，很多人开始相信：灵光一闪的奇思妙想竟然也可以成为创业梦想开始的地方！

对具有强烈的创新意识而又缺乏资源的创业者来说，概念创业无疑是一条实现梦想的捷径。但需要注意的是，创业需要创意，然而创意绝不等同于创业，概念创业要求点子必须标新立异，但这些超常规的想法必须具有可操作性，天方夜谭从来不可能变为现实。此外，创业还需要在创意的基础上，融合技术、资金、人才、市场经验、管理等各种因素，如果仅凭着点子盲目行动，创业成功无异于痴人说梦。

一个点子固然能够成就一项事业，但要实现概念创业的成功，把脑中概念变为财富金矿，还要经过以下三个步骤。

(1) 科学分析。当产生了创业灵感之后，创业者应对创业点子进行冷静而细致的分析，了解自己的创意是否独具匠心，是否具有广阔的市场需求，是否具有可操作性，在推行过程中有无防止“克隆”的保护措施等，在此基础上选择最有发展前途并且风险相对较小的创业方案。

(2) 多方咨询。很多时候，人们总是在别人的目光里认识自己。因为很多时候，人们总是“当局者迷”。所以创业者除了要对自己的创业灵感自我审视之外，最好在行动前多听听各方面的意见和建议，如成功的创业者、风险投资家、创业咨询机构等，他们提供的宝贵经验和专业指导，不仅能起到拨云见日的作用，还可以避免个人意见可能导致的片面性。

(3) 积极行动。创业不等于幻想，创业是实干家的实践活动而非空想家的思维过程，因此概念创业最终还是要落实在积极行动上。一个新颖、别致而又切实可行的创业想法只有落实在一些具体的实践活动中才有获得成功的可能性，其中技术、资金人才、市场经验、管理方法等各种资源的获得必不可少。

(六) 内部创业——从员工到老板的轻松起跳

人才流失是许多企业面临的最为棘手的问题之一，于是很多企业主或管理者开始以高薪酬和高福利为筹码，希望借此解决人才流失的难题。但随着薪酬和福利的不断提高，这样一个悖论也开始逐渐浮出水面：不断提高的薪酬和福利待遇水平并没有成为留住员工的制胜法宝，依然有不少优秀人才相继离开。美国行为科学家弗雷德里克·赫茨伯格对这种现象进行充分调查后，提出了著名的“激励因素—保健因素”理论。保健因素就是指那些类似于工资、福利、良好的工作条件等有利于员工安心工作的必要条件因素。对于一个优秀的企业员工而言，他们不甘于在为企业创造大量财富的同时却无法满足自身的创业欲望。当传统的保健因素达到一定程度，如工作待遇、福利等环境因素对员工的吸引力不再起决定性的激励作用时，企业的成长速度往往落后于这些精英分子的成长速度。久而久之，这种状况将导致两种后果：自我消沉和跳槽离职。当然这两个后果都是企业主所不愿意看到的。此时能够对员工产生积极效果的只有激励因素，也就是那些能够满足自我实现需要的因素，包括成就、赏识、更加富有挑战性和成长发展机会的新工作等。于是，“内部创业”概念应运而生。

所谓内部创业，就是由一些有创业意向的企业员工发起，在企业的支持下承担企业内部某些业务内容或工作项目，进行创业并与企业分享成果的创业模式。作为一种激励方式，内部创业不仅可以满足员工的创业欲望，同时也能激发企业内部活力，改善内部分配机制，使员工和企业双赢。

相对于另立山头、自力更生的创业方式，内部创业在资金、设备、人才等各方面资源利用的优势显而易见。由于创业者对于企业环境非常熟悉，在创业时一般不存在资金、管理和营销网络等方面的问题，可以将精力集中于新市场领域的开拓。同时，由于企业内部提供的创业环境较为宽松，即使创业失败，创业者也只需承担较小的责任，从而大大地降低了创业风险。但是内部创业的受惠面比较有限，一般只有大型企业的优秀员工才有机会一试身手。此外，因为这是一种以创造双赢为目的的创业方式，创业者要做好周密的前期准备、选择合理的创业项目、保证最大化的利润回报，才能引起企业高层的关注与支持。同时，要想获得创业成功，也需要创业者和企业共同努力。

(七) 工作室创业——“躲进小楼成一统”

目前，一种新的创业形式——工作室创业，正在全国各地悄然兴起。录音工作室、形象设计室、摄影工作室、服装设计室等如雨后春笋般不断涌现。据报道称，工作室创业正在引发新一轮创业热潮，而大学生以其观念新、魄力大、技术强的优势，已经成为工作室创业的主力军。

工作室创业的好处是注册手续简单。由于工作室几乎没有其他成本，因而其服务价格具有相当强的竞争力。

工作室创业要求个人拥有较新的创意或较强的专业技能，因为大部分工作室都是以大脑或技术为产品，性价比是在市场上制胜的关键，但价格便宜也要以高质量产品为支撑才能维持经营。在创业初期，创业团队也必须通过各种关系，主动开展业务，积极联系有产品需求的客户。工作室创业应该注意以下几点。

(1) 团队组建。一个比较活跃的工作室团队人数应该为 5～10 人，其中 2～5 名专职，3～8 名兼职，还应有 2～3 个业务过硬的核心人物。这样才能给工作室带来较多的业务，并保证业务的完成令客户满意。

(2) 业务开展。工作室成立初期的业务开展应该采取主动出击的方式，努力利用各种关系向市场推介产品，争取尽可能多的客户并与之建立互相信任的合作关系。此外，还可以采取守株待兔的办法。工作室可以在媒体上刊登广告或在互联网上发布帖子，等待有需求的客户上门合作。

(3) 经营策略。经营策略包括以下内容。

第一，保持工作室创意或技术上的优势。创意或技术是工作室创业的“本钱”，所谓“留得青山在，不怕没柴烧”，创业者只有保持自己创意或技术上的优势，创业之火才能经久不息，最终成燎原之势。

第二，做好宣传推广工作。由于创业方式的特殊性，工作室创业的宣传推广工作必不可少。首先，要立足地方，面向地方做好宣传工作，努力在一定区域内提高知名度；其次，要与媒体建立广泛的联系，利用媒体渠道扩大影响；最后，要充分利用互联网宣传自己。例如，到各种网站上发布工作室的相关信息，到各种网站的潜水区发布帖子等。现在随着信息技术的发展，利用小程序、微信公众号等手段进行宣传也非常常见。

(八) 白手起家——日积月累得突破

典型的白手起家型创业是从无到有。这类创业者一般从基层做起，先学习一些经验，筹得一定的资金，并且主要的创业条件基本成熟后，就可以从小规模开始创业。白手起家是一种完全从零出发的创业形式。随着越来越多的超级富豪演绎着一个又一个白手起家的神话，白手起家的创业模式也许让更多期望效仿的人激动不已。不过，白手起家并非人人都做得到。毕竟在诸多创业模式中，白手起家是难度系数最大的一种。白手起家，利用极少的资金，通过艰辛的努力创造自己的事业，最终积累一定的资金并走向事业成功。例如巨人集团就是靠 4000 元起家的。对现在很多期望利用大资金量构筑市场规模的创业者来说，白手起家简直就是天方夜谭。

白手起家需要原始的积累过程，并且是最艰苦的创业方式。白手起家除了意味着缺少创业资金，还意味着创业者缺乏创业必备的社会关系，必须依靠艰苦奋斗，通过一点一滴的积累和摸索，建立起广泛的社会关系。因此，成功率也相应要低很多。

白手起家的创业秘诀中，首先需要广泛的社会关系，因为创业之初的生意来源很大部分需要靠社会关系。有了广泛的社会关系，产品或服务就有了一个好的销售渠道。其次要有预见性，创业者在选择产品或项目时，一般要考虑顺应社会发展的潮流且与众不同，能够把握市场的发展趋势，否则根本无法与其他企业或产品在竞争中抗衡。再次是创业者要有良好的信誉和人品，这样才能吸引一批志同道合、愿意跟随的人，别人才愿意并敢于与创业者合作。最后是要有吃苦耐劳的精神，面对残酷的市场竞争，白手起家者只有付出比竞争对手更多的努力和辛苦，才能取得成功。

现在，大学生白手起家更多的是有了创意、技术和团队，找对市场，经过一番积累，通过吸引投资的方式，迅速获得资金和抢占市场，跳过资本原始积累阶段。

(九) 收购企业——“借鸡下蛋”模式

“借鸡下蛋”模式是指收购现有企业的创业方式，也是比较常见的创业模式。创业者以低价买进经营状况较差或是因其他原因准备转让的企业，经过对购进企业进行整合、调整，使其经营状况得以改善后，再以更高的价格售出。但是，在购买现有企业之前必须先评估收购企业的风险及优缺点。

购买现有企业是一种节省创业时间和成本的好方法，也容易在短期内获利。如果涉及企业并购，则要认真考虑被并购企业的价值，避免出现高价买入的情况。

“借鸡下蛋”的过程中，必须注意收购现有企业可能带来的一些负面的影响，如负债高、资金缺乏、商誉不佳、设备陈旧、商品无销售利润等。这些都是可能发生并影响整个企业运作的问题。因此，在收购现有企业之前，最好彻底了解以上负面因素并仔细评估，这样才不会导致全盘皆输的局面。另外，还可以有选择性地收购现有企业的某一部分，如客户名单、商誉，而不收购其陈旧设备、机器或库存产品等，以减少资金负担。

绝大多数大学生创业者不具备直接收购现有企业的能力，现在更多的是反其道而行之，创办一家发展迅速的企业，特别是高技术企业或专注某一细分市场领域的企业，并使企业迅速发展，通过合适的估值，让行业内大企业收购自己，获得高额回报。

二、项目选择

(一) 创业项目选择应考虑的因素

创业项目选择应考虑可行性、盈利性、市场发展前景和潜力。

(1) 可行性。可行性是指确定和准备一个项目可以实施的各种条件，确保项目可以按照计划顺利进行。例如一个创业团队需要 50 万元的创业初始资金，但是团队想尽了各种融资办法，也只能凑到 35 万元，那么这个项目最终只能是放弃。再如，有些项目因为受到国家政策或法律的限制而不能实施。

创业项目是否可行因人而异，如对学习语言专业的大学生来说，创办一家软件公司是十分困难的，因为不具备相应的专业基础和技术技能，但对于软件编程专业的大学生来说，情况则恰恰相反。所以，在进行创业项目可行性判断时，一定要充分考虑创业环境、创业基础和创业者自身的能力。

(2) 盈利性。盈利性是指创业项目在正式运转以后要能够为创业企业带来利润。即项目实施后预期收入要大于创业投入。一般来说，企业的基本使命可概括为股东获取利润、为员工谋求福利、为客户创造价值、为社会做出贡献，而这些都是建立在企业盈利的基础上的。如果创业项目不能盈利，也就失去了创办的意义。创业者可以采用项目评估的方法，预测创业项目未来的投资回报率，以此作为判断可否盈利的依据。

(3) 市场发展前景和潜力。一个可以实施的盈利项目并不代表是一个值得创业的好项目，因为这种盈利有可能只是暂时的而不具有持续性。因此，创业者还应关注市场的发展前景。良好的市场前景或巨大的市场潜力可以帮助创业企业获得长期稳定的发展。所以在选择创业项目时，一定不能忽视对市场发展前景和市场潜力的评估。

(二) 适合大学生创业的常见项目

1. 大学生创业的传统项目

创业其实就是创业者利用和整合资源对市场机会进行识别与捕捉，为市场提供产品和服务，通过创业项目实现自我价值和收益的过程。从观念上，可以将创业项目分为传统项目和新兴项目。按照创业领域和途径，又可以将传统项目划分为自主经营型创业项目、孵化器型创业项目、网络销售型创业项目和创意服务型创业项目。

(1) 自主经营型创业项目。自主经营型创业项目主要指那些传统的餐饮服装、图书、商品的零售和开发等行业。自主经营型创业项目在创业初期一般都是自行筹措创业初始资金，是需要创业者付出必要劳动力的项目，该项目领域内的行业都需要创业者自负盈亏。这种项目对创业者的创新能力和科技敏锐度要求不高。自主经营项目的风险小，相应的收益偏低。

(2) 孵化器型创业项目。孵化器型创业项目是指创业者通过参加国家、地方政府或学校组织的创业比赛将自己的创业设想变为现实，通过大赛平台模拟创业的过程，帮助创业者积累实践经验，提升个人能力和创业素养。孵化器型创业项目可以充分利用国家和高校的创业资源，帮助大学生进行创业。创业园区的设立为大学生创业提供了免费场地，还可以及时对大学生创业项目提供创业风险评估、创业项目咨询等服务和帮助，并对好的创意进行孵化和催熟。这种项目一般对创业者自身的要求比较高，要求其创业构思具有一定的新颖性、可行性，还要具有一定的科技水平。这种项目风险小、成本低，同时可以享受国家、政府和高校提供的政策优惠与帮助。

(3) 网络销售型创业项目。网络营销型创业项目需要大学生依靠现代网络工具，通过互联网、微博、微信、QQ 等网络社交工具进行线上营销。这种类型的创业项目可以销售特产、化妆品、日用品等一系列商品，其优点是准入门槛低，技术含量不高，只要会操作使用网络工具即可。同时因为是线上销售，经营成本较低，但是也存在规模小、创新性差、经营方式被动的问题。

(4) 创意服务型创业项目。创意服务型创业项目主要需要大学生依靠自身的专业素养和艺术性思维，通过提供创意、设计、构思、策划、安排获取报酬。这种类型的项目主要涉及家装设计、婚庆策划、会议设计、艺术装饰等行业。这类项目对创业者的审美设计、创新思维有一定的要求，同时要求大学生具有一定的美术和音乐素养。

2. 大学生创业的新兴项目

随着科学技术的进步和互联网的创新发展，国家关于大学生创业扶持政策不断出台并得到修正完善，“大众创业、万众创新”的社会氛围也日渐形成。高校对于创业教育模式的探索也在逐渐深入，大学生的创业项目也从传统项目不断向新兴项目演化。

下面介绍三类比较适合大学生创业的新兴创业项目。

(1) “互联网+”创业项目。“互联网+”创业是利用云计算、物联网、大数据等现代信息技术，通过创业者本身的互联网思维将传统的创业项目进行优化升级或改造重组的活动。这种创业项目需要大学生熟悉互联网知识，能够利用互联网思维并依靠“互联网+”的技术和特点来开展创业活动。

“互联网+”创业项目是利用互联网的现代信息技术对传统企业进行升级改造，要求大学生具有互联网思维，并对传统创业项目的营销模式、运营模式和服务模式进行创新。“互联网+”创业项目注重企业之间不同利益方的连接，通过大数据和云计算帮助企业获得更多的顾客资源，为企业编织更大的价值网络，并以此获取更多的利益。例如，淘宝网既为买卖双方提供了交易平台，又促进了支付宝应用，从而实现了多方共赢的局面。

(2) 科技成果转化型创业项目。科技成果转化型创业项目需要大学生对市场需求具有敏锐的辨别能力，依靠高校实验室等科研场所研究出来的科技成果或核心技术，并将这些科研成果转化为产品开展创业。科技成果转化型创业项目具有科技含量高、准入门槛高、创新性的特点，不过一旦成功，创业者将会获得较高的回报。科技成果转化型创业项目除了要求大学生创业者具有敏锐的市场观察能力外，还要求具有较高的收益、科研水平和专业技术素养。科技成果转化型创业项目可以促进高新技术成果由科研项目向商业化转变，促进国家制造业的发展和优化，是值得鼓励的一类大学生创业项目。

(3) 公益型创业项目。公益型创业项目是指大学生改变原有公益项目的运营模式，将其市场化、商业化，通过商业运营模式帮助公益项目获得可持续发展的一种创业活动。公益型创业项目作为一种新兴的创业项目，既可以带动国家公益事业的发展，又可以通过公益组织促进大学生就业，从侧面拉动我国的经济增长。目前，这种创业项目因具有较强的创新性和社会意义而被国家、政府、高校及各类非营利性组织所重视。公益型创业项目需要大学生有爱心、有恒心，并且要有较强的社会责任感和奉献精神。

公益型创业项目的主要特点有社会性、实践性和创业性。这三个特点是公益型创业项目运营的主要依据。社会性是开展公益型创业项目的最终目的，这就需要大学生创业者对社会上存在的问题进行深入的观察、分析和探讨，制定具体可行的方案去解决这些社会问题，以帮助企业获取收益；实践性是指大学生创业者通过公益型创业项目可以获得创业实践的经验，这要求大学生提出的社会问题解决方案要切实可行、高效便捷；创业性是公益型创业项目得以运营的重要保障，应将商业化的运营模式引入公益型创业项目，并根据市场变化对商业运用模式进行不断的修改、调整，促进项目的可持续发展。此外，大学生选择的公益型创业项目必须符合社会发展的要求。

(三) 项目选择的常用方法

项目选择的常用方法有：基于解决实际问题的目的选择创业项目；利用细分市场选择创业项目；从商品不完美的细节处发现项目；基于市场供求差异选择项目。

思考与练习

1. 开办新企业，要做哪些准备工作，你认为最重要的是哪三个？
2. 新企业可能面临的问题有哪些，应该如何应对？
3. 列举适合大学生创业的模式并举例说明。
4. 咨询相关部门、老师或查询资料，制作本地大学生创业政策一览表。

第十一章

大学生创业项目展示

推动创新型经济发展，构建创业型社会是国家进行全面深化改革的重要环节，全社会正在形成创新驱动发展、“大众创业，万众创新”成为主旋律和最强音的新局面。在很多高校，有很多已经行动起来的大学生，他们利用自己的技术专长、人脉资源、市场头脑等，开始了人生的第一次远征。

河南师范大学紧紧围绕“立德树人”的根本任务，深化创新创业教育改革，构建协同、服务、教育、实践“四位一体”的创新创业工作体系，举措得力，特色鲜明，成效显著。近年来，该校的大学生先后获得中国青少年科技创新奖、河南省青少年科技创新奖、教育部“东芝杯• 中国师范大学理科师范生教学技能创新大赛”创新奖等专业类奖项最高奖；1个团队入选小平科技创新团队；16 个项目获得河南省大学生创业体系建设引导资金扶持，总额达 90 万元；在“互联网+”大学生创新创业大赛、“挑战杯”大学生课外学术作品大赛、“创青春”大学生创业计划大赛、数学建模大赛中共获得国家级奖项 50 余项，省级奖项 160 余项；在学科专业竞赛中获得国家、省级奖励 300 多项；15 项创新创业成果入选全国大学生创新创业年会，是河南省入选年会成果最多的高校。本章精选河南师范大学大学生创业者的一些成功案例，展示他们的创业成果。

第一节　多功能奇巧旋转窗

多功能奇巧旋转窗是一种能够达到 360° 旋转开启的门窗，打破了世界流行的平开型和推拉型两种窗型，采用立旋联动式开启，集防护防盗、节能环保、通风大、易擦洗、可智能化开启等优势于一身，是门窗行业中的重大技术创新。团队成立于 2017 年 10 月，由来自物理、化学、新能源材料等多专业的学霸组成，致力于自主研发、授权铝材旋转防护防盗门窗，并且目前已成立公司。多功能奇巧旋转窗荣获国家发明专利，现拥有 9 项授权发明专利、20 余项实用新型专利，为产品独占市场以及打击仿冒产品保驾护航。团队拥有一支强大的研发团队，下设研究中心——新乡市达威智能门窗实用技术研究中心，为产品的研发提供了强有力的技术支撑。

一、项目背景

虽然目前市场上普遍存在的平开窗和推拉窗已经很成熟，但仍然存在一定的弊端。据研究，平开窗和推拉窗出现儿童坠楼、窗户坠落等安全事故的概率较大，而传统窗型外围防盗窗的密集网状结构往往给住户以压迫感、拘束感。河南师范大学大学生创业团队发明的旋转窗型可以很好地解决上述问题。通过团队成员不懈努力，在 2018 年年底，又研发出了第六代 360 度多功能奇巧旋转窗。

二、项目产品介绍

团队成立于 2017 年 10 月，主要产品是多功能奇巧旋转窗。多功能奇巧旋转窗荣获国家发明专利，不同于世界流行的平开型和推拉型两种窗型，采用立旋联动式开启，是门窗行业中的重大技术创新。

三、项目特色介绍

(1) 由于窗户自身具备防盗功能，所以不用安装防盗窗，既美观又节约了成本。

(2) 可在窗户上镶嵌花盆，种花种菜，不仅节约空间还能净化空气。

(3) 轻巧、易于清洗，窗扇可 360°旋转，杜绝身体伸出窗外搞清洁，在室内可轻松、安全地完成玻璃双面清洁工作。

(4) 符合绿色建材对于消声、调温、隔热、防火、防盗等的要求。

(5) 窗户之间缝隙小，有效防止儿童钻出窗户。同时设有逃生窗，在紧急情况下可打开逃生。

(6) 通风散热、导风降温效果好，可以增强室内空气流通，大中空结构利于隔音、阻热。

四、项目团队成员介绍

团队是由河南师范大学化学化工学院、文学院、物理学院的学生组成，并聘任工程师、中国科学技术工作者协会组织会员李一达老师作为企业的研发主任，河南师范大学就业创业指导服务中心王科老师担任企业顾问，河南师范大学化学化工学院杨明国老师担任创业顾问，为企业运营保驾护航。团队成员对门窗市场进行了深入的调查，对市场现状和同行所售门窗的类型、外观、功能、特性都有全面的认识，并形成了独特的运营理念。团队主要成员如下：

郭聪颖，女，河南师范大学化学化工学院 2018 级化学专业本科生，担任项目负责人。

刘倩文，女，河南师范大学物理学院 2017 级物理学专业本科生。

赵梦爽，女，河南师范大学化学化工学院 2017 级化学专业本科生。

张俊超，男，河南师范大学法学院 2014 级知识产权专业本科生。

王天宁，男，河南师范大学化学化工学院 2017 级新能源材料与器件专业本科生。

五、最新发展状况

产品拥有强大的项目基础，由李一达老师指导研发的前五代多功能奇巧旋转窗已在 18 个省份设置代理商，为项目的发展提供了广阔的市场，让项目真正赢在了起跑线上。第六代产品已于 2018 年年底申请了国家专利，相信不久后便可投放市场。

六、未来发展思路

(1) 团队成员在原有项目的基础上提出创新可行的办法来进一步发展项目。

(2) 随着第六代产品的投放，公司计划新增线上营销的模式，对产品进行进一步的宣传和销售。

七、成果展示

多功能奇巧旋转窗效果如图 11-1 所示。该项目荣获中国通信学会举办的 2019 年(第五届)全国移动互联网创新大赛总决赛高校组二等奖(见图 11-2)、河南省第五届“互联网+”大学生创新创业大赛省赛一等奖。目前该项目团队已经注册了公司，营业执照如图 11-3 所示。

图 11-1　多功能奇巧旋转窗效果展示

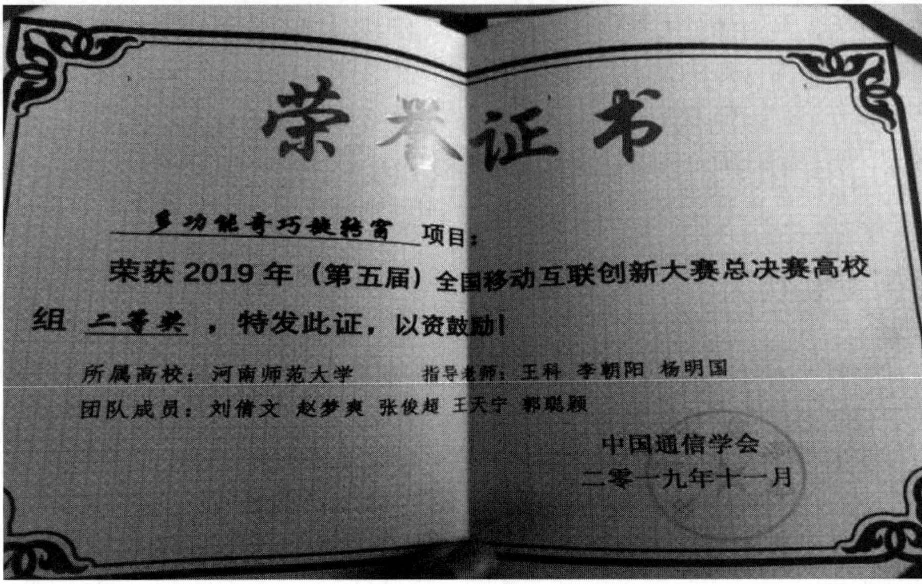

荣誉证书

多功能奇巧旋转窗 项目：

荣获 2019 年（第五届）全国移动互联创新大赛总决赛高校组 二等奖，特发此证，以资鼓励！

所属高校：河南师范大学　　指导老师：王科 李朝阳 杨明国

团队成员：刘倩文 赵梦爽 张俊超 王天宁 郭聪颖

中国通信学会

二零一九年十一月

图 11-2　获奖证书

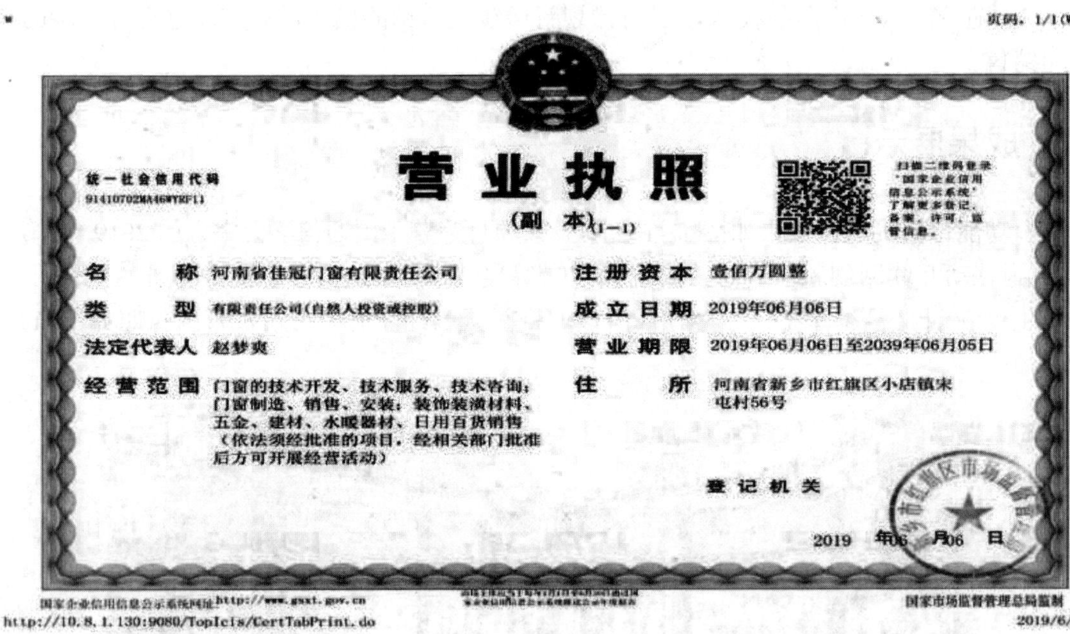

页码：1/1(W)

统一社会信用代码

91410702MA46WYRF1L

营业执照

（副　本）(1—1)

扫描二维码登录“国家企业信用信息公示系统”了解更多登记、备案、许可、监管信息。

名　　称　河南省佳冠门窗有限责任公司

类　　型　有限责任公司(自然人投资或控股)

法定代表人　赵梦爽

经营范围　门窗的技术开发、技术服务、技术咨询；门窗制造、销售、安装；装饰装潢材料、五金、建材、水暖器材、日用百货销售（依法须经批准的项目，经相关部门批准后方可开展经营活动）

注册资本　壹佰万圆整

成立日期　2019年06月06日

营业期限　2019年06月06日至2039年06月05日

住　　所　河南省新乡市红旗区小店镇宋屯村56号

登记机关

2019 年 06 月 06 日

国家企业信用信息公示系统网址：http://www.gsxt.gov.cn

国家市场监督管理总局监制

http://10.8.1.130:9080/TopIcis/CertTabPrint.do

2019/6/6

图 11-3　营业执照

第二节　“无抗”植物饲料添加剂

随着我国经济水平的逐步提升，居民收入增加、文化素质提高，人们的绿色健康消费观念逐步增强，人们对食品消费提出了更高的要求，不仅追求食品的质量，更加注重消费的绿色健康，从而使生态食品成为大家的宠儿。2020 年，两会代表们在呼吁发展“低碳经济”和“有机食品”的基础上，呼吁国家大力发展生态农业和大力推广生态产品，农业农村部更是对养殖行业颁发了一些新的规定，现今政府已经把生态食品的发展提到了重中之重的地位。河南师范大学大学生创业团队所做的复合中药饲料添加剂的项目，正是在当前市场大环境下，开发出绿色无害无残留的添加剂产品，在低成本高收益的前提下为养殖场的禽类健康和食用者安全保驾护航。

一、项目背景

现代大多数养鸡场采用群体养殖，因为鸡本身抵抗力不强，容易患禽流感等传染性疾病，一旦发生上述状况会对养鸡场造成很大的损失。在这种情况下，很多人受经济利益的驱使，在饲料添加剂中过量添加抗生素、激素、化学药品等成分，造成鸡肉的药物残留增多、耐药菌株出现、激素超标等，导致儿童早熟、畸形儿比例增多、生态环境恶化等一系列问题，对人类的健康造成了很大伤害。

二、项目产品介绍

团队产品为蛋鸡和肉鸡的纯天然复合植物饲料添加剂。添加剂全部由纯天然的药食同源中草药和可以用于保健食品的中药组成，兼有药性和营养性的双重作用，无毒副作用、无残留、无耐药性，代替抗生素和一些化学饲料添加剂，摒弃化学药品对鸡的伤害，具有良好的经济和社会效益，是一种高效、环保、安全、无毒副作用的植物饲料添加剂，可以改善鸡肉的质量，明显提高养殖户的经济效益，市场接受度高，推广难度小。

三、项目特色介绍

(1) 降低鸡的发病率和死淘率。
(2) 提高鸡的生产性能，提高饲料利用率。
(3) 有效降低鸡养殖户后期的养殖风险。
(4) 提高鸡屠宰率，全净膛率，降低腹脂率，改善胴体品质。
(5) 提升鸡肉中肌苷酸含量，增强了鸡肉的口感。
(6) 延缓了 pH 值的下降速度，延长了鸡肉的保质期和保鲜期。
(7) 减少鸡肉中重金属和抗生素残留。
(8) 减少鸡粪便中臭气源的产生，改善鸡圈环境。
(9) 降低了饲养成本，明显提高鸡养殖户的经济效益。

四、项目团队成员介绍

团队是由河南师范大学化学生命科学学院、商学院、教育学部的学生组成，并由河南师范大学就业创业指导服务中心王科老师担任指导老师，河南师范大学生命科学学院教授、河南省高校科学技术带头人李景原老师担任技术顾问，为产品研发和商业运转保驾护航。团队成员对禽类饲料市场进行了深入的调查，对市场现状和同行所售饲料的种类、功能、特性都有全面的认识，并形成了独特的运营理念。团队主要成员如下：

段润昊，男，河南师范大学生命科学学院 2017 级生物科学专业本科生，担任项目负责人。

王倩雯，女，河南师范大学生命科学学院 2018 级生物技术专业本科生。

陈方，女，河南师范大学生命科学学院 2018 级生物科学专业本科生。

楚秋玉，女，河南师范大学教育学部 2017 级公共事业管理专业本科生。

陶源，男，河南师范大学商学院 2017 级投资学专业本科生。

五、最新发展状况

产品拥有完善的科研基础和研发条件，由王科老师指导研发的前代植物饲料添加剂已在本省 3 个县区进行定点试运营，收益颇为可观，为项目的发展和产品的改进提供了有效的市场数据，为团队产品的下一步发展和运营提供了更广阔的思路。新一代产品目前已申请国家专利，预期不久后即可投入市场进行新一期的运营。

六、未来发展思路

(1) 采用大数据收集的方式建立客户模型，精准定位客户需求。

(2) 加强线上运营能力，增强线上线下的连接力度，扩大宣传力度，达到最佳营销效果。

(3) 团队成员提供创新、可行的办法，不断改进核心产品技术并及时调整运营模式，聚焦一线有核心竞争力的产品，争取早日打出品牌知名度。

七、成果展示

该项目荣获河南省科学技术普及成果奖(见图 11-4)和 2019 年第五届中国“互联网+”大学生创新创业大赛河南赛区选拔赛一等奖(见图 11-5)。

河南省科学技术普及成果奖

证 书

为表彰河南省科学技术普及成果奖获得者，特颁发此证书。

项目名称：一种纯天然的蛋鸡中药饲料添加剂应用推广

奖励等级：三等奖

获 奖 者：王科 李景原 王太霞 马静潇 李立来

河南省人力资源和社会保障厅　河南省科学技术协会

2016年12月

证书号：2016-3-102

图 11-4　河南省科学技术普及成果奖证书

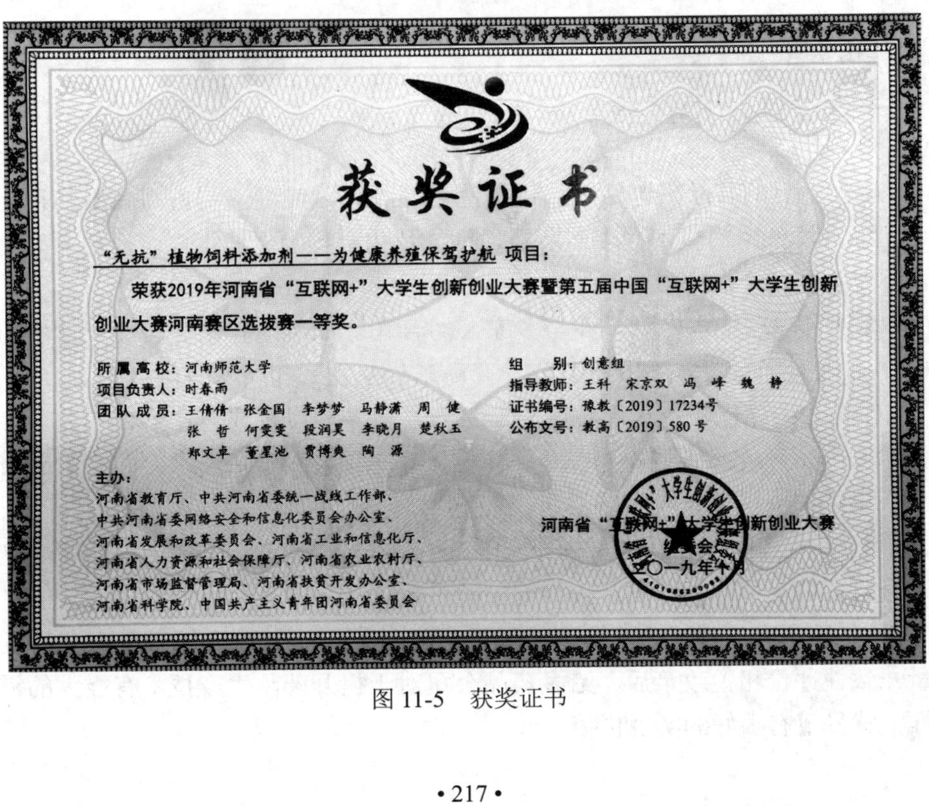

获奖证书

"无抗"植物饲料添加剂——为健康养殖保驾护航 项目：

荣获2019年河南省"互联网+"大学生创新创业大赛暨第五届中国"互联网+"大学生创新创业大赛河南赛区选拔赛一等奖。

所属高校：河南师范大学

项目负责人：时春雨

团队成员：王倩倩 张金国 李梦梦 马静潇 周健 张哲 何雯雯 段润昊 李晓月 楚秋玉 郑文卓 董星池 贾博爽 陶源

组　　别：创意组

指导教师：王科 宋京双 冯峰 魏静

证书编号：豫教〔2019〕17234号

公布文号：教高〔2019〕580号

主办：

河南省教育厅、中共河南省委统一战线工作部、
中共河南省委网络安全和信息化委员会办公室、
河南省发展和改革委员会、河南省工业和信息化厅、
河南省人力资源和社会保障厅、河南省农业农村厅、
河南省市场监督管理局、河南省扶贫开发办公室、
河南省科学院、中国共产主义青年团河南省委员会

河南省"互联网+"大学生创新创业大赛组委会

二〇一九年十月

图 11-5　获奖证书

第三节　立清科技——制药工艺路线优化的领跑者

立清科技成立于2019年5月，应市场需求，致力于提供工艺优化和规模化生产，巩固技术基础，为大型制药公司、中小型制药及生物技术公司提供化学、生产和控制解决方案的一体化服务。

一、项目背景

随着科技的发展，我国的制药产业已迈入新时代，其所关注的重点内容从药物如何获批逐渐转向药物工艺及质量的提高，因为这不仅关乎企业的药物生产管理成本，更关系广大人民群众对药物的信任。与此同时，2020年《中国药典》要求制药的标准基本达到或接近国际标准水平，由于国家政策的大力支持，制药生产工艺路线优化方面具有巨大的市场需求，本项目在此大背景下应运而生。

二、项目产品介绍

立新科技现已依托河南师范大学与相关企业合作，研发了治疗慢性呼吸道疾病的福多司坦、治疗脑血栓的曲克芦丁、降血脂的阿托伐他汀等化合物，并且拥有数十项专利，同时由于国家的严格标准及政策的大力支持，本项目所致力开发的制药生产工艺路线优化具有巨大的市场需求。

三、项目特色介绍

(1) 改良创新后的药品工艺路线，可提高药品收率、纯度，制备高品质晶种，产生合格晶型、晶貌，降低生产成本，生产所需均为绿色化合物，降低毒性，提供良好的合成环境，有利于工业化生产。

(2) 公司拥有多项技术专利，并与多家公司合作。如河南省天方药业、三生药业、新乡市三鑫精细化工、河南知微生物医药、青岛东仁生物医药技术有限公司等。

(3) 合作方式多样化，资金周转顺利。第一，将专利授权或转让给合作公司，并在后续提供技术服务(另外收费)；第二，基于市场及客户需求开发新技术，始终紧跟市场的脚步；第三，提供相关技术专业咨询。

(4) 项目拥有无限潜力。团队依托于河南师范大学，拥有丰富的知识储备与实验技术，同时有资金设备等支持，为开发新技术提供了可能。

(5) 迎合国家发展，响应相关政策，解决当下难题。近年来，国务院办公厅发布关于药物质量一致性评价相关政策后，诸多药品公司对于提升药品生产技术有极大的需求，公司在这样大背景下有很好的实现价值。

四、项目团队成员介绍

公司的研发部经理由河南师范大学化学制药研究所所长李伟教授担任，研发部副经理由高分子化学与物理专业硕士生导师张玮玮博士担任，她拥有多项研究成果，也是阿托伐他汀相关技术的主要发明人。聘请河南师范大学就业创业指导服务中心王科老师担任企业顾问、河南师范大学化学化工学院杨明国老师担任创业顾问，保证企业今后的发展。

团队成员分别来自河南师范大学化学化工学院、法学院、商学院，主要人员如下：

李振兴，男，河南师范大学化学化工学院 2018 级新能源材料与器件专业本科生，担任项目负责人。

裴再林，男，河南师范大学化学化工学院 2017 级制药工程专业本科生。

张译文，女，河南师范大学化学化工学院 2017 级制药工程专业本科生。

刘萌萌，女，河南师范大学化学化工学院 2017 级制药工程专业本科生。

左一含，女，河南师范大学化学化工学院 2017 级制药工程专业本科生。

赵莹莹，女，河南师范大学化学化工学院 2017 级制药工程专业本科生。

白家豪，男，河南师范大学化学化工学院 2017 级化学专业本科生。

五、最新发展状况

公司成立于 2019 年，拥有 4 家固定大型制药企业客户、3 项系列技术、20 余项相关专利，最近开展了对三生药业“强土霉素”的技术服务。项目的前期基础较好，因此潜在客户众多，拥有一定的市场前景。

六、未来发展思路

在初期，本项目凭借福多司坦、曲克芦丁、阿托伐他汀等技术打开河南及周边地区制药企业的市场，并向国内其他地区拓展业务。之后，将不断优化和创新工艺、优化技术，开拓更多自主研发产权成果，使技术服务范围进一步扩大。在未来，要成为大型制药公司以及中小型制药及生物技术公司化学、生产和控制解决方案的一体化服务商，与世界标准接轨，将新的研发技术推出国门，推向世界。

七、成果展示

“立清科技——制药工艺路线的领跑者”项目成果合成路线如图 11-6 和图 11-7 所示。该项目荣获共青团中央、教育部、人力资源和社会保障部、中国科协、全国学联、湖北省人民政府举办的第六届“创青春”中国青年创新创业大赛河南分赛铜奖(见图 11-8)。公司营业执照如图 11-9 所示。

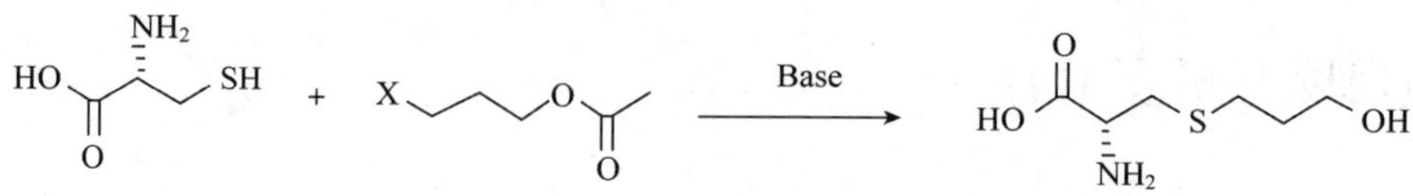

图 11-6　福多斯坦合成路线

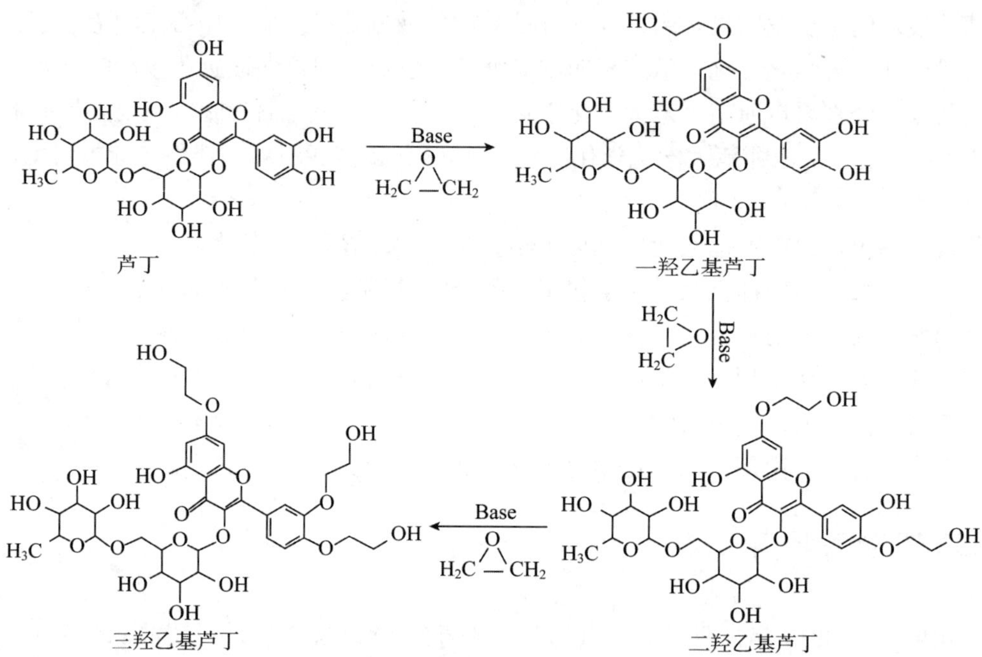

图 11-7　曲克芦丁合成路线

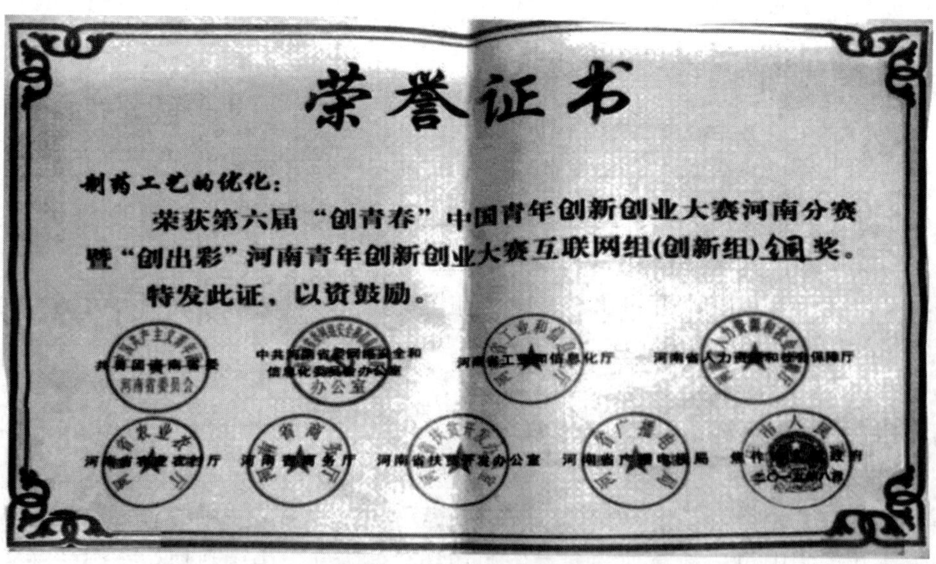

图 11-8　获奖证书

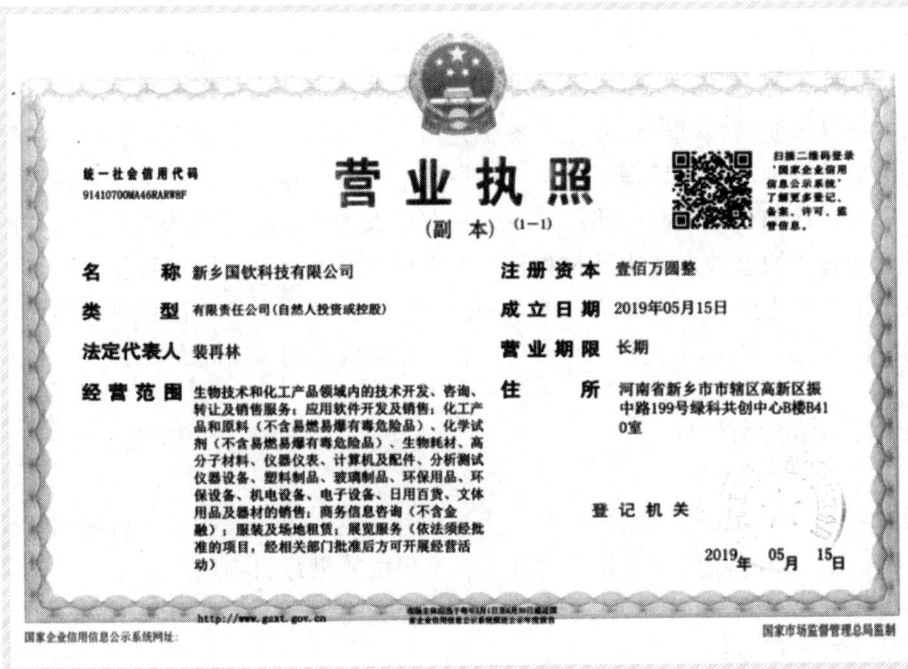

统一社会信用代码
91410700MA46RARW8F

营业执照

（副本）(1-1)

扫描二维码登录'国家企业信用信息公示系统'了解更多登记、备案、许可、监管信息。

名称　新乡国钦科技有限公司

注册资本　壹佰万圆整

类型　有限责任公司(自然人投资或控股)

成立日期　2019年05月15日

法定代表人　裴再林

营业期限　长期

经营范围　生物技术和化工产品领域内的技术开发、咨询、转让及销售服务；应用软件开发及销售；化工产品和原料（不含易燃易爆有毒危险品）、化学试剂（不含易燃易爆有毒危险品）、生物耗材、高分子材料、仪器仪表、计算机及配件、分析测试仪器设备、塑料制品、玻璃制品、环保用品、环保设备、机电设备、电子设备、日用百货、文体用品及器材的销售；商务信息咨询（不含金融）；服装及场地租赁；展览服务（依法须经批准的项目，经相关部门批准后方可开展经营活动）

住所　河南省新乡市市辖区高新区振中路199号绿科共创中心B楼B410室

登记机关

2019年 05月 15日

国家企业信用信息公示系统网址：http://www.gsxt.gov.cn

国家市场监督管理总局监制

图 11-9　营业执照

第四节　快繁技术在中药材种植中的应用——助力柳湾脱贫致富

快繁技术在中药材种植中的应用——助力柳湾脱贫致富项目主要利用团队自主研发的植物非试管快繁技术和优势新品种，为农户提供质优价廉的中药材种苗以及先进的种植技术，降低种植成本，提高农民收益，致力于照亮农村致富路，助力乡村振兴。

项目团队拥有自主研发的植物非试管快繁技术，结合先进的杂交育种、诱变育种技术，培育出了多个优势中药材新品种，并且均已经过新品种鉴定，具有药用成分高、产量高、抗病害效果好等多种优点。同时以中药材种植培训、中药代加工、相关技术指导等为附属业务。项目团队贯彻落实国家政策，号召更多青年学生扎根中国大地了解国情民情，在创新创业中提升自身能力的精神，实现中药材价值的提升，增加中药材种植的效益，助力农村经济发展，实现精准扶贫。

通过将非试管快繁技术应用于中药材种植的新方式提升传统中药材自身价值，扩大中药材种植范围，提高种植户的经济收入，开创新型惠农产业，倡导社会更加关注中药材种植的社会意义，弘扬中药材文化。希望项目产品成为河南师范大学在响应国家“助力脱贫攻坚，建设美丽乡村”号召中的一张独特靓丽的名片。

一、项目背景

河南省辉县市柳湾村气候适宜，水资源充沛，适合皂荚、金银花、黄芩等中药材的生长。另外，皂荚等中药材易管理，具有一次种植、连续多年收益的优势，为柳湾村脱贫致富提供了思路。现如今，国内中药材市场仍具有很大潜力，项目团队正是从这样的一个机遇点出发，通过“快繁技术在中药材种植中的应用——助力柳湾脱贫致富”项目，把柳湾村打造成一个大型中药材种植基地，使其种植形成规模化，科学化高效种植体系，从而产生巨大的经济效益，带动村子整体的经济发展，照亮柳湾的致富路。

二、项目产品介绍

本项目利用植物非试管快繁技术和优质新品种，培育了一大批质优价廉的新品种中药材种苗，经检测均具有药效成分高、产量高、抗病虫效果好的特点。

三、项目技术优势

项目团队拥有自主研发的植物非试管快繁技术，支持快繁技术的是两个核心部分：优良植物生根剂和新型控温控湿培养装置。

(1) 植物非试管快繁技术具有取材少、适应性广、易操作、繁殖速度快、成本低，成熟苗纯度高、无病虫、根系发达完整，栽培后植物生长速度快、开花结果早、丰产性好、无须喷施农药等优点。

(2) 项目利用快繁技术培育出的中药材种苗，根系吸收能力增强，生长周期缩短，农户收益时长减短，同时可以规避市场中药材相关产品的价格浮动而带来的亏损。

(3) 在种植时，提供了一套农业种植控温控湿机械装置和智能农业灌溉系统。可以有效规避传统灌溉的缺点，减少了资源浪费，提高了中药材植株的存活效率，提高了中药材产量，增加了中药材有效成分的积累，极大地降低了中药材的种植成本，增加了农户的收益，有利于大面积推广。

四、项目团队成员介绍

项目成员涵盖生物科学、药用植物学、财务管理等多个学科，团队梯队建设合理，具备较好的专业素质和实践操作技能，有强烈的社会责任感和奉献精神，为项目的各项业务开展奠定了良好的基础。本团队由河南师范大学就业创业指导服务中心王科老师担任运营指导，依托于河南师范大学国家重点实验室、河南省高校道地药材保育及利用工程技术研究中心等多个科研平台，拥有李景原、李建军多名教授的专家团队，无论是在中药材新品种育种方面，还是在新设备、新技术的研发方面，都拥有极大的优势。

团队主要成员如下：

董星池，女，河南师范大学生命科学学院 2017 级生物科学专业本科生，担任项目负责人，主要负责研发新型植物生根剂及技术所需培养装置等。

马静潇，女，河南师范大学生命科学学院药用植物学研究生，主要负责新品种育种等。

陈炳全，男，河南师范大学生命科学学院 2017 级生物科学专业本科生，主要负责研发新型植物生根剂及培养装置。

帖逸飞，男，河南师范大学商学院 2017 级本科生，主要负责市场调研以及财务管理等。

团队核心成员合影如图 11-10 所示。

图 11-10 团队核心成员合影

五、最新发展状况

目前项目团队在技术方面已拥有 3 项国家专利，已培育出 2 个皂荚新品种和 3 个金银花新品种。新品种培育及技术研发工作仍在有序进行，团队成员线上线下相结合指导种植，为下一阶段的宣传防虫防病种植技术积极策划；市场部积极在网上联络药材商，了解其需求以扩展销路，努力打造中药材产业链。

六、未来发展思路

项目团队将从两个技术方面谋求发展：一是开发更优良的植物生根剂，二是不断开发新型的植物非试管快繁培育的温湿度调控设备及智能种植系统。

同时，项目将积极寻求药企合作，提高产业链的后端加工和转化能力，发展中药材生产销售产业链，最大限度地提高农民收益，致力于打造一个柳湾特色中药材种植基地。

七、成果展示

项目团队已指导柳湾村村民成立辉县市向华种植专业合作社(社员 139 人)，已经种植皂荚 400 余亩，预期 2021 年年底达到 600 亩。现在亩产收益从 2000 元提高并稳定在 12 000 元左右，相比种植粮食作物，每亩地至少可多收益 5 倍。该项目在 2019 年荣获第五届中国“互联网+”大学生创新创业大赛省级一等奖(图 11-11)。

获奖证书

快繁技术在中药材种植中的应用—助力柳湾脱贫致富 项目:

荣获2019年河南省“互联网+”大学生创新创业大赛暨第五届中国“互联网+”大学生创新创业大赛河南赛区选拔赛一等奖。

所属高校：河南师范大学
项目负责人：董星池
团队成员：李许南 李梦梦 马静潇 杨凯鑫 王凯 陈炳全 帖逸飞 李凯欣

组别：公益组
指导教师：宋京双 王科 冯峰 魏静 李景原
证书编号：豫教〔2019〕17300号
公布文号：教高〔2019〕580号

主办：
河南省教育厅、中共河南省委统一战线工作部、
中共河南省委网络安全和信息化委员会办公室、
河南省发展和改革委员会、河南省工业和信息化厅、
河南省人力资源和社会保障厅、河南省农业农村厅、
河南省市场监督管理局、河南省扶贫开发办公室、
河南省科学院、中国共产主义青年团河南省委员会

河南省“互联网+”大学生创新创业大赛
组委会
二〇一九年十月

图 11-11　获奖证书

第五节　源净环保板材胶

“源净环保板材胶”已申请了配方的发明专利。目前，项目组已申请该胶水包括制作流程的三项专利。产品已通过了专业的质量检测，待投入使用后，可大大降低环境污染，促进板材行业的发展。

一、项目背景

2017 年，团队在与新澳板材厂合作的过程中发现，目前黏合板材所用的胶成本高，生产每千克板材所需胶水的成本约占总成本的 20%，污染问题严重，在使用过程中会造成水污染和空气污染。随着我国经济的发展，环境问题逐渐引人注目，部分板材厂因为胶水污染问题被迫关停，因此无毒或低毒的环保型胶黏合剂将成为当今世界胶黏合剂行业发展的主流。在这样的背景下，环保板材黏合胶项目应运而生。

二、项目产品介绍

“源净环保板材胶”是由团队自主研发的一种新型无甲醛、无毒无害的黏合剂，旨在降低胶水中的甲醛含量，降低板材胶在使用过程中产生的环境污染，同时为部分因污染问题而被迫关停的板材厂提供新的发展机遇。该板材胶是由白芨胶、糯米粉、二癸基二甲基氯化铵、羧甲基纤维素钠等十几种成分与水以一定比例混合制成。经质检单位的检测认证，“源净环保板材胶”具有防水防潮、固化速度快、黏合性强、成本低廉等优良特性。

三、项目特色介绍

(1) 黏合强度高，板材胶的黏合度能达到传统黏合胶的几倍，无论在热压或者冷压状态下均可达到理想的黏合效果。

(2) 在技术水平上，脱离了传统制胶的桎梏，采用水做黏度调节剂，有效降低了游离甲醛的含量。

(3) 板材胶的防水性强，在浸泡 24 小时后仍能够保持超过 120kg/cm^2 的黏结强度，在性能上可以与很多高质量的 MDI 胶相比。

(4) 环保板材胶无甲醛，达到国家标准的 E1 等级，耐酸耐碱，防水防潮，固化快，黏结强度高，价格低。

四、项目团队成员介绍

团队成员主要来自河南师范大学数学学院、生命科学学院、环境学院等，并拥有两名化学化工专业博士，是一支成熟、高效、科学的管理团队，有着独特的运营理念。团队主要成员如下：

何在芳，女，河南师范大学数学与信息科学学院 2018 级应用统计学专业本科生，担任项目负责人。

魏祎，女，河南师范大学环境学院 2018 级给排水科学与工程专业本科生。

李诗月，女，河南师范大学生命科学学院 2018 级生物技术专业本科生。

石丽媛，女，河南师范大学数学与信息科学学院 2018 级应用统计学专业本科生。

裴茗炀，女，河南师范大学数学与信息科学学院 2017 级信息技术与管理专业本科生。

朱梦瑶，女，河南师范大学旅游学院 2017 级旅游管理国际双语中英专业本科生。

五、最新发展状况

项目目前处于试运营阶段，已生产环保板材胶 85 吨，与新澳板材厂合作，销售 59.5 吨，盈利 17 万元左右，有着广阔的市场空间。目前，项目组已申请该板材胶配方包括制作流程的三项专利，解决板材胶生产及使用过程中的环境污染问题，也为板材厂提供新的发展机遇。

六、未来发展思路

(1) 加强对市场需求的调研，搜集更多客户的反馈，进一步增强板材胶的产品性能。

(2) 将重点放在完善产品和宣传销售方面，优化板材胶环保性能的同时尽可能地降低生产成本，做到高质量、高盈利。

七、成果展示

该技术拥有一项实用新型专利(见图 11-12)。该项目荣获 2019 年第五届中国“互联网+”大学生创新创业大赛河南赛区选拔赛一等奖(见图 11-13)、第三届“豫创天下”创新创业大赛新乡市分赛区创新组“一等奖”(见图 11-14)。

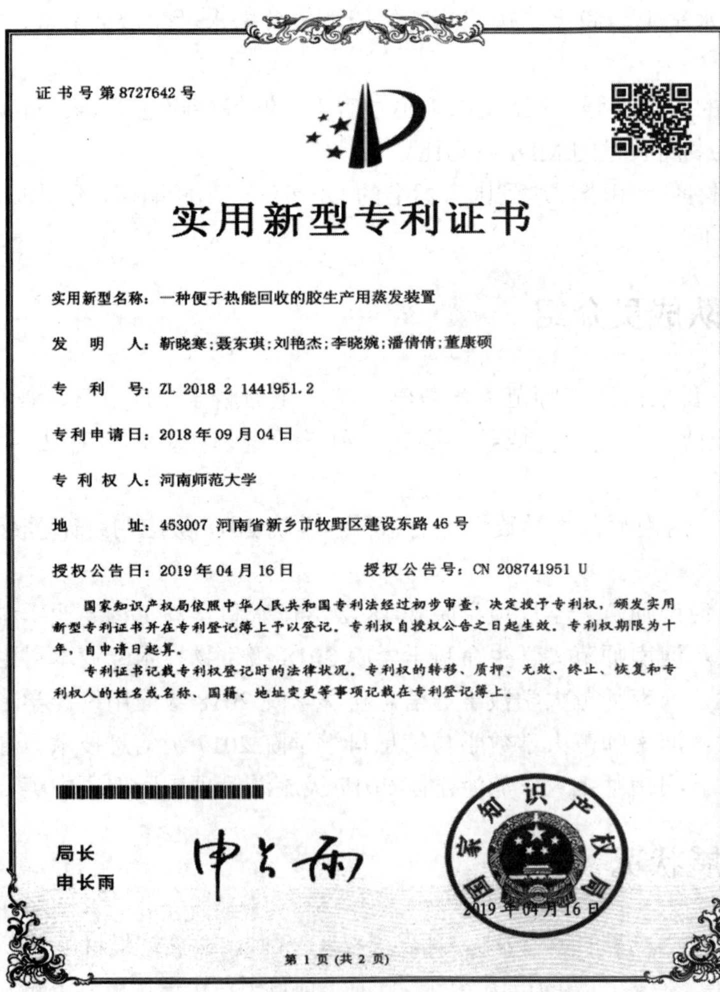

证书号第8727642号

实用新型专利证书

实用新型名称：一种便于热能回收的胶生产用蒸发装置

发 明 人：靳晓寒;聂东琪;刘艳杰;李晓婉;潘倩倩;董康硕

专 利 号：ZL 2018 2 1441951.2

专利申请日：2018 年 09 月 04 日

专 利 权 人：河南师范大学

地 址：453007 河南省新乡市牧野区建设东路 46 号

授权公告日：2019 年 04 月 16 日　　授权公告号：CN 208741951 U

国家知识产权局依照中华人民共和国专利法经过初步审查，决定授予专利权，颁发实用新型专利证书并在专利登记簿上予以登记。专利权自授权公告之日起生效。专利权期限为十年，自申请日起算。

专利证书记载专利权登记时的法律状况。专利权的转移、质押、无效、终止、恢复和专利权人的姓名或名称、国籍、地址变更等事项记载在专利登记簿上。

局长
申长雨

2019 年 04 月 16 日

第 1 页 (共 2 页)

其他事项参见背面

图 11-12　专利证书

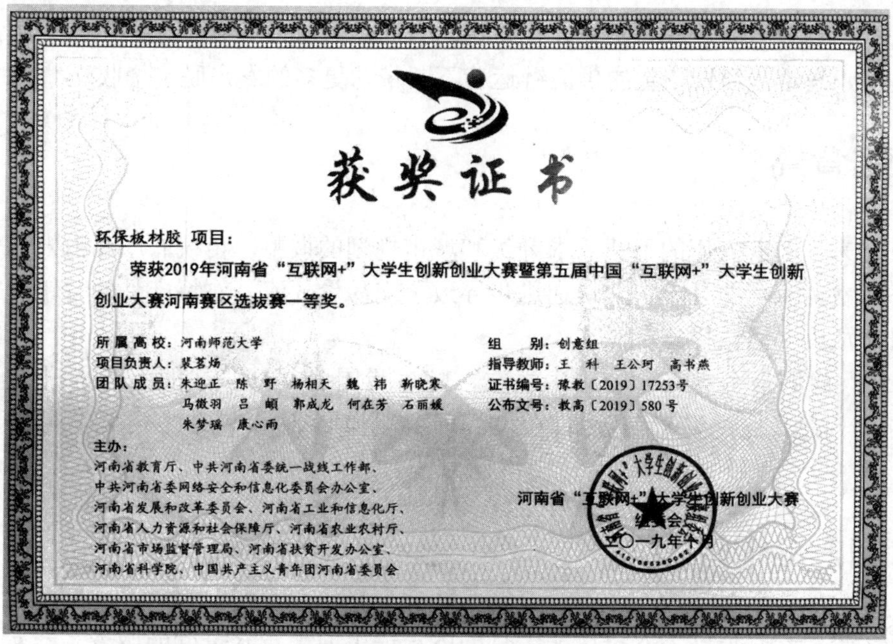

获奖证书

环保板材胶 项目：

荣获2019年河南省“互联网+”大学生创新创业大赛暨第五届中国“互联网+”大学生创新创业大赛河南赛区选拔赛一等奖。

所属高校：河南师范大学
项目负责人：裴茗炀
团队成员：朱迎正　陈　野　杨相天　魏　祎　靳晓寒　马徽羽　吕　頔　郭成龙　何在芳　石丽媛　朱梦瑶　康心雨

组　　别：创意组
指导教师：王　科　王公珂　高书燕
证书编号：豫教〔2019〕17253号
公布文号：教高〔2019〕580号

主办：
河南省教育厅、中共河南省委统一战线工作部、
中共河南省委网络安全和信息化委员会办公室、
河南省发展和改革委员会、河南省工业和信息化厅、
河南省人力资源和社会保障厅、河南省农业农村厅、
河南省市场监督管理局、河南省扶贫开发办公室、
河南省科学院、中国共产主义青年团河南省委员会

河南省“互联网+”大学生创新创业大赛
组委会
二〇一九年十月

图 11-13　获奖证书(1)

第三届“豫创天下”创业创新大赛新乡市分区赛

豫创天下

在第三届“豫创天下”创业创新大赛新乡市分区赛阶段取得优异成绩，获得新乡市分区赛创新组“一等奖”。

特颁此证，以此鼓励。

图 11-14　获奖证书(2)

第六节　创盟云商——打造助力农特产品上行的区块链电商平台

创盟云商——打造助力农特产品上行的区块链电商平台项目是一个以乡村振兴、精准扶贫为宗旨，通过联合一群大学生创业者，运用互联网运营和多元化营销渠道销售农特产品

的电商平台。创业团队从农村出发，挖掘优质农产品，打造互联网化的运营风格，实施多场景化的用户思维，通过稳定的供应链运营不断带动更多的农户脱贫增收。

一、项目背景

近几年来，随着人们的消费需求升级和城市规划的调整，传统农产品批发市场已难以适应时下消费需求。并且零售业快速进步导致了交易量分流，农特产品的营销模式和渠道的转型升级成为必然选择。

“三农”问题是全党工作的重中之重，随着我国脱贫攻坚战的不断推进，解决农特产品的滞销问题，促进整个农业生产链的升级，助力乡村振兴是当代大学生义不容辞的责任。

二、项目产品介绍

创盟云商——打造助力农特产品上行的区块链电商平台农特产品服务平台是一个响应国家“乡村振兴”“精准扶贫”政策，针对农产品滞销、中间商赚差价、农民收入低等问题，运用区块链技术，精准链接农民、第三方物流、消费者的服务平台，帮助农村地区打造个性化、品牌化农特产品，促成农产品在全国的推广。

三、项目特色介绍

项目依托“中关村创客小镇”“河南京科创业孵化园区”“星猿云商”等平台，为平台提供专业技术支持。平台汲取乡村地域文化，用包装为品牌注入文化，设计具有鲜明品牌个性的系列化包装并且设计多样化的规格与结构，打造“农户+自媒体+第三方物流+终端消费者”的社交电商渠道模式。

项目计划初期开拓以原阳县为核心，辐射带动新乡市农村，中期推广至河南省农村及农产品生产基地，后期开拓中国农业市场，建设综合性农村线上交易平台。最终实现打造知名农特产品品牌，增加政府税收，使农民长期受益的目标。

四、项目团队成员介绍

团队是由河南师范大学社会事业学院、商学院、计算机与信息工程学院的大学生组成。由河南师范大学物流管理系主任郭超老师担任专业顾问，河南师范大学就业创业指导服务中心冯峰老师、河南省大众创业导师王潭老师担任创业顾问。团队主要成员如下：

王心婧，女，河南师范大学社会事业学院 2017 级物流管理专业本科生，担任项目负责人。

曾媛，女，河南师范大学社会事业学院 2017 级社会工作专业本科生。

林畅，女，河南师范大学商学院 2017 级电子商务专业本科生。

韩茜，女，河南师范大学商学院 2017 级市场营销本科生。

申雨鑫，女，河南师范大学社会事业学院 2017 级社会学专业本科生。

苏畅，女，河南师范大学计算机与信息工程学院 2018 级物联网工程专业本科生。

五、最新发展状况

2020 年，由于新冠肺炎疫情影响，项目原定于 2020 年年初进行的河南省原阳县和辉县的实地考察计划已经取消，以后再择期完成，这使得项目的周期被延长。

项目仍在不断完善当中，通过线上会议，团队成员与指导老师对项目 2019 年的运行进行了总结，并根据 2020 年的中央文件的内容对项目 2020 年的运行进行了规划。疫情给辉县当地的农特产品和农户以及农特产品物流配送带来了很大的影响。团队成员及时对当地情况进行线上汇总，并通过网络查找全国各个电商运营、物流配送情况，结合自身项目总结了不足的地方，完善了整个项目的运营规划和项目计划书。

六、未来发展思路

(1) 农特产品滞销的后果非常严重，因此农产品配送和物流系统建设对整个电商平台的发展和运营非常重要。在今后项目的发展规划中，我们会更加注重社交电商营销渠道的多元化，在进行产品规范化打造、控制农产品规格和品控的同时拓宽销售渠道，不仅可以利用高校电商团队联盟的社群经济，也可以利用短视频、粉丝经济进行营销，营销模式和渠道的升级是解决农产品滞销、使中国传统农业产业链转型的关键。

(2) 完善农产品的物流配送体系，打造电商平台。物流是必须重视的环节，农产品一件发全国或一件发到每个中心城市，通过城市的仓配到城市社区，需要形成新的物流供应链运营模式。

(3) 大学生创业者发展互联网电商平台，需要与政府沟通，和政府合作，与当地农户共同打造。更需要吸引更多的懂互联网运营的青年大学生创业者加入，打造全新的农特产品电商平台，促进整个农业生产链的升级，助力乡村振兴。

七、成果展示

创盟云商项目团队调研展示如图 11-15 和图 11-16 所示。该项目荣获全国“互联网+”创新创业大赛省级三等奖并受邀参加河南省双创工作“大家谈”河南师范大学专场活动。目前该项目创业团队已经注册了公司，营业执照如图 11-17 所示。

图 11-15　调研展示(1)

图 11-16　调研展示(2)

营业执照

(副　本)

统一社会信用代码 91410702MA444W9C2Q

(1—1)

名　　称　河南天采科技有限公司

类　　型　有限责任公司

住　　所　新乡经济技术开发区经八路一号中关村e谷（新乡）科技创新基地5层02号

法定代表人　周琳琳

注册资本　叁佰万圆整

成立日期　2017年07月05日

营业期限　2017年07月05日至2037年07月04日

经营范围　游戏软件开发及技术服务；计算机、软件、电子产品、五金交电、电子产品、电线电缆、机电设备、机械设备、通讯设备及仪器、建筑材料、文体用品、办公用品、化妆品、家具、日用百货销售；弱电工程设计、施工；综合布线工程；计算机系统集成；网站建设；计算机网络工程；通信工程设计、施工；环保工程设计、施工；建筑智能化工程；通讯工程、安防工程、消防工程设计、施工及技术服务；广告设计、制作、代理及发布；舞台灯光音响设备、演艺服装道具租赁*
（依法须经批准的项目，经相关部门批准后方可开展经营活动）

登记机关

新乡市工商行政管理局

2018年 03 月14 日

图 11-17　营业执照

第七节　爱之旅公益支教团

一、项目概述

爱之旅公益支教团成立于 2013 年 6 月，以助力精准扶贫和乡村教育振兴为宗旨，连续 7 年奔走在河南省新乡市原阳县福宁集镇桑寨村等青少年助学帮扶的第一线。团队在 7 年支教经验的基础上创新支教模式，因地制宜地开展“四大板块”特色教学，致力于激发学生们的学习热情，提高学生科学素养，解决留守儿童心理问题，帮助学生全面发展。通过作业医生建立家校沟通的新平台，促进家校联动，积极发挥家长在孩子教育中的作用。团队旨在以支教为纽带促进支教地区的教育发展，使团队的“四大板块”特色支教模式可以被更多的支教团队所复制，从而服务于更多的地区。项目运营至今，已为乡村培养出数百名综合性素质人才。几年来，团队帮扶农村中小学生 1000 余名，征集爱心款项 100 000 余元；帮助 100 余名辍学学生重返校园，累计服务时长约 3000 小时。由于团队的突出贡献，2018 年 6 月，桑寨村两委赠予团队一面锦旗——“支教六载泽被桑寨　情系教育友谊永在”，如图 11-18 所示。爱之旅公益支教团成立以来得到了社会各界 60 多家媒体的报道。

图 11-18　锦旗

二、项目特色介绍

(1) 团队对 7 年来的支教经验进行总结，因地制宜地开展“四大板块”特色教学，激发学生学习兴趣，提高学生科学素养。

(2) 线上作业医生可以辅助教师对学生进行学情分析，将学生日常学习数据可视化，为农村中小学日常教学及作业辅导提供信息化服务。还可以将学生的学习情况定期反馈给家长，提供一个家校互通互联的平台。

(3) 团队在支教结束后，会对支教地区进行定期回访，及时收集活动效果反馈，为后续支教打好理论基础，进而建立完善的支教反馈机制。

三、项目团队成员介绍

团队由河南师范大学生命科学学院、计算机与信息工程学院、教育学部的大学生组成。团队成员来自不同专业，具有扎实的专业知识、较强的组织能力以及合作意识。团队现有核心骨干 20 余名，拥有志愿者 200 余名。支教团队的创始人、河南师范大学就业创业指导服务中心王科老师担任团队指导老师，连续 7 年指导爱之旅公益支教团进行支教，为团队运营保驾护航。团队主要成员如下：

宋曼曼，女，河南师范大学生命科学学院 2017 级生物技术本科生，担任项目负责人。

刘圆，女，河南师范大学生命科学学院 2016 级生物技术本科生。

李瑞林，男，河南师范大学计算机与信息工程学院 2016 级计算机科学与技术本科生。

李红慧，女，河南师范大学教育学部 2017 级教育技术学本科生。

四、最新发展状况

团队依托河南师范大学丰富的志愿者资源，具有完整的志愿者选拔和培训体系。充分利用团队的作业医生智慧教育平台，为学生提供作业辅导、心理辅导等服务。2020 年，在疫情期间开设防疫科普专栏，向学生和家长普及防疫措施及科学知识。同时，团队还积极研发、优化系统，扩大用户容纳量，为学生、家长和教师提供更优质的服务。通过流量变现实现盈利，将盈利再投资于公益，不断扩大项目规模和受众面积。

五、未来发展思路

团队要抓住机遇，发展并完善自身的造血机制，保障项目的可持续运营。加强作业医生的推广与应用，吸引更多学校和家长的关注。同时要切实保障线上运营的科学性、安全性，使其有活力长期发展。对活动反馈信息进行收集总结，完善工作体系。致力于成立一个大学生支教联盟，为想参与公益活动的人提供一个机会，也给以后志愿服务的开展提供一个参考性方案。希望能够带动更多的大学生，发挥青年的榜样作用、以青年带动青年，为振兴乡村教育出力。

六、成果展示

“爱之旅公益支教团”团队展示如图 11-19 和图 11-20 所示。该项目荣获 2018 年第四届“互联网+”河南省赛区二等奖和 2019 年第十四届“挑战杯”河南省大学生课外学术科技作品竞赛一等奖。

图 11-19 团队展示(1)

图 11-20 团队展示(2)

获 2019 年第九届全国大学生电子商务“创新、创意和创业”挑战赛河南赛区三等奖(见图 11-21)，2018 年第三届大中专学生“三下乡”暑期社会实践优秀实践团队提名奖(见图 11-22)。

三创赛

获奖证书

AWARD CERTIFICATE

省级赛

“红衣信使”爱心支教服务团：

贵团队的作品荣获第九届全国大学生电子商务“创新、创意及创业”挑战赛 河南赛区省级选拔赛

三等奖

特发此证，以资鼓励。

图 11-21 获奖证书(1)

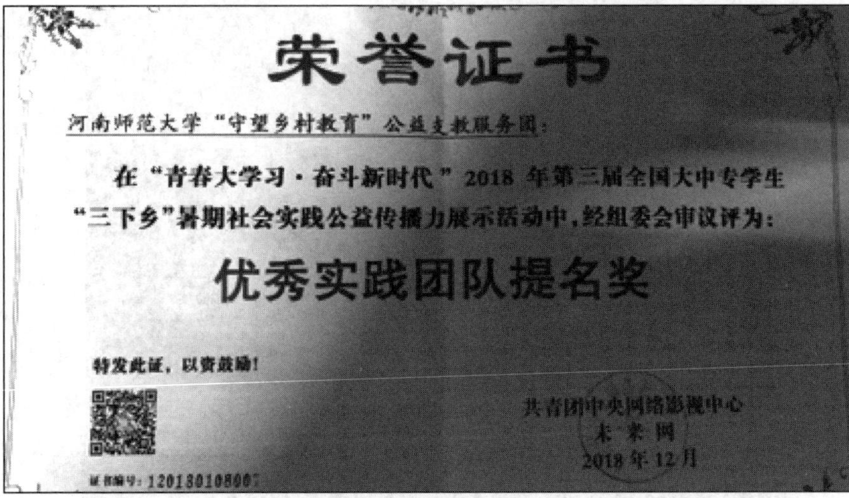
荣誉证书

河南师范大学"守望乡村教育"公益支教服务团：

在"青春大学习·奋斗新时代"2018 年第三届全国大中专学生"三下乡"暑期社会实践公益传播力展示活动中，经组委会审议评为：

优秀实践团队提名奖

特发此证，以资鼓励！

共青团中央网络影视中心

未来网

2018 年 12 月

证书编号：12018010800

图 11-22　获奖证书(2)

中国青年网对项目做了报道，如图 11-23 所示。

中国青年网新乡7月23日电（通讯员 翟佳佳 陈香利）自河南师范大学生命科学学院"守望乡村教育"公益支教服务团在桑寨村学校开展支教活动以来，志愿者们积极构思、巧妙设计，在教学过程中增添了许多趣味环节，不断丰富课堂内容，极大地激发了学生的学习兴趣。

图 11-23　媒体报道截图

第八节　校园云生活平台

校园云生活平台是一个致力于帮助大学生解决在校园生活中遇到的各种问题，小程序、公众号、社群、项目组四位一体的校园云生活平台，是一个做资源配置的校园社交生态圈。

一、项目背景

目前，“互联网+”时代战略性新兴产业创新已经成为我国未来新一代信息技术产业的重点发展方向。当代大学生很容易产生人生迷茫期，无论是学业方面还是生活方面都存在诸多困惑，但又不知如何解决这些问题，如图 11-24 所示。

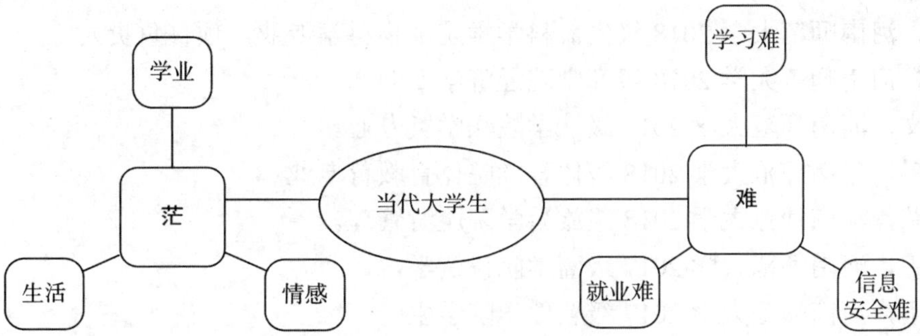

图 11-24　当代大学生面临的困惑

二、项目产品介绍

创业团队开发的是一个专注做资源配置的校园社交生态圈。处于青春期的在校大学生很容易产生迷茫情绪，无论是学业方面还是生活方面都存在诸多困惑，团队针对此类现状进行了深入的市场调研。基于市场调研数据，围绕大学生的现实需求，多方面思考，校园云生活平台应运而生，开发了小程序、公众号、社群、项目组四位一体的校园云生活平台。

三、项目特色介绍

(1) 团队成员身份优势。团队成员都是在校大学生，研发产品的对象也是大学生，对大学生群体比较了解，清楚当代大学生的特点，这样能够更好地设计出大学生喜闻乐见的形式，体现其特殊性、专门性。

(2) 革新能力。处在大学生群体之中，可以及时地发现大学生在学习、生活方面的需求和问题，可以紧跟服务对象的问题和需求变化发展的前沿。

(3) 效率更高，维护便捷。团队清楚大学生学习和生活中出现的问题，能够一针见血地指出存在的问题，并把它们汇总、整合，更好地设计服务内容，有效地解决问题，体现其有效性。团队成员可以随时观察发现大学生生活变化的动态，如果产品需要升级修改，可以及时发现问题并做出修改，体现其时效性。

(4) 市场广阔。在如今的软件平台上，专门为在校大学生提供学习和生活服务的软件并不多，而当今大学生却是软件使用的主力军，如果可以被当代大学生接受，这将是一个非常广阔的市场。

(5) 技术优势。正因为设计和开发此产品的都是在校大学生，才会更加清楚其他大学生喜爱的产品样式，能在用户体验与页面设计等方面做出精准探索。

四、项目团队成员介绍

丁旗，河南师范大学 2018 级生命科学学院生物科学专业，项目负责人。

徐展，河南师范大学 2018 级商学院经济学专业。

杨艺文，河南师范大学 2018 级法学院法学类专业。

崔家晨，河南师范大学 2018 级体育学院体育教育专业。

胡晓荣，河南师范大学 2018 级旅游学院旅游管理。

郭澳锦，河南师范大学 2017 级商学院投资学。

孙童雨，河南师范大学 2017 级软件学院学生。

张浩晴，河南师范大学 2018 级生命科学学院生物科学。

张月亮，河南师范大学 2018 级法学院法学类专业。

陶颖颖，河南师范大学 2018 级生命科学学院生物科学专业。

刘春雨，河南师范大学 2018 级教育学部学前教育专业。

五、最新发展状况

校园云自成立以来，专注校园生活，举办了一系列多彩的活动，丰富了学生校园生活，帮助解决了大学生的许多问题，便利了大学生活。

(1) 抓住大学生刚需，侧重学习。在多个学院成立互学帮，互助学习，免费提供学习资料，帮助大学生解决问题。

(2) 期末复习，直播划重点。吸引了一万多次的浏览量。

(3) 与河南师范大学校团委合作举行“五四线上答题活动”。

(4) 联合河南师范大学保卫处一起举办“丈量安全”活动，普及安全知识，获得众多学生好评。

(5) 举办“三行情书”活动，顺应大学生潮流，极大地活跃了学生思维。

六、未来发展思路

(1) 团队成员在原有项目的基础上提出创新、可行的办法来进一步发展项目。

(2) 为顺应互联网时代的发展，满足学生的需要，将与更多合作方合作开展更多活动。

七、成果展示

该项目荣获河南师范大学“筑梦杯”大学生职业生源规划大赛创业组一等奖(见图 11-25)。

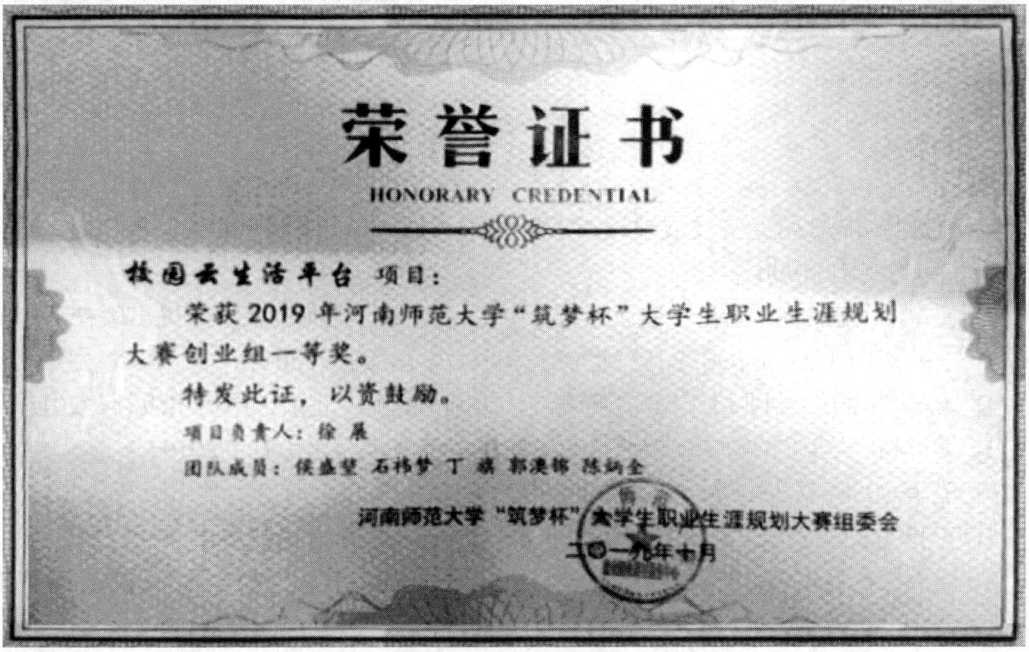

图 11-25　获奖证书

参 考 文 献

[1] 熊彼特. 熊彼特经济发展理论：对于利润、资本、信贷、利息和经济周期的考察[M]. 北京：商务印书馆，1990.

[2] 彼得 H 德鲁克. 创新与创业精神[M]. 张炜，译. 上海：上海人民出版社，2002.

[3] 李家华. 创业基础[M]. 2 版. 北京：清华大学出版社，2015.

[4] 本·霍洛维茨. 创业维艰[M]. 杨晓红，钟莉婷，译. 北京：中信出版社，2015.

[5] 李肖鸣. 大学生创业基础[M]. 4 版. 北京：清华大学出版社，2019.

[6] 于华龙，杨洪涛，等. 创新创业教育基础[M]. 郑州：河南大学出版社，2018.

[7] 石智生，张海燕，大学生创新创业教程[M]. 北京：人民邮电出版社，2019.

[8] 徐俊祥，徐焕然. 创未来大学生创业基础知能训练教程[M]. 2 版. 北京：现代教育出版社，2017.

[9] 廖益，赵三银. 大学生创新创业入门教程[M]. 北京：北京理工大学出版社，2019.

[10] 姚凯. 大学生创业导论[M]. 北京：清华大学出版社，2015.

[11] 谭俊华，李明武. 大学生创业教程——基础与实践[M]. 北京：清华大学出版社，2016.

[12] 李肖鸣，朱建新. 大学生创业基础[M]. 2 版. 北京：清华大学出版社，2013.

[13] 钟晓红. 大学生创业教育训练教程[M]. 长沙：中南大学出版社，2014.

[14] 朱伟方，袁蕴洁. 大学生创业教育概论[M]. 徐州：中国矿业大学出版社，2008.

[15] 张雅伦. 大学生创新创业基础教程[M]. 北京：北京理工大学出版社，2018.

[16] 杜倩，洪雨萍. 创业管理：企业成长战略的视野及实践[M]. 吉林：吉林大学出版社，2019.

[17] 王小锋. 创新筑梦 创业远航：从思维创新到实践创业[M]. 上海：上海交通大学出版社，2018.

[18] 吕强，张健华，王飞. 创新创业基础教育[M]. 成都：电子科技大学出版社，2017.

[19] 陈国胜. 创新创业创意[M]. 北京：国家行政学院出版社，2018.

[20] 付晓容. 大学生创业管理指导[M]. 重庆：重庆大学出版社，2016.

[21] 马雅红. 大学生创新创业教育基础与能力训练[M]. 北京：北京理工大学出版社，2016.

[22] 金利娟，王彦长. 创业学教程[M]. 北京：中国科学技术大学出版社，2015.

[23] 万哨凯，肖芳. 大学生创业教育[M]. 武汉：武汉大学出版社，2015.

[24] 林夕宝，吴瑞红. 大学生创新创业教育教程[M]. 成都：电子科技大学出版社，2016.

[25] 雷家骕，葛健新，王华书，等. 创新创业管理学导论[M]. 北京：清华大学出版社，2014.

[26] 邓文达，罗旭，刘寒春. 大学生创新创业基础(微课版)[M]. 2 版. 北京：人民邮电出版社，2019.

[27] 秦勇，陈爽. 创业管理理论、方法与实践[M]. 北京：人民邮电出版社，2019.

[28] 王爻. 别说你懂商业计划书[M]. 北京：机械工业出版社，2011.

[29] 秦勇，陈爽. 创业管理理论、方法与实践[M]. 北京：人民邮电出版社，2019.

[30] 姚凤云，郑郁，赵雅坦. 大学生就业与创业[M]. 北京：清华大学出版社，2017.

[31] 张溪，张富强. 大学生创新创业教程[M]. 北京:人民邮电出版，2016

[32] 王晓彦，黄小红. 培养创新意识，服务和谐社会[J]. 中外企业家，2020(6)：214.

[33] 王雪晴. 大学生的创业创新能力的培养[J]. 中外企业家，2020(5)：178.

[34] 段锦云，王朋，朱月龙. 创业动机研究：概念结构、影响因素和理论模型[J]. 心理科学进展，2012(5)：698-704.

[35] 杨隽萍，宋猛，肖梦云. 基于认知视角的创业动机研究[J]. 人力资源管理，2017(7)：54-57.

[36] 钟惠波，刘霞. 套利型创业、创新型创业与中国经济增长[J]. 科技进步与对策，2018(8)：74-81.

[37] 林嵩. 创业资源的获取与整合——创业过程的一个解读视角[J]. 经济问题探索，2007(6)：166-169.

[38] 彭海军. 创业机会类型、环境感知与创业绩效研究[D]. 东北财经大学，2010.

[39] WangKe，Analysis of China University Student Innovation and Entrepreneurship Competition[J]. International Journal of Social Science，Innovation and Educational Technologies，Vol.2，No.5 (Jan.，2021)，pp. 24-28.